台湾研究

美国对台政策新解

沈惠平 著

九州出版社
JIUZHOUPRESS
全国百佳图书出版单位

图书在版编目（CIP）数据

美国对台政策新解／沈惠平著．—北京：九州出版社，2010.6

ISBN 978-7-5108-0540-0

Ⅰ．①美…　Ⅱ．①沈…　Ⅲ．①美国对外政策－台湾问题－研究　Ⅳ．①D822.371.2

中国版本图书馆 CIP 数据核字（2010）第 103788 号

美国对台政策新解

作　　者	沈惠平　著
出版发行	九州出版社
出 版 人	徐尚定
地　　址	北京市西城区阜外大街甲 35 号（100037）
发行电话	（010）68992190/2/3/5/6
网　　址	www.jiuzhoupress.com
电子信箱	jiuzhou@jiuzhoupress.com
印　　刷	三河市东方印刷厂
开　　本	720 毫米×1020 毫米　16 开
印　　张	17
字　　数	220 千字
版　　次	2010 年 6 月第 1 版
印　　次	2010 年 6 月第 1 次印刷
书　　号	ISBN 978-7-5108-0540-0
定　　价	38.00 元

前　言

在中美两国交往的历史过程中，始终存在着一个美国意图“改造中国”的使命，它植根于美国的民族主义意识形态之中。这一使命在新中国成立后依然根深蒂固于美国人的思想观念里，美国对台湾的扶持成为这种“使命”的延续，即以美国的民主、自由等价值观和制度来影响和改造台湾、进而以台湾为“灯塔”促成中国大陆也发生变化，以期最终达到“改造中国”这一美国对华战略目标。换言之，美国的对台政策服从于美国的对华战略和目标，它可被解读为“改造中国”使命的体现。这一使命的作用延续至今，长期以来，美国把台湾当做移植和扩展美国式民主政体和价值观念的重要一环，更是其影响中国大陆政治进程的一个重要组成部分、或者说台湾是美国对中国大陆进行“和平演变”的工具。

本书以美国民族主义作为理论基础，试图从美国民族主义与“改造中国”之使命的关系视角来解读美国对台政策的演化过程。这个过程可从“以台变华”方针的具体演变来探讨。纵观半个多世纪以来的美国对台政策，可以清楚地看出，美国对台政策中“以台变华”方针大致经历了三个阶段的变化。在冷战对峙时期，“以台制华”、遏制中共并促使中国大陆内部“崩溃”，同时扶持台湾有朝一日返回大陆成为美国的政策重点，即以所谓的“自由中国”代替共产主义中国；但到了20世纪50年代末，美国意识到“遏制加孤立”的政策并不能促使中国大陆内部发生改变，“和平方式”开始酝酿，于是，“欲改造中国，必先改造台湾”的设想被逐步提上政策议程。到了60年代中期，“以台变华”的方针得以最终确立。20世纪70年代中美关系缓和之后，中美两国之间的直接接触虽为演变中国大陆创造了有利条件，但美国依然认为应该加速台湾的“民主化改造”，“以台变华”的方针由此付诸实施并逐渐明朗化。80年代末90年代初冷战结束后，美国对台政策中“以台变华”的方针被全面推行，台湾实际上充当了美国向中国大陆推行“和平演变”的“据点”和前沿阵地。总之，美国意图以台湾的局部之变促大陆整体之变，以台湾的先行之变促大陆后来之变，亦即通过对台湾的“民主化改造”来促进中国大陆迈向“民主化”，最终实现“改造中国”之目标。这一意图致使中国的统一大业依然任重道远。

目　录

绪论　探究美国对台政策的真实意图 ………………………………（1）

上篇　美国民族主义与“改造中国”的使命

第一章　美国民族主义 ………………………………………………（26）
第一节　民族与民族主义 ………………………………………………（26）
第二节　美国民族主义的内涵和特征 …………………………………（44）
第三节　美国民族主义与外交政策 ……………………………………（53）
第四节　小结 ……………………………………………………………（64）
第二章　美国民族主义与“改造中国”的使命 ………………………（68）
第一节　中美关系的历史演变 …………………………………………（68）
第二节　什么是“改造中国”的使命？ ………………………………（84）
第三节　美国民族主义与“改造中国”的使命 ………………………（91）
第四节　小结 ……………………………………………………………（94）

下篇　美国对台政策的解读：一种美国民族主义视角

第三章　台湾问题与美国对华战略 …………………………………（99）
第一节　美台关系的历史演变 …………………………………………（99）
第二节　台湾问题的产生与实质 ………………………………………（110）
第三节　美国对华战略：遏制、接触还是接触加防范？ ………（118）
第四节　小结 ……………………………………………………………（130）
第四章　中美关系缓和前美国的对台政策 …………………………（133）
第一节　美国对台政策的演化 …………………………………………（133）

第二节 新中国成立前后美国的对台政策 ……………………(148)
第三节 三次台海危机与美国的对台政策 ……………………(156)
第四节 小结 ……………………………………………………(167)
第五章 中美建交前后美国的对台政策 …………………………(172)
第一节 中美关系的改善 ……………………………………(172)
第二节 尼克松、卡特时期美国的对台政策 …………………(179)
第三节 里根时期美国的对台政策 ……………………………(186)
第四节 小结 ……………………………………………………(194)
第六章 后冷战时代美国的对台政策 ……………………………(197)
第一节 老布什时期美国的对台政策 …………………………(197)
第二节 克林顿时期美国的对台政策 …………………………(210)
第三节 小布什时期美国的对台政策 …………………………(220)
第四节 小结 ……………………………………………………(227)
结 语 …………………………………………………………………(230)
第一节 如何认识美国民族主义？ ……………………………(230)
第二节 如何认识美国民族主义与"改造中国"使命
的关系？ ………………………………………………(234)
第三节 如何从美国民族主义与"改造中国"使命的关系视角
解读美国的对台政策？…………………………………(240)
第四节 小结 ……………………………………………………(246)
附录 美国对台政策大事记 ………………………………………(248)
参考文献 ……………………………………………………………(253)
后记 …………………………………………………………………(265)

绪论　探究美国对台政策的真实意图

1948年底至1949年初中共在内战中不断取得胜利的消息给当时美国朝野带来了极大的震惊和恐慌，也引发了统治集团内部一场所谓“谁丢失了中国”的激烈争吵。1949年8月，国务卿艾奇逊（Dean Acheson）① 在递交《美中关系白皮书》时所附的信上曾经指出：“不幸但又无法逃避的事实，是中国内战的结局超出美国的控制能力，美国尽其所能所做或者可能做的任何努力都不能改变这种结果，美国已经尽力而为了。”② 要言之，艾奇逊等人的解释是，国民党的腐败无能致使其失尽民心，因此，蒋介石政权的失败在很大程度上是咎由自取，但国民党的失败并不等于美国的失败。相反，“他们认为美国需要耐心，在中国失去影响只是暂时的，待‘尘埃落定’之后，美国影响早晚得以重返中国，美国人有朝一日将在中国重新担负起原先的使命。”③ 说到这里，人们首先会产生疑问，美国人在中国究竟担负着什么样的使命？其次，为什么会产生这样的使命？最后，这样的使命对中国的发展真有帮助吗？如此等等，不一而足。

学者戴维·麦克林（David McLean）曾经就中共的胜利对美国的心理影响问题指出：“中国新政权对美国的冒犯要比它虐待美国人员、在宣传上对美国的攻击、对美国经济利益的挑战或中共控制中国对美国构成的战略威胁要深得多。中共对美国最深刻的冒犯在于，通过忠诚于一种非美的（un-American）意识形态和作为美国主要对手的国家，中共出卖了美国要在亚洲实现自己的全球使命的目标……如果不注意中国在美国民族主义意识形态中

① 迪安·艾奇逊（1893—1971），曾任美国国务卿（1949—1953）。

② *The White Paper of the Department of State*, *United States Relations with China*, *with Special Reference to the Period* 1944—1949, Washington, D. C.: Government Printing Office, 1949, p. 16.

③ 王缉思：《1945—1955年美国对华政策及其后果》，载袁明、［美］哈里·哈丁主编：《中美关系史上沉重的一页》，北京大学出版社，1989年版，第461页。

(the ideology of U. S. nationalism) 所占据的位置，是不可能对1949—1950年间美国对华政策中最独特的要素给予一个满意的解释的。"① 从麦克林的阐述中，可以推断中国在美国民族主义意识形态中的重要性，如果不对这一重要性给予重视，人们很难更好地理解美国对华政策中的所作所为，也就无法更准确地解读美国的对台政策。本书即以美国民族主义作为理论基础，试图从美国民族主义与"改造中国"之使命的关系视角来解读美国对台政策的演化过程，以求教于方家。

一、研究现状

1. 美国对台政策的研究

台湾问题历来就是中美关系研究中经久不衰的重要课题，大陆学界的著述主要对1949年以来美国对台政策的演化作细致的考察，或者对某个时段如约翰逊、小布什时期的美国对台政策进行详细分析，或者对涉及美台关系的相关文件进行整理分析。② 在台湾学者的相关研究中，被大陆学界大量引用的一部著作是陈志奇的《美国对华政策三十年》，该书的最大特点在于应用资料极为详尽，读者可以从中获取大量的信息。③ 西方学者关于中美关系

① David McLean, American Nationalism, the China Myth, and the Truman Doctrine: The Question of Accommodation with Peking, 1949—1950, *Diplomatic History*, Vol. 10, No. 1, Winter 1986, p. 42.

② 相关著述主要包括：资中筠、何迪编：《美台关系四十年：1949—1989)》，人民出版社，1991年版；梅孜主编：《美台关系重要资料选编》，时事出版社，1997年版；苏格著：《美国对华政策与台湾问题》，世界知识出版社，1998年版；唐正瑞著：《中美棋局中的台湾问题：1969.1～1999.12》，上海人民出版社，2000年版；肖元恺著：《百年之结—美国与中国台湾地区关系的历史透视》，人民出版社，2001年版；忻华著：《羁绊与扶持的困境：论肯尼迪与约翰逊时期的美国对台政策（1961—1968)》，上海人民出版社，2008年版；范希周：《试析1948—1968年美国对台湾的政策》，《台湾研究集刊》1987年第1期；王缉思：《论美国"两个中国"政策的起源》，《世界历史》1987年第3期；范跃江：《半个世纪来美国对台政策的历史进程及规律》，《台湾研究》1999年第4期；孙岩：《析小布什政府关于两岸关系的政策》，《国际政治研究》2003年第4期；牛军：《美国对台政策的演变：一个历史的思考》，《太平洋学报》2005年第2期；双惊华：《约翰逊时期的美国对台政策》，华东师范大学博士论文，2006年；李洪波：《美台矛盾研究（1949—2000)》，解放军外国语学院博士论文，2006年；林冈：《美国对解决台湾问题的政策取向》，《美国研究》2008年第3期等。

③ 陈志奇著：《美国对华政策三十年》，(台北) 中华日报社，1981年增订版。此外，胡为真的《美国对华"一个中国"政策之演变》，台湾商务印书馆股份有限公司，2001年版。一书对尼克松政府以来的"一个中国"政策进行详细的考察。

和台湾问题的研究成果是相当丰富的①，遗憾的是有关美台关系的论著却不多见，即使为数不多的论著也多针对个别危机，而不是就美国对台政策作深入的探讨。已经问世的研究成果中，影响较大的是唐耐心（Nancy Bernkopf Tucker）的著作《不确定的友情：台湾、香港与美国，1945—1992》。该书认为，美国四十多年来一直是台湾的“保护国”。对台湾而言，华盛顿坚决反共的立场就是台湾稳定和安全的最大保证，只要美国政治领导人把冷战放在第一位，那么台湾就会受到保护。实际上，台湾可以继续以“自己的忠诚”来换取美国的援助，巧妙地应付华府，“使之对台湾内部政治和社会方面的弊端视而不见或予以原谅”。该书从政治、军事、经济、文化以及社会等方面全面、详尽而又深入地探讨了美台关系，为此书的中译本做评论的《中国时报周刊》主笔林博文称：“《不确定的友情》的最大贡献是，过去三四十年，从来没有一部著作像它这样全面、详尽而又深入地讨论美台关系。”② 该书的附录二介绍了历年来所有关于美台关系的著作和论文，这也

① 西方学者的代表性论著主要包括：Jerome Cohen，etc.，*Taiwan and Ameriacn Policy*：*The Dilemma in U. S. -China Relations*（NewYork：Praeger，1971）；James C. Thompson Jr.，“On the Making of U. S. China Policy，1961 – 9：A Study in Bureaucratic Politics，” *The China Quarterly*，Vol. 50，（April-June，1972），pp. 220 – 243；Ralph Clough，*IsIalnd China*（Cambridge：Havrard University Press，1978）；William R. Kintner&John F. Copper，A *Matter of Two Chinas*：*the China-Taiwan Issue in U. S. Foreign Policy*（Philadelphia：Foreign Policy Research Institute，1979）；A. Doak Barnett，*US Arms Sales*：*The China-Taiwan Tangle*（Washington，D. C.：The Brookings Institution，1982）；Stephen P. Gibert&William M. Carpenter，ed.，*America and Island China*（Lanham MD：University Press of America，Inc.，1989）；Gordon H. Chang，*Friends and Enemies*：*The United States*，*China*，*and the Soviet Union*，1948—1972（Stanford：Stanford University Press，1990）；Danny Shiu-Lam Paau，“Territorial Integrity and Sino-American Relations：the Case of Taiwan，” *Sino-American Relations since* 1900，ed. Priscilla Roberts（Centre of Asian Studies University of HongKong，1991）；John F. Copper，*China Diplomacy*：*The Washington-Taipei-Beijing Triangle*（Boulder：Westview Press，Inc.，1992）；Dennis Van Vranken Hickey，*United States-Taiwan Security Ties*：*from Cold War to beyond Containment*（Westpoint，Conn.：Praeger Publishers，1994）；Martin L. Lasater，*The Taiwan Conundrum in U. S. China Policy*（Boulder，Colo.：Westview Press，2000）. Richard Bush，*Untying the Knot*：*Making Peace in the Taiwan Strait*（Washington D. C.：The Brookings Institution Press，2005）；James R. Lilley and Chuck Downs，ed.，*Crisis in the Taiwan Strait*（Washington，D. C.：National Defense Press，1997），中译本：《台海危机：过去、现在、未来》，新华出版社，2000 年版；Alan D. Romberg，*Rein in at the Brink of the Precipice*：*American Policy toward Taiwan and U. S. -PRC Relations*（Washington，D. C：The Henry Stimson Center，2003），中译本：《悬崖勒马：美国对台政策与中美关系》，新华出版社，2007 年版。

② ［美］唐耐心著：《不确定的友情：台湾、香港与美国，1945 至 1992）》，新新闻编译小组，（台北县）新新闻文化事业股份有限公司，1995 年版。

是此书价值之所在。而台湾与美国自1949年后的复杂关系，在唐耐心理首大量解密档案、历史人物访谈与学术资料，终于在《海峡对谈》这一新书中，首度呈现了一甲子历史的纵深，不再仅限一般十年或廿年的分析。①

简言之，目前学界就美国对台政策的研究文献，不论从美国的地缘战略、亚太战略甚或全球战略，从美国的政治、经济与文化的利益角度，还是从美国的意识形态（战略）利益视角进行考虑，可以发现它们具有一个共同的特征，即几乎都认为美国对台政策的出发点是美国的国家利益，其典型的表述如下："美国对台政策始终是以维护美国国家利益、维护和促进美国在世界和亚太地区的领导地位、促进美国的政治经济文化等利益为基本前提。"② 但对于什么是美国的国家利益？研究者见仁见智。由于对美国国家利益的真实含义的理解差距过大，所以目前学界对美国对台政策的研究没有深入。而这涉及另一个非常重要的议题，即对美国民族主义的研究。

2. 美国民族主义的研究

众所周知，在这个民族国家仍然为国际社会主要行为体的时代，任何一个民族国家都存在着民族主义，美国亦不例外因为任何一个民族国家都会本能地从民族主义的角度来看待自身和外部世界，其最根本的指导思想就是民族主义。不仅如此，民族主义在美国是很有影响的。比如，美国的独立战争实际上就是民族主义的产物，美利坚民族要摆脱大不列颠民族的统治与压迫。或者说，美国的民族主义是和美利坚民族的形成相关的。这时的民族主义应该说是有积极意义的，即它符合民族主义一般的定义——指"被征服、被宰制或者被压迫的情境中"，"从属的政治群体"的政治运动。然而，后来随着美国的发展和强大，美国的民族主义则成了其向外扩张的动力和依据。"美国伟大"、"天定命运"和"美国例外论"等观念都是这种民族主义的表现。简言之，美国虽不是一个倡导"民族主义"的国家，但"民族主义"在其历史发展进程中占据着不可忽视的地位。

---

① Nancy Bernkopf Tucker, *Strait Talk*: *United States-Taiwan Relations and the Crisis With China*, Cambridge and London: Harvard University Press, 2009;《美学者新书：台美好友60年来却互不信任》，查阅：http://www.gogotaiwan.cn/Default.aspx? TabId = 1092&ArticleID = 25089。

② 霍特、江山：《布什的台湾政策与美国的亚太战略和长期利益》，《世界经济与政治论坛》2003年第5期，第89页。

目前大陆学界对美国民族主义的研究主要散见于一些论文之中，如时殷弘等人的《美国极端民族主义》、刘建飞的《民族主义与美国对外政策》、王缉思的《美国霸权的逻辑》以及吴嘉蓉的《浅论美国的宗教与民族主义意识形态的政治作用》等论文。① 概而言之，上述研究成果表明美国的民族主义是客观存在的，尽管许多美国人在主观上不大愿意承认这一点，它在其形成早期具有积极的意义，但从本质上讲，这种民族主义的非理性因素在进入20世纪之后，随着种族、宗教、文化多元化和民主外延的扩大，“天定命运观”过渡到“普世价值观”，已与美国在全球的扩张和霸权融为一体了。而曹瑞臣的《现代化进程中的民族主义——美国民族主义的历史轨迹》一文则通过探讨历史上民族主义的缘起与演变来看近代美国民族主义的历史轨迹，认为美利坚民族的政治理想、天赋使命观和民族自豪感铸就了当今的美国民族主义。而且，在当代美国外交政策的制定与实施中，民族主义日益成为重要的动力。②

总的来看，虽然国内对美国民族主义及其对美国外交政策的影响的研究已有一些成果，但是专著性成果并不多见，首部以“美国民族主义”命名的著作《美国民族主义——影响国家安全战略的思想根源》，就美国历史上不同时期美国民族主义与国家安全战略的相互关系进行考察，试图通过对历史和现实政策的梳理和解读来论证美国走向世界的历史就是在美国民族主义指导之下不断扩张、追求世界权力的历史。这确实从一个侧面揭示出美国民族主义与美国外交政策之间的关系，但是总体的论述不够深入。其他有关美国民族主义与美国外交政策之间相互关系的讨论，散见于研究美国外交（政策）的著述之中，如刘建飞在《美国与反共主义》一书中的部分内容就论述了民族主义与美国外交政策的关系。周琪则在《意识形态与美国外交》一书里的第二章“美国例外论——美国外交政策的根源”中谈道，她赞同

① 时殷弘、崔建树：《美国极端民族主义》，《国际经济评论》2000年第1期；刘建飞：《民族主义与美国对外政策》，《世界经济与政治》2002年第9期；王缉思：《美国霸权的逻辑》，《美国研究》2003年第3期；吴嘉蓉：《浅论美国的宗教与民族主义意识形态的政治作用》，《四川行政学院学报》2006年第5期等。

② 曹瑞臣：《现代化进程中的民族主义——美国民族主义的历史轨迹》，《世界民族》2004年第3期，第14－22页。

美国研究者几乎一致公认的观点，即"美国例外论是理解美国人的自我形象、民族主义、政治文化和外交政策的关键"，由此可见，不了解美国例外论就不可能理解美国的民族主义。在此基础上，她比较详细地对所谓的"美国例外论"的起源作了较为深入的分析，并得出结论认为：美国例外论是美国对外政策的源泉，它不仅孕育了指导美国19世纪扩张的"天定命运"之说，而且从美国立国起就是其理想主义外交政策以及现实主义外交政策的根源。① 可以说，周琪对美国例外论的阐述为我们理解美国民族主义提供了值得参考的见解。此外，王晓德虽然不是专门研究美国民族主义的学者，但他的著述有助于我们更好地理解美国民族主义，比如他在《美国文化与外交》② 一书中对美国文化与外交（政策）之间关系所作的分析和阐述对进一步研究美国民族主义是有助益的。其中，他对"天赋使命"的诠释尤为有用，这是因为按照亨廷顿的观点，即关于美国特殊命运的思想是美国民族主义的核心，所以，不充分理解美国的"天赋使命"说，将很难分析美国的民族主义问题。王立新在《意识形态与美国外交政策》一书的第二章中比较详细地分析了美国民族主义意识形态的主要内容，包括美国人的自我形象、国家认同思想、对国家伟大的不同观点以及国家使命观和完成使命的方式。在此基础上，他总结出美国民族主义的三个特征：在全世界推广和实现美国价值观和理想成为美国民族主义的重要目标、美国民族主义具有强烈的宗教色彩以及美国惯于寻找"他者"即自由的敌人来强化自身的国家认同与民族凝聚力。③ 潘亚玲在《美国爱国主义与对外政策》一书里对美国爱国主义与民族主义的区别，则有助于我们更深刻地理解美国的民族主义。④ 在国内就该主题的研究而言，目前所能找到的学位论文也不多，如潘亚玲的博士论文《"9·11"后的美国爱国主义与对外政策》（复旦大学，2007）、张爽的博士论文《"美国至上"：对冷战后美国国家安全战略报告的

① 刘建飞著：《美国与反共主义——论美国对社会主义国家的意识形态外交》，中国社会科学出版社，2001年版，第222－225页；周琪主编：《意识形态与美国外交》，上海人民出版社，2006年版，第121－171页。

② 王晓德著：《美国文化与外交》，世界知识出版社，2000年版。

③ 王立新著：《意识形态与美国外交政策——以20世纪美国对华政策为个案的研究》，北京大学出版社，2007年版，第68－151页。

④ 潘亚玲著：《美国爱国主义与对外政策》，上海人民出版社，2008年版。

一种解读》(复旦大学，2004)、杜丽的硕士论文《冷战后美国民族主义对美国对华政策的影响》(福建师范大学，2007)、孙玉婷的硕士论文《杜鲁门时期美国“冷战共识”的形成》(山东师范大学，2006)、张妍的硕士论文《美国对外政策决策中的新闻媒体因素分析》(中共中央党校，2004)等。这些学位论文就美国民族主义对美国外交政策中的某个部分或某个时期的影响进行了较为细致的考察，给予人们不少启示。虽然如此，国内所有的研究整体感似乎稍嫌不足，并且都有待更为深入地研究，比如对美国民族主义的特殊性的探究。

讲到美国的民族主义，几乎所有的西方（主要是美国）研究著述首先都要提到美国的民族认同或民族意识的独特性，即与其他民族的认同主要指向本民族的传统、土地、血缘和社群等相比，美利坚民族的民族意识则主要由普适性的社会、政治价值观（体现在所谓的“美国信念”之中，或者说美国信念是美国民族认同的独特根源）所塑造。如塞缪尔·亨廷顿（Samuel P. Huntington）① 所言，“大家基本上都同意，美国是根据某种政治理想构建出来，并受着自由平等承诺或梦想的激励。这些政治理想是美国国民认同的核心，在推动美国政治演进和发展中发挥着关键性的作用。”② 或者说，“美国人对美国的认同，主要在于政治理念和体制，而不在地方。”③ 由此导致美国人倾向于认为，美利坚民族是上帝的选民，他们注定要在新世界创造一个崭新的国家，作为照亮其他国家的“灯塔”。如此一来，美国例外论应运而生。所谓美国例外论就是指这样一种观念：上帝选择了美利坚民族（作为上帝的选民）把它安置在北美这片新大陆上，并赋予它特殊的使命——在这里建立一个自由和民主的样板。美国因此成为一座“山巅之城”(a city on a hill)，是世界各国光焰夺目的榜样。美利坚民族还由此肩负着上帝所委托的把自由民主的价值观念和民主制度推广到世界各个角落的使命。“例外论”在美国深入人心，这是因为许多美国人认为，作为上帝选择的一

① 塞缪尔·亨廷顿（1927—2008），又译作赛缪尔·杭廷顿，当代颇有争议的美国政治学家。他以《文明冲突论》闻名于世，认为21世纪核心的政治角力是在不同文明之间而非国家之间。

② ［美］塞缪尔·亨廷顿著，周端译：《失衡的承诺》，东方出版社，2005年版，第11页。

③ ［美］塞缪尔·亨廷顿著，程克雄译：《我们是谁：美国国家特性面临的挑战》，新华出版社，2005年版，第44－45页。

个特殊国度，美国对人类的历史发展和命运承担着一种特殊的责任，负有把世界从“苦海”中拯救出来的“使命”。正如安德森（Benedict Anderson）曾经指出的，美国例外论是美国信仰体系的核心，它有助于确立美国“想象的共同体”①，这种神话根深蒂固于美国白人文化之中，深深地影响着美国人对外部世界的看法与态度。其结果，当美利坚合众国作为一个主权实体开始发展与其他国家的外交关系时，这种使命观对政府决策者的思想产生了深刻影响，并在美国外交政策中体现出来，成为表现在美国对外关系上的一个显著特征，就如美国历史学家莫雷尔·赫尔德（Morrell Held）等人在《文化与外交》一书的导言中写道：“美国外交事务的出发点是这样一种信仰，即美国在外部世界关系中享有一种任何其他国家都不能享有的特殊使命。”②

当然，迄今为止包括美国学者在内的国外学者对美国民族主义及其对美国外交政策影响的专门论述不多，目前所能见到的比较系统论述美国民族主义的英文著作主要有：汉斯·科恩（Hans Kohn）的《美国民族主义：解释性文集》（1957）、约翰·弗塞科（John Fousek）的《领导自由世界：美国民族主义与冷战的文化起源》（2000）以及阿纳托尔·列文（Anatol Lieven）的《美国对或错：对美国民族主义的剖析》（2004）③ 等。这些著作仔细地考察了美国民族主义的性质与特征以及对美国外交（政策）的影响。汉斯·科恩的著作可能是第一本专门探讨美国民族主义的文集，他主要讨论了标志着美国民族主义的五个方面的问题，即美国民族主义的起源、美国民族主义与其他国家的关系、美国民族主义的联邦结构、美国民族主义的多族裔特征以及它在民族共同体中的地位等。④ 约翰·弗塞科在其著作中提出一个新

① Benedict Anderson, *Imagined Communities: Reflections on the Origin and Spread of Nationalism* (Revised Edition), London: Verso, 1991, p. 2.

② Morrell Held and Lawrence S. Kaplan, *Culture and Diplomacy: The American Experience*, Westport, Connecticut: Greenwood Press, 1977, p. 4.

③ *American Nationalism: An Interpretative Essay* (Hans Kohn, 1957)、*To Lead the Free World: American Nationalism and the Cultural Roots of the Cold War* (John Fousek, 2000)、*America Right Or Wrong: An Anatomy of American Nationalism* (Anatol Lieven, 2004).

④ Hans Kohn, *American Nationalism: An Interpretative Essay*, New York: The Macmillan Company, 1957, p. 110.

概念即“美国民族主义化的全球主义”（American nationalist globalism），这种意识形态把美国的选民属性、使命和命运等传统的民族主义意识形态与（二战结束后）正在出现的整个世界现在是美国外交政策所关注的恰当空间之观念结合起来。他认为这种理念使得二战后美国的民族主义和全球主义成为一块硬币的两面，美国正是根据国家伟大与全球责任相一致的观点来确定对苏政策，由此作者进一步考察冷战的文化根源。① 阿纳托尔·列文则指出，美国民族主义在美国的思维和行为中是根深蒂固的，它具体表达了适合于美国与世界的伟大和持久价值的信仰和原则。当然，由于社会分化的原因，美国的民族主义表现出两个主要的灵魂即所谓的“美国议题”或美国公民民族主义（源自“美国信念”）和“美国对立面”（存在种族-宗教根源）。其中，前者支配官方与大众的政治文化，是美国在世界中的权势和影响的主要支撑，并给人类提供大量的积极教益。后者则是“美国信念”的对立面，是“受伤的复仇的民族主义”，它会导致对外部世界无端的仇恨甚至恐惧，再加上强迫症式地相信美国“精英”和知识分子背叛祖国，这不但在国内是破坏性的，也贬低了美国人具有特殊的使命去帮助其他国家这一在历史长河中为很多领导人和思想家以不同的方式加以阐发的理念。因此，美国精英应该对自己祖国给世界树立的榜样更有信心，也更关注，这一榜样是通过其公共机构、其价值观和日常美国人的幸福生活展现的……美国以经济发达的多元民族国家这一形象展现在所有种族面前，在过去的岁月里，这一形象由于其根本性的和平、非扩张特征和很大程度上的真实性变得如此强大，美国人有必要继续确保这一形象的真实性。② 如上所述，这些著作都提到美国信念、美国例外论主要决定了美国民族主义的特性，进而言之，美国独特的民族主义又影响了美国的外交政策并产生了相应的结果。此外，迈克尔·亨特（Michael Hunt）在《意识形态与美国外交政策》一书中用了相当的篇幅讲述同美国外交政策有关的三种意识形态（对国家强大的看法、种族等级观念和对革命的态度）的历史，通过分析得出结论，即美国外交政

① John Fousek, *To Lead the Free World: American Nationalism and the Cultural Roots of the Cold War*, Chapel Hill and London: The University North Carolina Press, 2000.

② Anatol Lieven, *America Right or Wrong: An Anatomy of American Nationalism*, New York: Oxford University Press, 2004, pp. 4-6, 222.

策意识形态所具有的巨大力量可追溯到这些外交政策意识形态与美国民族主义之间的密切联系的关系，而且随着时间推移，二者相辅相成，或者说外交政策的核心观念原本出自占优势的民族主义，当美国变得日益强大后，这些观念的实施又反过来使早先就有的国家观念进一步巩固。最后作者还就美国的民族主义外交政策提出一些建议，并且指出，“削弱美国的民族主义，对鼓励民族主义的例外论意识甚至哪怕是稍加非难，也将带来真正的危险”①。由此可见，虽然此书并不专门探讨美国民族主义的问题，但非常有助于理解美国的民族主义与外交政策之间的关系。

此外，迄今为止笔者在外文文献中，仅找到一本被冠以专门论述美国民族主义及其与美国外交政策之间关系的学位论文，即《领导自由世界：美国民族主义与1945—1950年冷战的意识形态起源》（1994）②，该文认为美国的民族主义是导致冷战开始的意识形态根源并作了比较详细的考察。其他有关探讨美国民族主义及其对美国外交政策影响的研究成果主要散见于一些文章或演讲稿之中，如《“布什主义”与美国民族主义》（2002）、《美国民族主义的悖论》（2003）、《美国的新民族主义》（2004）、《美国民族主义与“9·11”事件到伊拉克战争的美国外交政策》（2004）、《以欧洲为鉴：美国民族主义的危险性》（2004）等③。其中，保罗·迈克卡尼（Paul Mc Cartney，2002）认为美国民族主义体现了两种经常对立的价值观：一是普世主义，即美国人与其他人分享同样的道德理想如自由和平等；二是孤立主义，它使得美国人有权追求保存其主权的政策，而其他国家没有相同的权利。这种情况使得美国的外交政策往往自相矛盾并使美国的国家安全受到威胁。因此，他主张美国应该追求使其权力与理想相一致的政策以改善国家安全的状

① ［美］迈克尔·亨特著，褚律元译：《意识形态与美国外交政策》，世界知识出版社，1999年版，第215页。

② *To Lead the Free World: American Nationalism and the Ideological Origins of the Cold War*, 1945—1950 (Fousek, John Howard, Ph. D., Cornell University, 1994).

③ *The Bush Doctrine and American Nationalism* (Paul McCartney, 2002)、*The Paradoxes of American Nationalism* (Minxin Pei, 2003)、*America's New Nationalism* (Aryeh Neier, 2004)、*American Nationalism and U. S. Foreign Policy from September 11 to the Iraq War* (Paul T. McCartney, 2004)、*In the Mirror of Europe: The Perils of American Nationalism* (Anatol Lieven, 2004).

况。① 而裴敏欣（Minxin Pei，2003）的文章《美国民族主义的悖论》则为理解美国民族主义及其对美国外交政策的影响提供了很好的见解。他在文中认为，与其他国家一样，民族主义情绪不可避免地渗透到美国政治之中，但是，导致美国民族主义真正与众不同的是，在日常生活中，其诸多表现方式非常自然，不着人为痕迹。这是因为，首先美国民族主义最强大的源泉之一是公民自愿，普通民众愿意通过个人主动或公民团体提供公共物品；其次，推动美国社会生活发展的基层活动同样使得美国民族主义充满活力、引人向往；最后，爱国誓词的历史对美国独特的民族主义形式提供了一个完美的诠释。概而言之，在美国，促进民族主义是私人事业。这使得民族主义情绪更加纯真、富有吸引力与合法性。尽管美国人意识到民族主义的存在，他们也并不视之为民族主义，原因在于美国民族主义的三大特征：首先，美国民族主义基于政治理想，而非文化或种族优越感；其次，美国民族主义是胜利诉求的，而非悲情诉求的；最后，美国民族主义向前看，而大多数国家的民族主义恰恰相反。总之，政治理想主义、民族自豪感与相对褊狭相结合造就了美国民族主义。当它驱动美国的外交政策之时，美国民族主义的自相矛盾和内在张力、它对美国海外合法性造成的伤害应该值得美国人民的反思。②

从以上文献回顾来看，研究者们的著述为人们对塑造和推动美国外交政策的美国民族主义有了比较清晰的了解。正如裴敏欣所说的，美国民族主义存在两种悖论：一是，尽管美国是一个拥有强烈民族主义的国家，但它却并不视之为民族主义；二是，尽管美国社会中存在强烈的民族主义，但美国的决策者却非常不重视其他国家的民族主义力量，所以在应对海外民族主义时既不敏感又缺乏技巧。原因在哪呢？迈克尔·亨特告诉我们，“否认我们自己植根很深的民族主义意识形态，甚或见不到我们同其他国家的民族主义有相似之处，可以追溯到美国民族主义本身所具有的一个显著特点：强烈的千年盛世情结。这一情结铸就了这个国家，使它向全人类承担特殊责任，担当

① Paul McCartney, “The Bush Doctrine and American Nationalism,” *Annual Meeting of the American Political Science Association*, August 28 – September 1, 2002, pp. 1 – 42.

② ［美］裴敏欣，门洪华译：《美国民族主义的悖论》，《战略与管理》2003 年第 3 期，第 51 – 54 页。See also, Minxin Pei, “The Paradoxes of American Nationalism,” *Foreign Policy* 136, May/June, 2003, pp. 30 – 37.

起救世主的角色"。其结果，当美国民族主义驱动其外交政策时，它引致了广泛的反美主义。所以，"要让美国人知道，我们自己的民族经历与理想同地球上其他大多数居民之间存在鸿沟，我们也许应当遏制外交事务中显然是长期存在的无知与种族优越论的观点。"① 总体而言，尽管现有的研究已经取得不少的成就，但是目前的文献就美国民族主义对美国外交政策的影响所作的研究还存在很多不足，尤其没有详细地探讨美国民族主义的特殊性及其对美国外交政策的影响，更不用说从美国民族主义的视角来对美国对台政策进行专题研究，或者确切地说，这方面的研究还几乎没人涉及。本书就是要在前人所作研究并获得相应成果的基础上，从美国民族主义的视角探究美国对台政策的真实意图。

二、主要观点

中美建交之后，美国一方面承诺遵守"一个中国"政策，另一方面却又长期坚守《与台湾关系法》并大肆向台湾大量出售先进武器。美国为什么不改变插手台湾问题的政策呢？原因很简单，美国对台政策实质上就是要维持"不战不和、不统不独"的现状，一方面要利用台湾的战略位置实现其"以台制华"策略；另一方面，美国希望台湾成为"和平演变"中国大陆的政治力量，于是不遗余力地要推动台湾的"民主化"实现其扩展"民主"的理念，以达到"以台变华"的目的。前者随着中国的日益崛起而被充分利用；后者则牵涉中美关系中长期以来一直存在的所谓"中美特殊关系"的神话，可简称"中国神话"（the China Myth）②，本书称之为"改变中国"（to change China）或"改造中国"（to transform China）的使命。"自近代以来，中国在美国民族主义意识形态中扮演的就是证明美国文化具有普世优越性的角色。中国成为实现美国民族抱负、国家使命和树立美国国家威望的巨大试验场。试验的成功不仅将证明基督教和美国文化的普世性，而且

---

① ［美］迈克尔·亨特著，褚律元译：《意识形态与美国外交政策》，世界知识出版社，1999年版，第206－208页。

② "中国神话"（the China Myth）的说法，参阅 David McLean, American Nationalism, the China Myth, and the Truman Doctrine: The Question of Accommodation with Peking, 1949—1950, *Diplomatic History*, Vol. 10, No. 1, Winter 1986, pp. 25－42. 也可详见本书第二章的相关内容。

在传播自己文化和生活方式上的成功也是一个国家大国地位和荣耀的象征。”“在这一神话中，美国长期以来是中国主权的保护者和现代化事业的指导者；美国的价值观和制度具有普世性；中国人民愿意接受这样的价值观和制度，愿意接受美国的指导，并因此对美国的善行非常感激。……中美关系神话的构建及其被广泛的接受满足了美国人的民族主义心理需要，中国成为美国拯救世界计划的一部分，中国在诉说着美国的伟大。”① 由此可见，长期以来中国在美国民族主义意识形态中占据一种特殊的位置。美国有一些人认为与中国有“特殊友谊”、“特殊关系”，美国的“使命”是引导中国等一些国家走上美国和西方文明的发展道路。这就是艾奇逊所谓的：“我们历史性的对华友好政策”②，以及杜勒斯（John Foster）③ 所说的：美国对中国“怀有特殊友谊”④。

从这个意义上说，美国的对华外交服务于源自美国民族主义的“改造中国”之使命。而美国的对台政策则服从于美国的对华战略和目标，它可被解读为“改造中国”使命的体现。新中国的成立是一个转折点，它打破了美国企图建立一个符合自己心愿的“强大中国”的梦想，标志着多年来美国企图主宰中国命运的努力归于失败。“美国的目的和计划，就是要把中国这个幅员广大的国家塑造成符合美国心愿的形象，使中国在战后成为美国在整个远东不可缺少的伙伴。但是由于美国目的和计划的缺陷，由于实现这些目的和计划时的决策错误……美国的这种尝试终于遭到了失败。”⑤ 然而，美国并不甘心这种“划时代的、历史性的失败”⑥，新中国成立前后，杜鲁门政府曾打算在台湾问题上采取“脱身”政策，目的是保持与中国大陆的接触为“改造中国”创造条件，“美国政府考虑与新中国保持某种联系的出

---

① 王立新：《意识形态与美国对华政策——以艾奇逊和“承认问题”为中心的再研究》，《中国社会科学》2005 年第 3 期，第 182 - 183 页。

② *The China White Papers*, Dean Acheson, Letters of Trausmittal, July 30, 1949, p. 1051.

③ 约翰·福斯特·杜勒斯（1888—1959），曾任美国国务卿（1953—1959）。

④ *FRUS* 1952—1954, 1015, China and Japan, pt. 1, pp. 515 - 518.

⑤［美］赫伯特·菲普斯著，林海等译：《中国的纠葛》，北京大学出版社，1989 年版，第 2 页。

⑥ 刘同舜、刘星汉主编：《国际关系史》（第七卷），世界知识出版社，1995 年版，第 334 页。

发点是为了保留在中国的势力，最低限度也要扩大美国在中国的思想影响。"① 朝鲜战争的爆发暂时中断与中国大陆的接触。在冷战对峙时期，"以台制华"、遏制中共并促使中国大陆内部崩溃，同时扶持台湾有朝一日返回大陆成为美国的政策重点，即以所谓的"自由中国"代替共产主义中国；但到了20世纪50年代末，美国意识到"遏制加孤立"的政策并不能促使中国大陆内部发生改变，"和平方式"开始酝酿，于是，"欲改造中国，必先改造台湾"的设想被逐步提上政策议程。到了60年代中期，"以台变华"的方针得以最终确立。这时美国的做法是，继续支持国民党政权在台湾保留下来，同时开始对其"民主化改造"② 并以此影响中国大陆，意图以台湾的局部之变促大陆整体之变，以台湾的先行之变促大陆后来之变。20世纪70年代中美关系缓和之后，中美两国之间的直接接触虽为演变中国大陆创造了有利条件，但美国依然认为应该加速台湾的"民主改造"，"以台变华"的方针由此付诸实施并逐渐明朗化。80年代末90年代初冷战结束后，美国对台政策中"以台变华"的方针被全面推行，台湾实际上充当了美国向中国大陆推行"和平演变"的"据点"和前沿阵地。同时，美国为应对中国大陆的崛起不放弃"以台制华"的方针，尽管其含义已今非昔比了。

美国对台政策中"以台变华"方针的推行与使用，与美国对华"和平演变"政策的演化大概是一致的，这从一个侧面反映出美国对台政策服务于美国的对华政策取向。最早提出从内部瓦解、推翻中国共产党领导的政权和社会主义制度的人，是司徒雷登（John Leighton Stuart）和艾奇逊。1948年12月，在蒋家王朝濒临覆灭的绝境之际，美国驻华大使司徒雷登建议胡适参加人民解放战争胜利后组建的联合政府，以便领导一场"新思想运动"来抵制共产主义在中国的胜利。③ 美国前国务卿艾奇逊是对华实行和平演变的始作俑者。1949年7月30日，艾奇逊致函杜鲁门总统，提出了鼓励和支

① 资中筠著：《追根溯源——战后美国对华政策的缘起与发展（1945—1950）》，上海人民出版社，2000年版，第356页。

② *FRUS*, 1961—1963, Vol. 1012: China, Japan, Korea, Document 76. 参阅忻华著：《羁绊与扶持的困境：论肯尼迪与约翰逊时期的美国对台政策（1961—1968）》，上海人民出版社，2008年版，第508页。

③ 柳静编著：《西方对外战略策略资料》（第一辑），当代中国出版社，1992年版，第5页。

持中国的“民主个人主义者”，让他们混入革命阵营，构成革命阵营中的所谓反对派，对即将诞生的新中国实行“和平演变”策略。同年8月，美国国务院发表《美国与中国关系》白皮书，强调要鼓励和培养中国的“民主个人主义者”，使之“东山再起”，施展其自由主义的影响，促使未来的社会主义新中国演变成资本主义国家。① 而对华和平演变战略的真正发明权则属于杜勒斯。1953年，美国发动的矛头对准中国的侵朝战争以失败告终。中国经过三年努力，恢复了国民经济，巩固了新生的人民政权。美国统治集团意识到，单靠武力来颠覆中国是很难行得通的，因此，必须在武力遏制的同时，把和平演变提上日程。这一年，国务卿杜勒斯提出要用“更为有力或更为主动”的“解放政策”来取代那“无效的遏制政策”。他把社会主义国家的人民称为“被奴役的人民”，鼓吹必须时刻关注这些“被奴役的人民解放问题”，主张用“和平的方法”达到这一目的。他认为，“用和平的手段取得胜利”是西方对付共产主义的“高尚战略”。1956年，杜勒斯乘中国大陆实行“百花齐放，百家争鸣”方针之机，在一次国策声明中宣称，美国的政策是要促进苏联、东欧和中国等社会主义国家的自由化，并把希望寄托在这些国家的第三代和第四代身上。1958年8月，美国国务院发表备忘录，更露骨地说，美国认为“共产主义在中国统治不是长久性的，它有朝一日总会消失的。美国想通过不给北京外交上承认的做法，来加速这种消失的过程”。1958年10月，杜勒斯飞抵台湾，亲手策划制定了对中国和平演变的具体政策。事后他公开宣称，要“用和平方法使全中国得到自由”，“办法不是使用武力，而是用行为和榜样来支持大陆中国人的思想和心灵”，“使大陆上的人民重新获得自由”。② 这样，杜勒斯就把对华实行和平演变政策提高到了战略高度。

20世纪50、60年代的历届美国政府首脑都是对华推行和平演变战略的鼓吹者。肯尼迪政府的助理国务卿希尔斯曼在《美国对共产党中国的政策》演说中，鼓吹美国要以“保持实力和坚定而又准备谈判的政策”，“促使中国大陆发生一些变化”，幻想中国的“第二代领导人”会“最终放弃僵硬的

① 吴健主编：《美国政府的和平演变战略》，福建教育出版社，1990年版，第315页。
② 柳静编著：《西方对外战略策略资料》（第一辑），当代中国出版社，1992年版，第12页。

阶级观点"，"重新接受多元化的世界来代替似乎是共产主义为人类社会规定的目标"。① 以后，尼克松、卡特、里根、老布什等人都极力主张通过和平演变促使中国"变质"。以尼克松为例，他在中国问题上既是一个现实主义者，又是一个具有浓厚美国观念的美国政治家。他完全按照美国社会的基本价值观念去看待中国，希望用美国的民主改造中国。他呼吁积极支持中国走市场经济道路，认为邓小平的改革目标"虽然不是取得更多的政治自由"，但"经济自由必将导致政治自由"，因而力主美国正确运用"中国需要美国的经济合作和重视美国的军事实力"这些因素，保持与中国的交往，促使中国的变化。② 冷战结束后，随着国际形势的缓和，西方国家在利用人员往来实行思想渗透方面把工作重点放在留学生和访问学者身上。美国新闻署发表文章公开声称："美国应向中国正在成长的年轻一代灌输美国的价值观念，这比向他们传授科学知识更重要。"并认为，在这方面花点钱是值得的，"对西方来说，这是一笔'明智'的投资"，"我们决不要忽视训练一批数量可观的中国未来领导人的意义"。③ 简言之，自上个世纪50年代美国国务卿杜勒斯明确提出后，演变中国一直是几十年来美国对华战略和对华外交的重要内容之一；冷战结束后，美国更是把演变中国、改变中国提到美国对华战略和对华外交的根本目的和目标的高度。即使是重视美中战略关系的老布什政府，演变中国也是其对华外交的重要内容。"美国的理想和价值观必须成为美国同中国接触中的极重要的组成部分。""民主思想改变了世界各国，同样的变革最终会降临中国。只要继续同中国打交道，美国就可以对中国将来的发展方向起一点作用。"④ 克林顿、小布什则公开表示，中国领导人和人民应该接受美国的民主价值和自由观念。由此可知，美国今后将继续根据它的理想和价值观念，以维护"民主"、"自由""人权"为由，加强对中国的和平演变。因此，美国会继续推行"以台制华"方针，利用台湾问题来牵制中国的发展和对外影响的扩大，更将大力利用台湾地区的"民主"发展来影响中国大陆，使台湾成为"中国大陆最终改革的重要因素"，

① 《西方国家的和平演变战略》，高等教育出版社，1990年版，第53页。
② 李庆余主编：《11个美国人与现代中国》，安徽大学出版社，1998年版，第282页。
③ 黎文森等主编：《论西方国家和平战略》，浙江大学出版社，1992年版，第81页。
④ 刘连第编著：《中美关系重要文献资料选编》，时事出版社，1996年版，第328、340页。

为整个美国对华战略服务。① 也就是说，美国试图通过“以台变华”最终实现“改造中国”的目标。

总之，中美关系一直是中外学者和社会各界人士关心的问题，按照美国《商业周刊》杂志的评说，“在美国政治中，除了大选之外，再没有任何一件事情如此复杂和充满感情色彩”②，而台湾问题无疑又是中美关系中最敏感、最重要的问题，也是最具爆发性与最不易处理的问题。对中国政府而言，台湾是中国不可分割的领土，是中国主权的组成部分，实现台湾与祖国的统一是中国政府与人民的神圣使命，任何一个中国人都不可能在台湾问题上做出任何原则上的妥协与让步；对美国政府而言，台湾被视为美国在西太平洋上一艘“永不沉没的航空母舰”③，是围堵中国链环上的重要环节，也是美国的所谓“自由世界盟友”，美国希望将台湾树立为后发展地区“自由与繁荣”的典范，并通过台湾问题向中国政府施压，“遏制”中国的发展，是美国在处理对华事务中时刻考虑打出来的一张“王牌”。与此同时，台湾还具有“民主示范”的功用，以图促进中国大陆发生演变。在不同历史时期，美国决策层对美国对华关系的战略定位不可避免会影响美国对台海问题的处理方式，比如美国的对华战略取向是“遏制”、“接触”抑或是“接触加防范”？不同的选择将对美国的台湾政策产生不同的影响。但从美国民族主义与“改造中国”使命的关系角度而言，“以台变华”的方针虽经历从酝酿到确立、从付诸实施到明朗化直至全面推行三个阶段的演化过程④，却贯彻始终。这是因为，对于美国人来说，“改变中国”是美国一项未竟的使命或事业。“美国人仍然深深渗透着一种长期以来要改变他们印象中的中国的‘传教士心态’。对美国人来说，这个问题看来绝不是要不要改变中国的问

① 吕有生著：《称霸亚太：新世纪美国亚太战略大调整》，大众文艺出版社，2002 年版，第 291 页。

② *Business Week*, December 6, 1961, p. 103.

③ 麦克阿瑟著名的把台湾比作“不沉的航空母舰”的讲话，与在中国广为流传的理解略有出入，即他不是直接把台湾比作美国的“不沉的航空母舰”，而是说台湾如落入中共之手，就会变成苏联的“不沉的航空母舰”，其前提是一旦有事，中国一定会把台湾给苏联做空军基地。不论这一前提是否成立，由此可见美国对台政策的考虑最终是针对苏联的，这是冷战思维的产物。参阅资中筠、何迪编：《美台关系四十年：1949—1989)》，人民出版社，1991 年版，第 6 页。

④ 请参阅本书第四章第一节的相关内容。

题，而是如何改变中国的问题。"① 正是这种"传教士心态"使得美国人在试图通过与中国大陆直接接触谋求改变之外，在美国对华战略中，保持对台湾的控制不仅有着军事战略上的重大意义，即台湾成为美国对中国实行战略牵制的一个不可缺少的筹码；而且在政治、意识形态上也具有同样的重要利益。意识形态上，美国可以利用台湾的所谓"民主、自由"向大陆施加压力；政治上，美国要对中国进行渗透，实施"和平演变"，颠覆中国大陆的社会主义制度，需要一个直接对中国施加影响的前进基地，而台湾恰恰是最合适的选择：台湾的"政治发展经验"是美国演变大陆的"利器"。"台湾的价值很大……它不但创造了经济成就，也在政治发展上相当迅速，更且他们为大陆的人们提供了另一种选择之途。"② 尤其在香港、澳门已经先后回归中国的情形之下，台湾在这一点上的作用就更为突出，美国试图将台湾树立为一个"和平演变"的样板，以所谓"台湾经验"引导中国大陆走向资本主义，实现"改造中国"的使命。

三、研究意义、方法与创新

新中国成立之后，中美关系出现过这样那样的问题，但都比不上台湾问题存在的时间长，对两国的影响大。台湾问题始终是中美关系中的核心问题、原则问题、要害问题。这在冷战时期如此，在后冷战时代更是如此。

1. 研究意义

众所周知，二战结束后美国对台政策一直是美国整体对华政策的"依变项"，中美关系的变迁制约着台海局势的变动；当然，美国对台政策反过来也对美国对华政策有着一定程度的影响，两岸关系的变迁也牵引着中美关系的发展。台湾问题不能决定中美关系发展的大势与总体格局，但在某些情况下，台湾问题却具有巨大的杀伤力，在很大程度上制约与牵制着中美关系的发展走向。"因为美国在台湾问题上的政策立场决定着美国对华战略的性质和实质，从而决定着中美关系的性质和状态。"③ 在很多情况下，台湾问

① David Shambauch, "The United States and China: Cooperation or Confrontation?" *Current History*, Sep. 1997, Vol. 96, No. 611, p. 242.

② 冉亮：《费正清谈中国问题》，（台湾）《中国时报》，1990 年 12 月 12 日，第 7 版。

③ 楚树龙著：《接触与防范——美国对华战略》，鹭江出版社，2000 年版，第 146 页。

题也可能具有“牵一发而动全局”的影响力，美台关系的发展与中美关系的变迁，因而互为因果，形成了“你中有我”的互动态势。因此，对美国的台湾政策进行深入的解读有助于更好地理解中美关系发展演变的趋势与规律。

从理论上讲，从美国民族主义的视角来解读美国的对台政策是台海问题研究中一个不可缺少的部分。具体而言，这样的研究不但能够有助于比较全面地认识和了解美国的民族主义，对中国大陆对美、对台工作也具有积极的实践意义，即为我们在制定对美、对台政策时提供有意义的经验与教训。由于美国民族主义的独特性在于美利坚民族的民族认同感来自于其成员对于美国的制度和价值观优于世界其他国家的强烈共识，这使得美国民族主义相当缺乏自我反省的精神、从来没有认真思考过自己提供给其他国家的文化范式的局限性，从而不可避免地导致美国民族主义思想中存在一个最大的问题，即把与美国的不同看法看作是对美国的威胁和挑战，其结果，“强烈的美国民族主义思想决定了美国必须有一个敌人。”① 了解了美国民族主义的特性及其对外交政策的影响，中国政府将能够更恰当地处理好中美关系，为中国的发展创造和谐的外部环境。与此同时，这样的研究有助于我们深化对台工作，为两岸关系的和平发展创造有利环境。自新中国成立以来，台湾问题一直是困扰中美关系的主要因素之一。从1949年至1979年建交前，台湾问题是直接阻挠中美两国关系正常化的最大障碍，也是中美建交谈判中的核心问题。建交后，台湾问题更因《与台湾关系法》的出现而多次引起中美关系的紧张，而且在1982年曾一度造成“危机”。1989年之后，台湾问题更是频繁冲击中美关系：1992年老布什的对台军售，1995年的李登辉“访美”、1996年的台海危机等使中美关系危机不断，因此对此问题的研究也变得更具现实意义。

总体而言，从美国民族主义的视角解读美国的对台政策，具有如下重要的理论意义和现实意义。

第一，有助于拓展台海问题研究的领域。美国对台政策一直是国内外研究的一个重点。虽然关于美国对台政策的研究在逐步深入，例如唐耐心的新

---

① 张爽著：《美国民族主义——影响国家安全战略的思想根源》，世界知识出版社，2006年版，第294页。

著《海峡对谈》得出一项清晰却惊人的结论。她认为，“互不信任”一直是美国与台湾六十多年来的问题，美国与台湾关系虽紧密，彼此号称好友，却从未完全拥抱对方。因此，美国与台湾的关系虽然因为中国而紧密交缠，彼此虽有部分共同利益的交集，但更常见的，却是因互信不足而产生的猜疑与误解。① 但目前的研究仍然缺乏对美国的台湾政策进行深度分析。鉴于此，为拓展台海问题的研究领域，本书拟从美国民族主义的新视角分析美国对台政策，以加深对美国对台政策的认识。

第二，便于全面理解、认清美国对台政策。关于美国对台政策，国内外研究者虽然对此已有不少的研究，但在某些问题上还不够深入，甚至是有意或无意的忽视。这些问题包括：什么是美国的国家利益？有何特征？美国对台政策的真实意图是什么？如果从美国民族主义的视角着手进行研究，将有助于回答以上问题，有助于全面理解和认清美国对台政策。

第三，可为中国大陆对美、对台政策的制定提供借鉴。长期以来，美国对华政策对中国国家安全和经济发展的影响很大，所以近代历届中国政府都把对美政策放在十分重要的位置上。改革开放以来，随着中国对外关系日益扩大，美国对华策对中国的影响更是有增无减。深入认识和了解美国的对台政策对于中国制订合理的对美、对台政策具有十分重要的借鉴意义。

最后，有助于加深对美国对台政策演变的认识。台湾因其地理位置的特殊性和重要性，一直被美国视作其亚太战略以至全球战略中的重要地缘战略资产。二战结束后历届美国政府始终认为，台湾对于美国在东亚乃至世界的利益具有政治、经济、军事上的重要战略价值。在冷战时期，美国把台湾当作其反对共产主义的前哨阵地，利用台湾遏制中国，防止共产主义扩张。冷战结束以后，国际格局与世界形势发生了深刻的变化，台湾的战略地位愈发凸现，美国在台的利益因素增多了。美国在台不仅有战略安全利益，而且有巨大的经济利益、政治利益，特别是意识形态利益愈益明显。“随着美国将台塑造为‘亚洲民主的灯塔’，‘民主’与经济、安全利益一并成为美国在

① Nancy Bernkopf Tucker, *Strait Talk*: *United States-Taiwan Relations and the Crisis With China*, Cambridge and London: Harvard University Press, 2009;《台美好友 60 年来却互不信任》，http://www.gogotaiwan.cn/Default.aspx? TabId = 1092&ArticleID = 25089。

台利益不可或缺的组成部分，也成为美对台提供政治、军事、‘外交’支持的重要原动力之一。”① 从美国民族主义的视角进行分析有助于加深对美国对台政策演化过程的认识。

2. 研究方法

所谓“研究方法”是指研究者在解决议题时搜集、处理与分析资料的手段。在方法大辞典中对方法的定义是“‘方法’一词来源于希腊文，意思是沿着正确的道路或方法运动。在主观认识客观的活动中，是指获得、收集、整理关于对象的经验材料以及对所获得的消息进行加工的方法。”它是指人们认识世界和改造世界所应用的行为方式、程序及手段的总和。所以研究方法就是指我们认识对象、理解对象时，进行研究所抱持的进行研究的过程中搜集研究的资料和分析研究资料的方式。② “工欲善其事，必先利其器”，科学的研究方法，是探讨任何学术问题包括探讨美国对台政策的研究者所不能逾越的。传统的研究较多采取史学的方法，即用描述性的手法叙述美台关系的变化。这种史学的方法对于人们认识历史、总结历史经验、指导实践是非常有益的。关于美国外交政策，目前学界主要采用利益分析模式。这种模式认为，美国对外政策实际上是以国家利益为中心，其他因素（如意识形态因素）次之。在国际政治中，没有永久的朋友，也没有永久的敌人，只有利益是永久和不变的。因此，国家利益为国际政治的出发点和归宿点，是国际政治中的最后语言，是美国外交政策的基石，也是美国对台政策的出发点。换言之，美国对台政策的基本出发点就是美国的根本国家利益。具体来说，美国的对台政策是为了维护美国在世界和亚太地区的领导地位，具体落实美国的亚太战略，推进美国的政治经济文化等的利益。③

以上分析方法或模式对本书的研究具有启发的作用。但具体而言，本书主要采用了如下的研究方法：

---

① 刘佳雁、潘飞：《浅析美国对台政策的“民主困境”》，《台湾研究》2007 年第 5 期，第 50 页。

② 杨开煌：《“两岸关系研究”之方法论反省》，《现代台湾研究》2004 年第 1 期，第 17 – 18 页。

③ 杨洁勉等著：《世界格局中的台湾问题：变化和挑战》，上海人民出版社，2002 年版，第 131 页。

（1）文献分析法——文献收集和分析是科学知识产生的基础，也是一切方法的基础方法，可以透过文献分析来寻找问题的定位、经验的基础，以及未来进一步研究方向的理由。文献分析法作为一种非实验性的研究方法，主要借由图书馆、学术研究中心、政府机关及网络等处所搜集到相关的资料进行研究，包括海内外的学术著作、学术期刊、学术论文、官方书面文件等，此外，领导人言论、回忆录等也是资料收集的重点。

（2）历史分析法——所谓的历史分析法是借助对于相关社会历史过程的史料进行分析和整理，以认识研究对象的过去、现在并帮助预测未来的一种研究方法。这种研究方法的实质在于探求研究对象本身的发展过程和人类认识该事物的历史发展过程，而不仅仅是单纯的描述具体的历史事件或历史之中人的活动。这种方法的核心是基于所掌握的档案资料、历史文献，力图做出“接近原来”的描述与判断。本书主要是透过书籍、文件、报纸、期刊、文稿等来解读美国对台政策在历史演进过程中的变化。

（3）纵向比较的方法——纵向比较方法又称为“历时性比较方法”或“垂直比较方法”。它是比较同一事物在不同时间内的具体形态异同的方法。换句话说，它是在时间系列上对历史事物发展前后阶段进行异同比较的方法。本书通过划分三个阶段来比较不同时期美国对台政策的演变情况。另外，本书也涉及重大的历史事件，研究其来龙去脉，检视在这些历史事件前后，美国对台政策的变化及结果。

3. 研究创新

从上述研究现状的回顾来看，国内外学者对美国民族主义、美国对台政策的研究已经取得不少的成就，也积累了丰富的资料，这些都需要及时去总结和提升。从总体上讲，本书就是试图在前人研究的基础上从美国民族主义的视角探讨美国的对台政策。具体的，可以从三个方面来看：

首先，明确界定什么是美国民族主义及其特性。“就本质而言，不论是何种民族主义，其思想意识形态本身基本上都是建立在现代理性基础之上的”①，美国的民族主义亦不例外，但也有其特殊之处。这是因为，作为一

---

① 叶江：《略论当前民族主义研究中几个值得注意的问题》，《世界民族》2007年第4期，第5页。

个以政治信念来界定的民族，美利坚民族之所以是“上帝的选民”不在于美国人民是某一特殊的种族，而是在于美国人民的民主、自由和向前看等理性的精神，更为重要的是这种理性的精神传播具有普遍的意义，也就是有普世性的，因此美利坚民族是天定也就是由上帝选中要将这样的理念传播至全球的民族。也就是说，美国在强调自身利益的同时，美国人还认为自己肩负着向外部世界推广美国的制度、传播民主和自由的价值观念、改造世界的神圣使命。

其次，目前美国对台政策研究的文献几乎都以美国的国家利益作为出发点，但对于什么是美国国家利益的真实含义没有搞清楚，所以得出的结论不够全面。本书在美国民族主义研究的基础上探讨美国的国家利益，并由此分析美国对台政策，应该对美国对台政策的深入研究有所帮助，这也是笔者的期待。

最后，把美国民族主义与美国对台政策两个议题领域结合在一起进行研究，本身就是一个新的尝试或创新所在。当然，学者们在这个问题上所进行的研究几乎是一个空白，本书只能从宏观上从美国民族主义与“改造中国”使命的角度探讨美国对台政策的演变进程。总而言之，本书拟从理论与历史相结合的角度，试图详细探讨美国民族主义及其特性，并以此作为基础深入解读美国的对台政策。

四、内容安排

回顾世界历史，进入20世纪以来，世界上发生的引人注目的大事，几乎都与美国有着不同程度的关系，因此，美国的外交政策就成为一个值得研究的重要课题。这其中，美国民族主义作为塑造和驱动美国外交政策的一个不可忽视的重要性因素，人们对它的研究还比较薄弱。本书研究的主要目的就在于运用民族与民族主义理论探讨美国民族主义及其特性，并由此探究美国对台政策的真实意图。其整体思路是：首先概述作为研究起点的民族的概念和类型、民族主义的概念和特征以及分析民族主义的类型，在此基础上详细解析美国民族主义的含义、特征与表现及其形成和发展（第一章）。其次，以民族主义和美国民族主义的理论分析作为铺垫，接着分析美国民族主义与“改造中国”使命的关系（第二章）。这两章构成本书的上篇。最后，从美国民族主义的视角分析美国的对台政策（第三、四、五、六章），这四章构成下篇。上述整体思路可简化为：美国民族主义——→“改造中国”的使命——→美国对台政策的演化。在前述内容的基础上作出总结，它主要包括三个方面的内容，即如何认识美国民族主义、如何理解美国民族主义与“改造中国”使命的关系以及如何从美国民族主义与“改造中国”使命的关系角度来解读美国的对台政策。

绪论部分主要交代研究现状，主要观点，研究意义、方法与创新以及整体的研究思路和内容安排。

上篇“美国民族主义与‘改造中国’的使命”的内容包括：

第一章为民族与民族主义的理论分析和美国民族主义的具体剖析。这一章主要概述民族与民族主义的相关理论如民族主义的概念与特征、类型分析等，为美国民族主义的具体剖析做好理论铺垫。第一节是作为研究起点的民族与民族主义；第二节是美国民族主义的性质与特征；第三节是美国民族主义与其外交政策的关系分析；第四节是就上述内容作些总结。

第二章为美国民族主义与所谓“改造中国”使命的关系之探讨。第一节叙述中美关系的历史演变；第二节则在此基础上具体分析什么是“改造中国”的使命；第三节则分析美国民族主义与“改造中国”使命的关系；第四节就本章的主要内容作些总结。

下篇“美国对台政策的解读：一种美国民族主义视角”的内容包括：

第三章为台湾问题与美国对华战略关系探讨。第一节简单叙述美台关系的历史演变；第二节分析台湾问题的产生及其实质；第三节则认为台湾问题的实质就是美国对华战略问题，因此有必要详细分析美国对华战略的种种情况；第四节是本章的总结。

第四章为中美关系缓和之前美国对台政策的分析。第一节论述美国对台政策的演化情况，可以概括为：一个宗旨即服从于美国的对华战略需要、两个方针即“以台制华”和“以台变华”、三个阶段，这些构成以下章节的分析框架；第二节分析新中国成立前后美国对台政策；第三节分析三次台海危机期间美国的对台政策；第四节同样是就本章的内容作了总结。

第五章为中美建交前后美国对台政策演变的分析。第一节简述中美关系的改善过程；第二节分析尼克松到卡特时期的美国对台政策；第三节分析里根期间美国的对台政策；第四节是本章内容的总结。

第六章为后冷战时代美国对台政策的分析。第一、二、三节分别分析老布什、克林顿、小布什时期美国的对台政策，第四节是本章内容的总结。

结语部分就全文作总结，主要包括三个方面的内容，即如何认识美国的民族主义及其特性、如何认识美国民族主义与所谓“改造中国”使命的关系，以及如何从美国民族主义与“改造中国”使命的关系角度解读美国对台政策的演变等。

本书的框架结构可见下图。

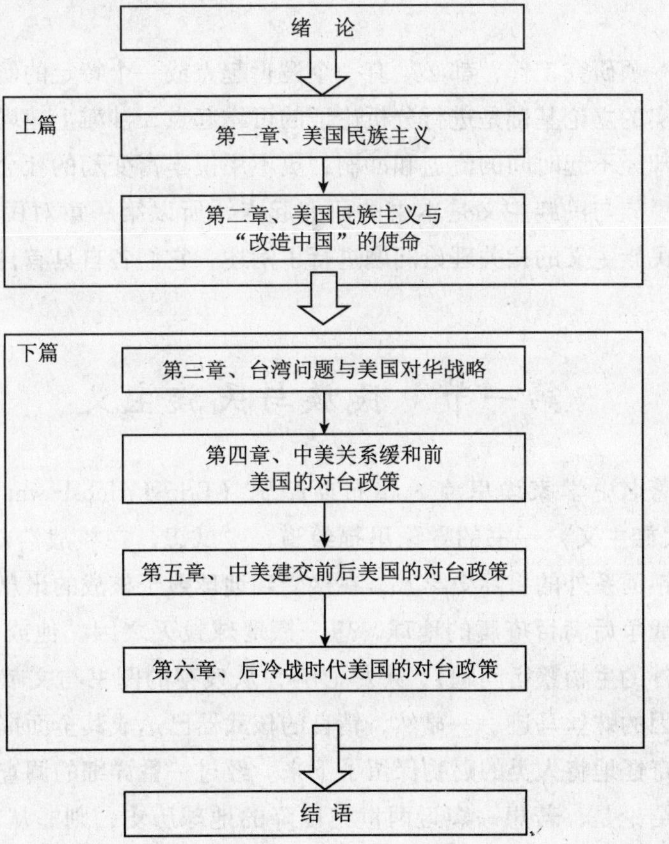

图　本书的框架结构

资料来源：作者自制

上篇 美国民族主义与“改造中国”的使命

第一章 美国民族主义

任何一项研究工作，都必须有一个逻辑起点或一个特定的研究对象。换言之，坚实的立论基础是进行分析论证的可靠起点，沙滩上建塔固然可以美丽一时，却经不起时间的流逝和冲刷，更不用说丰富变幻的社会实践了。毋庸置疑，民族与民族主义是本书的研究起点，所以第一章对民族与民族主义、美国民族主义的相关理论问题进行了阐述，它们各自具有自己特定的内涵和外延。

第一节 民族与民族主义

英国著名史学家埃里克·霍布斯鲍姆（Eric J. Hobsbawm）曾经在其《民族与民族主义》一书的导论里描绘道，“试想，在核战浩劫后的一天，一位来自银河系外的星际史学家，在接受到地球毁于核战的讯息后，横渡银河，亲赴战争后满目疮痍的地球，想一探地球毁灭之因。他或她（暂且不论银河系外的生物繁衍问题），殚尽心力，从残存的图书与文献中，找寻地球毁灭之因的蛛丝马迹——显然，精良的核武器已达成其全面摧毁人类的目的，但却奇怪地将人类的财物保留了下来。经过一番详细的调查，这位星际史学家的结论是，若想一窥近两世纪以降的地球历史，则非从‘民族’以及衍生自民族的种种概念入手不可。”① 作为研究的起点，本书自然是从认

① ［英］埃里克·霍布斯鲍姆著，李金梅译：《民族与民族主义》，上海人民出版社，2000年版，导论第1页。

识什么是民族开始的。

一、民族的概念及其类型

（一）民族的概念

民族一词的英文为 nation，源自拉丁语 natio，意思是“诞生物”，指的是诞生于同一地方的一群人，由实际的或想象的具有相同血统和共同语言者组成的社会集团，以后出现了该词基本的和派生的涵义。17 世纪后，西方用“民族”（nation）来称呼主权国家的人民，而不问其种族和语言是否一致了。从法国大革命到第一次世界大战时期，欧洲大陆的政治家和外交家们也经常使用“民族”这个概念来指享有主权的民族国家，于是“民族”又成为“国家”（state，country）的同义词。就中国而言，虽然早在西方的民族观念传到之前，就有众多的民族生活在中华大地上，但是“民族”这个概念却是实实在在的一个西方的概念。或者说，在西方的民族概念传入中国之前，“民”和“族”两个词已经被广泛使用，却很少甚至没有将这两个字并列用在一起表示现代意义上的民族概念。毫无疑问，民族是人类社会中最基本的人们共同体形式，我们每个人都有自己的民族归属。但是，迄今为止，什么是民族，如何给民族下一个科学的、较全面的定义却是非常困难的。不同的研究者从其生活的时代和所从事的学科性质、政策应用等不同的角度和目的出发，分别给出了自己对民族的定义。其中，斯大林曾给民族定义为，民族是指“人们历史上形成的一个有共同语言、共同地域、共同经济生活以及表现于共同文化上的共同心理素质的稳定的共同体”①。这一著名的定义后来在政界和学术界产生了更大、更多的影响，例如至今我国的辞书仍然沿用这个定义。然而，针对斯大林的定义，西方有的学者提出了不同的反对意见，比如英国学者休·塞顿－华森（Hugh Seton-Watson）认为斯大林并不是从社会政治分析的角度来论述民族问题，而是一场政治论战，目的是在于否定犹太人是一个民族。② 不论这种看法恰当与否，围绕着民族定义

① 《斯大林全集》（第 2 卷），人民出版社，1953 年版，第 294 页。

② Hugh Seton-Watson, *Nation and State: An Enquiry into Origins of Nation and the Politics of Nationalism*, London: Methuen and Co. Ltd., 1977, p. 4.

的争论使得人们指望一个包罗万象的定义成为不可能。

从现有的文献来看，目前在西方，对民族概念的界定主要有两种方法。首先，是主/客观划分法，即从两种不同的标准即“社会群体的主观归属感”和“划分群体的客观标准”来划分民族，从而形成了在民族概念上的“主观派”与“客观派”两种对立观点。① 前者主要强调人的情感和意愿在民族形成过程中的作用。比如法国历史学家勒南（Ernest Renan）以高度理想化的形式给出了其对民族的概念。他认为，民族存亡与否，是和人们的意愿分不开的，意愿使民族存在，也使民族消亡。正是人们的意愿使其组成一个群体，构成一个社会。所以在这个意义上他讲道，“一个民族是一个灵魂，一种精神原则”；“共同受苦，共同欢乐和共同希望，这些就是造成民族的东西。”② 休·塞顿－华森的观点也很具代表性，他说，“当一个共同体中相当一部分人认为自己构成一个民族，或他们的行为如同他们自己已经形成了一个民族时，该民族就诞生了”③。此外，美国学者厄恩斯特·哈斯（Ernst B. Haas）、霍布斯鲍姆等对民族概念的界定也具有主观派的特性。客观派在界定民族的概念时主要强调了民族构成的客观因素，它们包括地理条件、种族、语言、习惯和宗教信仰以及共同的法律制度和政治制度。例如客观派的代表人物意大利人马志尼认为，共同的语言、共同的倾向和共同的历史传统是构成民族的主要因素，所以他断言，“阿尔卑斯山和地中海规定了意大利民族的界限。凡是说意大利语的地方，就是意大利人民的家园。”④ 上述斯大林的定义在相当的程度上也代表了客观派的主张。概而言之，在当时主、客观两派争论的具体条件下，某个社会群体是否被承认为“民族”有着十分重要的意义，“以客观标准来界定民族的人，是想强调既有的社会群体的合法性的基础；而以主观标准来衡量民族，则是想通过这个标准来加强某个社会群体的凝聚力。客观派的观点还在于确认自身的民族身份的同

---

① 王缉思：《民族与民族主义》，《欧洲》1993 年第 5 期，第 14 页。

② Ernest Renan, “What is a Nation?” in *Nationalism*, John Hutchinson and Anthony D. Smith ed., Oxford: Oxford University Press, 1994, pp. 17 – 18.

③ Hugh Seton-Watson, *Nation and State: An Enquiry into Origins of Nation and the Politics of Nationalism*, London: Methuen and Co. Ltd., 1977, p. 5.

④ ［美］爱·麦·伯恩斯著，曾炳钧译：《当代世界政治理论》，商务印书馆，1983 年版，第 426 页。

时，否认其他特定群体的民族身份；而主观派的观点则赋予了想建立‘民族’的社会群体（或未被公众或大多数承认为民族的群体）以更大的活动空间，以便在他们认为合适的时候，建立他们自己的民族，树立起这个社会群体内部的认同感”，所以，“争论的背后恐怕都有一个利益的因素在起作用”。或者，“可以这样说，无论是以主观因素来划定民族，还是用客观标准来界定民族，都是为了试图有利于下定义者心中所要建立或想维护的国家，都是出于定义者要维护他本人所在的那个民族的利益，这便有了民族主义的最初的动因。”①

其次，是现代主义/族群－象征主义划分法。②“现代主义”的民族理论在当今西方学术界占据着主导地位，这种理论兴起于20世纪60年代，主要代表人物有凯杜里（Elie Kedourie）、盖尔纳（Ernes Gellner）、霍布斯鲍姆和安东尼·吉登斯（Anthony Giddens）等人。简单而言，他们的著述强调了民族的现代性、政治性、市民（或公民）性以及其缘起的西欧性。现代性指的是民族是从18世纪末法国大革命（至多是从美国革命）开始的；政治性是指民族与国家的紧密结合；市民或公民性是指民族成员具有平等的法权和民族具有对全体成员的动员能力；而民族缘起的西欧性则是指西欧是民族的发源地，民族这一现代历史现象是通过西欧向全世界的扩张才具有全球性的。相对于“现代主义”民族理论，“族群－象征主义”民族理论的产生略晚一步，其主要的代表人物是哈金森（John Hutchinson）、哈斯廷斯（Adrian Hastings）、阿姆斯特朗（John A. Armstrong）以及安东尼·史密斯（Anthony D. Smith）等。其中，史密斯无疑是这一学派的最重要的代表人物，他的著述特别注重研究民族的历史性，民族的族群基础及其文化特征，尤其是强调民族的重要历史地位和持久的生命力。概括起来，“族群－象征主义”民族理论有关民族的基本观点是：1. 民族的基础是族群；2. 族群的重要成分是族群起源的神话、族群地域的象征等文化因素而不是人种因素；3. 研究民族必须从长时段的历史文化入手，而族群恰恰就植根于悠久的历

① 王联主编：《世界民族主义论》，北京大学出版社，2002年版，第11－12页。
② 参阅叶江：《当代西方的两种民族理论》，《中国社会科学》2002年第1期，第146－157页。

史文化之中；4. 现代民族是通过代表上层的横向族群和代表下层的纵向族群的作用，在不断市民化和政治化的过程中产生的；5. 由于民族的核心是有着持久历史文化基础的族群，因此其历史悠久，不是现代的产物，民族和民族主义的存在也因此将是持久的。

西方对民族概念的界定，其基本观点可见下表1：

表1　民族的概念

西方的流派	基本观点
主观派	主要强调人的情感和意愿在民族形成过程中的作用
客观派	主要强调民族构成的客观因素，包括地理条件、种族、语言、习惯以及共同的法律制度和政治制度
现代主义	强调民族的现代性、政治性、市民或公民性以及起源的西欧性
族群－象征主义	强调民族的族群基础，族群起源的神话、族群地域的象征等文化因素

资料来源：作者自制

除了借鉴国外上述的两种界定方法之外，国内还存在广义/狭义之分。① 广义论者认为，“民族”泛指历史上形成的不同于社会发展阶段的人们共同体，包括由一定的共同语言、共同地域、共同经济和共同文化联系起来的各种稳定的群体，它存在于自原始社会以来的各种社会形态之中，包括原始民族（民族、部落）、古代民族（即部族或称前资本主义民族）和现代民族等。狭义论者则以为，“民族”就是现代民族，它是资本主义时代的产物。事实上，通过分析我们可以看到，广义与狭义之间的分歧正反映了人类社会发展进程中民族形成的阶段性。本书所指的民族正是狭义上的现代民族。

如上所述，关于民族的种种概念的分析，研究者们各执一端，观点相异。以现代主义和族群－象征主义两种观点为例，前者强调“民族”的现代性和政治性，注重“民族”的市民或公民性质以及它和国家之间的紧密关系，族群－象征主义则强调“民族”的历史性和族群性；现代主义强调民族与国家在边界和国内人民共享单一的族群文化上的一致性，族群－象征主义则强调民族与国家二者之间在概念上的区别；现代主义虽然强调民族与

① 参阅余建华著：《民族主义：历史遗产与时代风云的交汇》，学林出版社，1999 年版，第 6 页。

族群之间有着不可分割的联系，但却否认族群是民族的基础，而族群－象征主义则强调了民族的族群基础，如此等等，不一而足。面对这种仁者见仁、智者见智的情况，有些研究者提出了综合的观点，比如阿姆斯特朗就认为，民族群体是由政治的和文化上的原因综合起作用的。一方面，民族的产生离不开共同的语言、文化等因素，但另一方面，仅仅有这些东西，只能说是具有了构成民族得以产生的基础，还不能确保民族一定产生。只有同时具备社会的因素，如共同的利益、价值观念、经济制度和历史的原因以及在这些因素基础上形成的要求统一的政治意愿的时候，民族才可能产生。而且，在他看来，后一方面是更为重要的。他同时指出，民族的形成与发展，是植根于一个有关共同祖先的神话，这个神话是否具有历史真实并不重要，重要的是这个神话能够被认为是真实的，并因此提供了一种有关这个民族的共同的想象。① 由是观之，要比较全面地界定民族，显然应该把主观因素和客观因素结合起来。同样的，“历史地看，现代主义与族群－象征主义也是能够统一的，它们对于民族概念理解的不同，反映了民族概念不同发展阶段的两种意义，它们统一于民族概念发展的历史中。”②

正是从历史发展的角度出发，权威的《韦伯斯特大学辞典》对民族一词作了如下的依次解释：1. 由一般表现为共同语言、宗教、习俗等等的假设的血缘纽带联结起来的人群；2. 具有相同的惯例、习俗以及社会同一意识与共同利益的人群；3. 统一在一个单一的独立政府之下的一国居民之总体，即国家。③ 这些解释如实地体现了民族概念的历史发展，表明进入世界史的现代阶段之后，民族既是一个文化心理范畴，也是一个政治范畴。综合上面对民族概念的分析，可以对现代民族作如下的理解，即现代民族是在近代欧洲伴随着资本主义的发展而出现的，以共同文化为纽带的，在一定地域范围内由具有共同利益的人们所构成的稳定共同体。从“民族”一词本身的演化来看，它最初只是一个血缘上的种族概念，后来逐渐被赋予了文化上

① 参阅李少军著：《国际政治学概论》，上海人民出版社，2002 年版，第 425 页。

② 贾英健著：《全球化背景下的民族国家研究》，中国社会科学出版社，2005 年版，第 48－49 页。

③ 转引自时殷弘：《民族主义与国家增生及伦理道德思考》，载资中筠主编：《国际政治理论探索在中国》，上海人民出版社，1998 年版，第 32 页。

的含义，再后来则又被赋予其政治的含义。最终，它们三者统一于对民族概念的完整理解之中。而政治上的含义逐渐确立了在其中的主导地位，这一点在美利坚民族中表现得更甚。

(二) 民族的分类

如前所述，作为一个历史范畴，民族是人类社会发展到一定阶段的共同体形态。对于这样一种共同体的分类问题，人们从不同的角度、不同侧面或不同的特征等入手进行了划分。如果按照一般的历史科学的分期所展开的划分，民族可以分为原始民族、古代民族和现代民族等。但这样的划分颇有争议，因为至今研究者们还无法就原始或古代存在的共同体形式是否为民族一事达成共识。由此可见，对于民族这样一个有着复杂的、多层含义的概念和范畴，对其进行分类也是一个非常困难的问题。宁骚在《民族与国家》一书中对根据不同标准对民族进行分类的若干类型进行了梳理，给出了七种分类法，即 1. 按照语言谱系的分类；2. 按照地域的分类；3. 按照文化特征的分类；4. 按照经济类型的分类；5. 按照社会经济形态和民族统治阶级的阶级属性的分类；6. 按照政治的标准的分类，以及 7. 按照人口的数量的分类。① 从这些不同的分类中可以看到，当前学术界由于根据不同的划分标准而对民族进行了不同的分类。

目前人们基本认同的分类是，把民族区分为“政治民族”与“文化民族”。有研究者指出，美国的国际关系学家卡尔·多伊奇（Karl Deutsch）较早地提出了“政治民族”和“文化民族”的划分。其中，“文化民族”是历史形成的文化的共同体，而“政治民族”是拥有国家的群体，或已产生准备政府的功能，有能力制定、支持共同愿望的群体。② 事实上，早在 1907 年，德国史学家梅涅克（Friedrich Meineche）就区分了“文化民族”与“政治民族”。“文化”民族的特点是具有高水平的族群同质性，其优势在于，它因强大和历史性的民族团结感而紧密结合，通常比较稳定和具有凝聚力。另一方面，文化民族往往自我认定为排他性团体。民族成员的动力不是源自自发的政治效忠，而是来自近乎天生的族群认同。因而文化民族往往自

① 参阅宁骚著：《民族与国家》，北京大学出版社，1995 年版，第 21－26 页。
② 王缉思：《民族与民族主义》，《欧洲》1993 年第 5 期，第 15 页。

认为是一个源于共同祖先的扩展性血缘团体。比如，梅涅克将希腊人、德国人、俄国人和爱尔兰人等确定为文化民族的范例，这些民族可被看成是“有机的”，因为它们受到自然或历史力量而非政治力量的塑造。相比而言，民族本质上为政治实体的观点所强调的，是公民的忠诚和政治效忠，而非文化认同。因而民族主要是因共同的公民资格结合起来的一群人，而不管其文化、族群等认同怎样。或者说，“政治”民族中公民身份比族群认同有更大的政治意义。在这里，美国和法国常被视为典型的政治民族。作为“移民乐土”的美国有着独特的多族群和多元文化特点，这使之难以在共同文化和历史联系基础上建立民族认同。相反，美国的民族自觉感是通过教育体系、通过培养尊重一套共同价值——特别是《独立宣言》和美国宪法中阐释的价值，而有意识地建立起来的。与此类似，法国的民族认同与1789年法国革命的传统和原则紧密联系。① 概言之，我们可以这样来理解，即“‘政治民族’就是和国家主权相联系的‘国民’或‘国族’，而‘文化民族’或者是与‘政治民族’重合而成为构成一个民族国家的民族群体（如单一民族国家），或者是作为‘政治民族’即‘国族’之组成部分的民族群体而存在”。因此，“‘政治民族’只能属于一个主权国家，而‘文化民族’则可能是主权国家之下的次群体，也可能是分布在不同国家甚至没有自己国家的民族。”②

二、民族主义的概念与特征

哈斯曾经说过，民族主义是只大象，研究者是个瞎子，每个研究者只能摸到“民族主义”大象的一部分。③ 如此一来，研究者们对民族主义的解释不知凡几，但是没有一个定义能够为人们所普遍接受，因为没有一种解释能够全面而准确地把握民族主义的所有特征和内容。其结果，就如19世纪的政论家白哲特（Walter Bagehot）在谈到“民族是什么”时讲道：“若你不曾

---

① ［英］安德鲁·海伍德著，张立鹏译：《政治学》（第二版），中国人民大学出版社，2006年版，第135－137页。

② 刘中民等著：《民族主义与当代国际政治》，世界知识出版社，2006年版，第40页。

③ Ernst B. Haas, “What is Nationalism and Why should we Study it?” *International Organization*, 40, 3, Summer1986, p. 707.

问起民族的意义为何，我们会以为我们早已知道答案，但是，实际上我们很难解释清楚到底民族是什么，也很难给它一个简单定义。"①就民族主义而言，白哲特的话同样适用。

（一）民族主义的概念

"民族主义"作为一个历史概念，与"民族"一样显然不是从人类历史产生开始就有的，它们都经历了一个较大的演化过程。加上研究者的立场、观点和角度不同，因此，如同民族没有一个公认的普遍适用和被认可的概念一样，关于民族主义一词的含义在国内外学术界一直是众说纷纭。本书不想陷入如此繁杂的概念之争，也不想再添加一个所谓的定义，而仅举安东尼·史密斯的定义。他综合其他人的看法，根据民族主义促进民族利益的主要目标是民族自治、统一和认同，给出了一个指导性的定义："一种为某一群体争取和维护自治、统一和认同的意识形态运动，该群体的部分成员认为有必要组成一个事实上的或潜在的'民族'。"②而从"民族主义"的词义来说，史密斯认为有八种用法：民族特点或民族特性；用以专指民族的术语、成语或特征；忠于某一民族并维护其利益的一种感情；热望本民族独立和统一的一种态度；使这样的热望体现于组织形式中的一种政治纲领；以工业国有化为基础的一种社会主义形式；一种鼓吹某些民族为上帝的选民的学说；历史上民族形成的整个过程。③

尽管存在各种各样的定义，现代意义上的民族主义，往往可以被界定为一种以民族感情、民族意识为基础的纲领、理想、学说或运动，正如美国学者卡尔顿·海斯（Carlton J. H. Hayes）所指出的四点：1. 民族主义是一种历史进程——在此进程中建设民族国家；2. 民族主义一词意味着包含在实际的历史进程中的理论、原则或信念；3. 民族主义是某种将历史进程和政治理论结合在一起的特定的政治行动；4. 民族主义意味着对民族和民族国

---

① 转引自［英］埃里克·霍布斯鲍姆著，李金梅译：《民族与民族主义》，上海人民出版社，2000年版，导论第1页。

② ［英］安东尼·史密斯著，叶江译：《民族主义：理论，意识形态，历史》，上海人民出版社，2006年版，第10页。

③ 宁骚著：《民族与国家》，北京大学出版社，1995年版，第89页。

家的忠诚超越于其他任何对象。[①] 受此启发，有国内研究者给出了比较完整的相应解释，即“具体而言，民族主义应该包括以下几个层次：A. 民族主义首先是一种心理意识，即对本族体的共同历史文化传统的心理认同、价值忠诚和情感归属。民族主义在这种层次上主要表现为对本族体的共同历史、共同的居住地、共同祖先、共同文化（包括宗教）、风俗习惯等的心理认同。B. 民族主义是一种思想状态或理论学说，它作为对本族体心理认同意识的升华，表现为通过其思想或学说确认本族体存在、发展、利益的合法性，并通过表现为知识精英较为系统的思想或学说。C. 民族主义是一种政治纲领，它作为民族主义意识形态层面的最高层次，它往往表现为政治精英及其政治团体（如政党）所追求的实现民族利益的政治纲领。D. 民族主义是一种社会实践运动，表现为历史上的或正在进行中的，以实现从不同程度的自治到建立民族国家等不同层次目标的社会政治实践。”[②] 由上所见，国内外研究者的系统见解为理解民族主义的概念提供了极大的帮助。

（二）民族主义的特征

从以上的民族主义概念出发，一般认为民族主义具有主观性、实践性、时代性和全民性等特征。比如就主观性而言，安德森富有成效地把民族主义的特征概括为一种建立“想象共同体”的过程。也就是说，他认识到，民族主义的新奇之处是它能够使我们感到我们与那些从未见过面的人有着共同的命运。[③] 这种想象当然是一种主观上的现象。对于全民性，众所周知，民族主义是民族成员共同经历和集体记忆的产物，是由一系列民族意识、民族情感和民族认同等构成的。它一经形成，便对全体民族成员具有无比的感召力和约束力，使他们产生一种自觉的归属感，从而使得民族主义在民族国家内部具有巨大的号召力和吸引力，等等。

英国学者以赛亚·伯林（Isaiah Berlin）则认为，透过种种表象，民族主义具有四大特征：1. 坚信民族要求之至高；2. 民族所有成员的有机联系；3. 我族价值之有价值就是因为它是我族的；4. 在诸多权威或忠诚的竞争者

---

① 转引自王联主编：《世界民族主义论》，北京大学出版社，2002 年版，第 18 - 19 页。

② 刘中民等著：《民族主义与当代国际政治》，世界知识出版社，2006 年版，第 64 页。

③ Benedict Anderson, *Imagined Communities: Reflections on the Origin and Spread of Nationalism*, London: Verso, 1983.

中，民族诉求是至高的。[①] 具体而言，首先，民族主义是对属于某个特别的人类群体的坚信不疑，以及对该群体区别于其他群体的生活方式的信奉不渝。因为共同的疆界、习俗、法律、记忆、信仰、艺术和宗教、社会制度等因素，有时还包括共同的遗传、血缘、种族特性塑造了该群体中的个体，塑造了他们的目标和价值观；其次，民族主义坚信，民族是一个类似于生物有机体的模式，这个民族正当发展所需要的东西，就构成了其共同的目标。而这些目标则是至高无上的，不管这些目标是知识的、宗教的还是道德的。有了这些目标，才能避免民族的堕落和毁灭。民族主义由此坚信，人的本性能够充分实现的最基本的人类社会单位，不是个体，而是民族；因此，如果家庭、部落、氏族以及地区等次级社会单位要想充分地维持自己的生存，就必须致力于创造及维系自己的民族；第三，民族主义的理论里必然保护这样的观念，即之所以坚持某一个具体的信念、追求某一个具体的政策、服务于某一个具体的目标以及过某一个具体的生活，最重要的一个理由或者是唯一的理由是，这些目标、信念、政策和生活都是我们自己的。原因在于，这些价值是我所在民族的，这些思想、感觉、这些行动的方针都是生养我的具体的社会生活的要求，它们绵延于我们的民族之过去、现在和未来，通过无数的纽带使我与之血肉相连，否则我就会失去目标、就会枯萎凋零，就会永远失去生命；最后，成熟的民族主义终致这样的地步，就是我所归属的有机体欲满足自己的需求如果与其他群体的目标之间不能协调的话，我别无选择，只有迫使别人屈服，所以，没有任何东西可以阻止我去实现我族至高无上的目标。

本书主张，首先，作为一种意识形态和历史运动，民族主义最基本的特征是其政治属性，这也是民族主义兴起的最显著的特征。换言之，民族主义作为一种社会政治运动，其基本目标就是要建立一个属于本民族的国家和政府，它与“追求国家身份”的政治实践紧密结合，并在政治实践的过程中形成了决定现代民族－国家政治发展的意识形态与社会运动，由此促进了社会生活的一体化，最终造就了现代民族国家，即建立主权国家的目标。因

① ［英］以赛亚·伯林，秋风译：《论民族主义》，《战略与管理》2001 年第 4 期，第 48－49 页。

此，“作为自由进程的一部分，民族主义可以被定义为一种理性的意识形态框架，通过它可以实现理性的和广受称道的政治目标。”① 其次，作为现代性的产物，民族主义是现代理性的产物应该是其最主要的特征，“因为民族主义本身就具有明确的现代性，而现代性的基础就是源自近代西欧启蒙运动的理性主义。……现代理性主义强调，世界万物不论主体、客体都是可以说明的，人世间的一切原则上都能被置于一个单一的系统之内。”“换句话说，不论哪种民族主义，就其本源而言，其基本理念都是建立在现代理性的宏大叙事之上的。即使是走向极端的、对人类社会极具破坏性的民族主义，比如上个世纪给全世界带来灾难的第二次世界大战中的法西斯主义，也都是‘现代理性’的产物。”②

三、民族主义的类型分析

正如有的学者指出的，“作为一种意识形态，民族主义是自欧洲中世纪晚期以来千千万万个学者、思想家和政治家对于民族、民族利益和民族关系问题所作的理论思考。”③ 由于研究者的立场、观点和态度不尽相同，他们对民族主义所给出的“理论思考”是各种各样的，具体就民族主义的类型划分而言，国内外研究者由于采用不同的标准从而产生了多种多样的观点。④

（一）民族主义的类型划分

下面结合本书的研究需要，可以对民族主义的类型进行如下的划分。

首先，根据民族主义的形态或根据民族主义内容及利益取向侧重点的不同，人们倾向于把民族主义划分为政治民族主义、经济民族主义和文化民族主义。简单地讲，所谓文化民族主义，就是文化领域的民族主义，或者说是民族主义在文化上的诉求。经济民族主义则是民族主义在经济上的诉求。而

① ［印度］帕尔塔·查特吉著，范羡尤等译：《民族主义思想与殖民地世界：一种衍生的话语?》，译林出版社，2007年版，第3页。

② 叶江：《略论当前民族主义研究中几个值得注意的问题》，《世界民族》2007年第4期，第5-6页。

③ 宁骚著：《民族与国家》，北京大学出版社，1995年版，第93页。

④ 刘中民等著：《民族主义与当代国际政治》，世界知识出版社，2006年版，第65-81页。

对于政治民族主义来说，其“内在机理是：民族整体是国家权力的主体，而不是世袭权力或传统宗法政制的延续，它的基础是全体公民或整个族群所认同的政治社区或区域联盟，而不计较家族、血统或身份的差异”，因此，“政治民族主义的最高境界是不以共同的祖先崇拜或起源意识作为立国的基础，而是基于18世纪启蒙运动带来的民主与自由的传统精神，然后加上公民意识、社会权利和个人自决。”①

其次，就民族主义所涵盖的地区而言，可以在三个层次上划分民族主义，即国内民族主义、国家民族主义以及泛民族主义。其中，国内民族主义是指某个民族国家内部各民族之间的民族主义，泛民族主义则是由于共同的宗教、种族或文化而形成的跨国界、泛地区的民族主义，如泛伊斯兰教主义、泛突厥主义等。而国家民族主义是“某个民族国家为了维护自身的利益而在国际关系中表现出来的带有倾向性的思想、情绪、态度，或推行的运动和行动。国家民族主义是以民族国家为基本单位，以民族国家利益为核心的。它反映了某个民族国家与其他民族国家以及当今世界的关系，是民族国家存在的基本方式，因而是一种能在国际政治中发挥作用和影响的力量因素”。②

第三，也有许多研究者指出，族裔民族主义（ethnic nationalism）与公民民族主义（civic nationalism）是民族主义诸多分类中最基本的两种类型。③ 前者主要是一个文化层面的概念。它从强调血缘、人种和语言等因素，逐渐转向某个特定族裔的传统与文化。族裔民族主义者所认同的文化是族裔共同体经过人为选择、加工，抑或虚构出来的东西。在狭义上可以被理解为种族或语言的群体；在广义上，族裔指的是种族、语言、宗教、部落或阶层等归属的群体。后者主要是一个政治层面的概念。它强调的是公民的政治权利、义务与信仰，其基础是共同的法律和公共文化。二者都是现代社会中文化与政治合流的产物，但公民民族主义借助政治与法律，统合不同的族群，实现公民的普遍权益与民族的团结。虽然它也有文化诉求，但在更深层

① 郭洪纪：《文化民族主义的缘起及主要特征》，《青海师范大学学报》（社科版）1997年第3期，第42页。

② 李兴：《论国家民族主义概念》，《北京大学学报》（哲学社会科学版）1995年第4期，第75页。

③ 张晓慧：《新民族主义》，《国际政治》（人大复印资料）2004年第11期，第125页。

次上却是一种政治情绪，流露着浓厚的政治色彩。而族裔民族主义诉诸历史与文化，抵御他者，维护族裔的特殊性。虽然它与政治权益斗争存在某种联系，但主要却是一种文化思潮，展示出鲜明的文化品性。

最后，按照个体及其与民族国家认同的关系方式，美国学者格林菲尔德（Liah Greenfield）把民族主义分为个人主义－公民型、集体主义－公民型以及集体主义－种族型三种类型。① 在个人主义－公民型的民族主义模式里，社会是由个人组合而成的观念，与民族性的公民概念融为一体。因此，公民的民族性等同于公民权。在这种情况下，民族国家的成员资格最终取决于个人成为其成员的意愿。与之相反，集体化的民族主义则视民族国家为集体化的个体，其意愿、需求和利益优先于组成该民族国家的个人的意愿、需求和利益，并由具有特殊素质的精英们来确定。其中，集体主义－种族型民族主义将民族的单一化定义与成员的种族化概念相结合它对民族性所持有的准生物学（最终是种族主义）的观念强化了其将个人视为民族这样一个更大的理想化的生物体中的生物成员或细胞，因而拒绝给予其成员丝毫个人自由。在这一框架下，民族国家的特权和主权自治被重新界定为免受外部势力统治的自由。而在集体主义－公民型的国家里，其社会政治体制和历史传统反映出了一种复合的视觉。

以上民族主义的分类可见表2：

表2　民族主义的类型

民族主义分类的标准	民族主义的类型
按照民族主义的形态或民族主义内容及利益取向重点的不同	政治民族主义、经济民族主义、文化民族主义
按照民族主义所涵盖的地区	国内民族主义、国家民族主义、泛民族主义
按照民族主义建立的基础是政治理念还是血缘、人种和语言等自然因素	族裔民族主义、公民民族主义
按照个体及其与国家认同的关系方式	个人主义－公民型民族主义、集体主义－公民型民族主义、集体主义－种族型民族主义

资料来源：作者自制

① ［美］里亚·格林菲尔德著，张京生等译：《资本主义精神：民族主义与经济增长》，上海人民出版社，2004年版，第2－4页。

此外，需要提到的是，英国学者艾亚·普利泽尔（Ilya Prizel）在探讨民族认同与外交政策行为之间的关系时，曾经就当今世界上存在于不同国家的民族主义进行了分类。他认为，尽管民族主义没有形成具体的意识形态，迄今为止也不存在两个完全相同的民族主义的事例，但是我们仍然可以划分出五种类型的民族主义。① 应当说，这样的划分有助于更加深入理解民族主义类型的多样性和复杂性。

第一类民族主义，其民族认同以共同的政治制度为基础，不依靠共同的血缘、共同的祖先、共同的宗教以及共同的语言。这种类型的民族主义以英语国家如美国和英国为代表，其政治制度依靠 18 世纪的理性主义作为合法性的源泉。这些政治制度起源于启蒙运动，所以它们是理性的、具有普世主义的。因此，这类国家的外交政策在倾向于法律原则至上化的同时，也带有某种使命性的色彩。

第二类民族主义，其民族认同产生于那些渴望摆脱霸权控制或殖民统治的国家，它们表现出强烈的文化意识和对霸权者或统治者的强烈的政治愤慨（ressentiment）。这类国家包括中东欧、墨西哥和部分中美洲、南美洲的一些国家。在这些国家里，由于对霸权控制或殖民统治的政治愤慨，人民在内心里激发了强烈的政治和社会不公正感、深厚的文化防御心理或是对历史的迷恋。比如，东欧国家倾向于强调他们在 17 世纪的辉煌历史，墨西哥和秘鲁人民强调其被殖民前的历史，巴西则强调它和非洲的渊源。

第三类，民族认同可以在当代的法国身上找到，是法国式的民族主义。作为一个古老的国家，法兰西民族身份的标志是其普世性文化。法国文化在法国人心中占据核心地位，是法国界定自我身份的一个永久标尺，法国人因此强调法国文化的“正统性”和纯粹性。所以，即使在与法西斯保持合作时，维希政权的领导人仍然宣称要维护“法国性”的核心地位。今天，法国实力的不足使其文化优越感深受挫折，这在法国的民族认同中引发了强烈的文化防御心理。因此之故，保卫法国文化的独特性和追求大国地位，就成为法国外交政策的核心目标。

---

① Ilya Prizel, *National Identity and Foreign Policy*, Cambridge: Cambridge University Press, 1998, pp. 21 - 37.

第四类，是自上个世纪五十年代从欧属殖民地中新独立的亚非国家。在这类民族主义中，这些国家的民族认同来自于中间性群体与殖民者的斗争过程之中，一般来说还缺少传统制度作为民族身份的参照物。其中，那些中间性群体常常作为本土人群的政治代言人，他们总体上是本土化的，但由于很多人有过留学或出国的经历，他们因此能够超然于本土人群。例如，在印度民族认同的创建过程中发挥领军作用的是一群“血液和肤色为印度人，却有着英国人的品味、观点、伦理道德和学识修养的”精英阶层。

第五类，神权性民族主义，一般出现在那些民族宗教在世界宗教中处于非主流地位的国家，例如沙皇时代的俄罗斯和今天的伊朗。与俄罗斯自视为唯一的“正统”基督教国家一样，当今的伊朗作为唯一的以什叶派穆斯林为主体的国家，它在把其民族身份与独特的宗教形式相嫁接的同时，宣称肩负着整个伊斯兰世界的“信仰卫道士”的职责。概言之，俄罗斯和伊朗都想借助于神学性的意识形态，宣扬普世主义的弥赛亚精神，实际上是利用国家宗教来强化民族认同，并以此方式获取政权的合法性。

（二）美国民族主义的类型分析

在分析美国民族主义的类型之前，下面先简述美利坚民族[①]的演变历程。

首先，美利坚民族核心的形成。一般认为，美洲的原住民（Native American）是北美大陆上最早的居民，而且也是美利坚民族的组成部分，但他们不是这个民族（国家）的核心。美利坚民族的核心是由那些自 17 世纪初起逐渐移居于北美大陆东部地区的来自西北欧、特别是英格兰的移民及其后裔组成的，这些人被称为 WASP——W 指白人，AS 指的是盎格鲁－萨克逊，是白种人中的一个特殊的类别，P 指基督新教徒。自英格兰人于 1607 年在弗吉尼亚、1620 年在马萨诸塞建立两个永久定居点，为美利坚民族的诞生奠定第一块基石开始，在北美大陆的拓殖过程中，北美先民们逐渐开拓出独具特色的十三个英属北美殖民地：在各个分散的殖民地里形成的规则、传统、经济结构和民族结构，对于日后美利坚民族的形成起了很大的作用。随后在与英国宗主国的斗争中，北美各个殖民地的联合、独立与统一，标志

---

① 对于美利坚民族的形成，存在各种不同的观点，比如“熔炉”说、拼图说或马赛克说，但不管哪一种观点，其关键之处在于美利坚民族是奠基于政治价值观基础之上的特殊民族。

着美利坚民族核心的形成。1783 年北美 13 个殖民地获得独立并成立美利坚合众国政府。至此，对于 13 个州的移民来说民族独立和统一的问题基本上得到解决，对于今天的美国来说美利坚民族的核心形成了。

其次，美利坚民族的发展过程。美利坚合众国建立后，随着美国领土的不断扩大和资本主义经济的蓬勃发展，欧洲各地的居民受此刺激和吸引而源源不断地移居到美国。到 19 世纪中期以后，不仅美利坚民族的核心进一步得以扩充，而且增加了新的成分。与此同时，美国人的宗教信仰也开始趋向多样化。但黑人奴隶制的存在严重地阻碍着美利坚民族的形成与发展。矛盾的激化导致南北战争的爆发。内战结束后，黑人开始在法律上被承认为美利坚民族的一个组成部分。同时，美利坚民族的核心也随着工业资本主义的胜利重新实现了统一。南北战争以后，美国出现了工业化的高潮，导致对劳动力的全面需求，从而吸引大批新移民涌进美国。此后，不断有人出于各种原因移民到美国。其中，绝大多数移民逐渐认同以盎格鲁－撒克逊文化为基础的美国价值观和理想，从而成为美利坚民族的一分子。概言之，美国是一个典型的移民国家，最初就是建立在移居北美的诸多欧洲（以英国为主）清教徒之上。随着时间的推移，不同地区、不同肤色、不同民族和不同宗教信仰的人陆续来到了美国，加入到这个民族之中，使之成为名副其实的“民族的大熔炉”。因为他们中的绝大多数人依然保留了原有的风俗习惯和宗教信仰，而今的美国人也不是来自于同一种族、文化和宗教，所以共同的价值观便成为美利坚民族的主体。“理解当今美国民族主义的关键是关注其对国家认同和多元文化的论争。右翼民族主义结构的核心就是努力捍卫民族的统一性，通过呼吁共同的文化，抵制将美国人的共性建立在多元文化和多元历史之上的观点。对于保守主义者来说，民族认同是通过公民资格和爱国主义所构建的，这种公民资格和爱国主义使族群、种族和文化的差别从属于‘大熔炉’的同化逻辑。换句话说，美国当今的民族主义从亚历山大·汉密尔顿，到亚伯拉罕·林肯，再到西奥多·罗斯福一直流传着，强调不同区域、不同种族、不同族群的美国人围绕共同的民族认同而统一起来。”①

① ［美］陶美心、赵梅主编：《中美长期对话（1986—2001）》，中国社会科学出版社，2001 年版，第 75 页。

从美利坚民族的演化过程中可以总结出，美利坚的民族性（nationality）——通常意义上指民族共同体成员在漫长的历史演化过程中所产生的一种与其他民族不同的共同心理观念、思维方式和风俗习惯等特质——建立于三个基础之上:① 首先，移民始祖带来自由主义的英国传统；其次，迎接移民的广袤肥沃的土地，使得他们可以寻求独立和帝国主义扩张，并为美国人的发明创造提供了条件；最后，深厚的历史根基和宽广的生存空间与广泛自由的思想联系在一起，使得美国人有能力同化无数的外来移民，这些移民又填补了美国广阔的空间，成为美国的又一批创造者。所以，美国就是一个敞开的大门，一个移民组成的民族，这种民族认同如同美国民族主义一样重要，因为它既具有个人主义自由的特色，又有联邦主义整体观念的特点。概言之，按照美国学者阿雷耶利（Yehoshua Arieli）的看法，美国居民有不同的种族、宗教和文化背景，缺乏通常意义上的民族性。因此，北美人民的联合“不是基于共同的民族性，而是基于普遍的原则”。这种原则致力于实现全人类普适的理想，只有它才能塑造出“美国主义”（Americanism）这个原则，即通过公民权——公民权是个人成为民族共同体一员的唯一标准，忠于民族就是忠于宪法——得以实现的个人主义原则。②

美国民族主义虽然也具有一般民族主义的基本内涵，即“忠诚于本民族，为维护和扩大本民族利益而斗争的思想观念”③，但它是一种特殊的民族主义。按照安东尼·史密斯的看法，尽管美国在事实上是建立在新教英格兰族群的文化基础之上的，但是奴隶制、对美洲原住民的征服和持续的移民浪潮已经将它变为一个真正的多族群的复合的民族，但是它是一个由共同语言、共同法律、共享政治象征和“世俗宗教”——向国旗敬礼、庆祝公共节日、礼拜宪法和立国者、纪念光荣的阵亡将士等等——凝合起来的民

---

① Hans Kohn, *American Nationalism: An Interpretative Essay*, New York: The Macmillan Company, 1957, pp. 135 - 137.

② Yehoshua Arieli, *Individualism and Nationalism in American Ideology*, Cambridge, Massachusetts: Harvard Universiry Press, 1964, pp. 39, 23 - 24. 转引自王联主编:《世界民族主义论》，北京大学出版社，2002 年版，第 57 页。

③ 王缉思:《民族与民族主义》，《欧洲》1993 年第 5 期，第 19 页。

族。[①] 这种情况使得美国的国家认同与其他国家的不同，“对大多数社会的人民而言，国民认同是历史长期演进的结果，它包含着共同的祖先、共同的经验、共同的种族背景、共同的语言、共同的文化，往往还有共同的宗教。因此，国民认同在性质上是集体性的，但美国的情况并非如此。美国的民族主义是政治性的不是集体性的。”[②]

从历史上看，“美国信念”（以自由、民主的价值观和法治规范为其核心）一直都是美国民族主义最重要的核心之一。这是因为，“美国的民族主义不是建立在土地、种族或民族的基础上，而是建立在一套抽象的观念和政府的安排的基础之上。”[③]。所以可以把美国民族主义界定为以“美国信念”为核心、实现美国国家利益的国家民族主义。所谓国家民族主义是相对于国内民族主义和跨国家、跨地区的泛民族主义而言的，它是通过国家形式表现出来的、与国家利益相吻合或一致的民族主义，也就是民族主义的国际表现。之所以使用国家民族主义的概念，“更多的是为了分析和理解国家对外政策的根源和实质。权威的观点认为，国家利益是国家参与对外交往的直接动因和终极目标。但是国家利益在现实生活中却是多变或难以界定的，那么到底是什么东西贯穿了不同时期、不同类型的国家利益而保持了国家对外政策的连续性和稳定性呢？……这就是国家民族主义。”[④]

第二节　美国民族主义的内涵和特性

一般认为，美国民族主义源自美国的独特条件。从其思想渊源而言，它主要有两大来源，一是殖民时期的清教主义，二是来自欧洲的自由民主思想。或者说，美国民族主义的起源，一是清教主义，二是自由主义。北美人民正是从这两个思想渊源中找到了反抗英国的殖民统治以及构建新的民族国

① ［英］安东尼·史密斯，叶江译：《民族主义：理论，意识形态，历史》，上海人民出版社，2006 年版，第 43 页。

② ［美］塞缪尔·亨廷顿著，周端译：《失衡的承诺》，东方出版社，2005 年版，第 27 页。

③ Michael Barone，“The Triumph of American Nationalism,” *Public Interest*，Spring 1993，p. 41.

④ 魏光明：《当代民族主义的类型学分析》，《中南民族学院学报》（人文社会科学版）2001 年第 2 期，第 48 页。

家的强大思想武器。从美国建立至今，美国民族主义的发展大致经历了三个时期：一是从立国到19世纪末的大陆时期；二是从19世纪末开始到第二次世界大战的地区时期；三是从二战结束之后的全球时期。在不同的时期，美国的民族主义呈现出不同的形式，即“天定命运”的大陆扩张主义、“新天定命运”的海外扩张主义以及民族主义化的全球主义等。在美国民族主义在其形成和发展的过程中，逐渐呈现出两个最主要的特征：一是美国人强烈的选民意识和天命意识；二是美国人对自由、民主等理念和体制的执著。①

一、美国民族主义的内涵

“美国民族主义”是“民族主义”的下位概念，两者之间是个性与共性的关系。因此，与“民族主义”这个概念相比，“美国民族主义”应该既具有“民族主义”的某些共性，又具有自身的特殊性。从共性的角度来说，美国民族主义的内涵包括以下几个方面：

首先，作为一种心理状态或思想观念，美国民族主义体现为美国人具有强烈的民族自豪感，即他们不仅对自己的价值观非常自豪，而且认为这些价值观是普世的，这使得美国人时常怀有一种优越感的复杂心理：按照里根总统十分喜欢引用的约翰·温思罗普（John Winthrop）的话来说，美国是“人间天国”，是人类的灯塔，因此，“我们体现了人类不言而喻的真理”，“我们认为我们优于其他任何人。”②

其次，作为一种思想体系或意识形态——这里的意识形态是指对世界和社会的系统见解，也是一种理论信仰——美国民族主义体现为“美国信念”，即对自由、平等、民主、个人主义、人权、法治和私有财产制这样一些政治原则的坚守，美国人民就是出于对这种信念的笃信而团结在一起的。

最后，作为一种社会实践和群众运动，美国民族主义体现在美国人的日常生活和行为之中，比如普通民众愿意通过个人主动或公民团体为社会提供公共物品，或是自愿参与民间的基层活动。在更多的情况下则与爱国主义融

---

① 参阅沈惠平：《美国民族主义的形成及其发展》，《贵州民族研究》2009年第1期，第18－24页。

② ［美］威廉·富布赖特著，简新芽等译：《帝国的代价》，世界知识出版社，1991年版，第11页。

为一体，并通过具体的行为例如悬挂国旗、背诵爱国誓词等演变为“美国情结”。概言之，“在美国，促进民族主义是私人事业”，其诸多表现方式如此寻常，几乎不着人为痕迹。①

二、美国民族主义的特性

美国民族主义除了拥有民族主义的某些共性之外，还有自己的特殊性。实际上，美国民族主义的特点就是美国民族主义的特殊性，也就是美国民族主义和一般的民族主义相比较所拥有的不同之处。和一般的民族主义相比，美国的民族主义具有如下的特点，可以从两个角度来看：

首先，宗教观念中的“使命感”，即美国的“天赋使命”神话，又称使命观或天命观。它主张美利坚民族作为上帝选定的民族被赋予“救世主”的角色，或者说美国具有解救全人类的使命，而且这一使命既不是含糊不清的，也不是不可企及的，而是注定的、辉煌的和神圣的。事实上，从移民始祖到北美创建“山巅之城”开始，美国人一直都把自己看成是上帝选定的民族，这个民族肩负的不仅仅是美国民族本身的使命，同时她还是世界上其他民族的楷模，她还必须履行与上帝的契约——拯救其他民族。概而言之，美国对自己的前途及其与世界的看法，从来都未曾摆脱过殖民初期的烙印，“当时，清教徒‘到蛮荒之地去’，并非由于受到英国君主或伦敦商人的派遣，他们是尊奉上帝的使命而去的。”因此，“不论美国人后来怎样描绘他们历史的方向，不论是称之为‘天意’还是‘命运’，他们都始终保持着一种使命感。”②

其次，世俗观念中的美国优越论。宗教信仰促使美国公众相信上帝赋予美国一种特殊的使命，这使得在美国世俗观念中产生了一种优越论，即美国主义。它指的是这样一种信念：美国的理想、价值观念和现实优越于任何其他国家。众所周知，民族主义存在于各国之中，其一般的含义是效忠自己的国家，热爱自己的国家，为自己的国家感到自豪。美国的民族主义亦不例

---

① ［美］裴敏欣，门洪华译：《美国民族主义的悖论》，《战略与管理》2003年第3期，第52页。

② ［美］布尔斯廷·丹尼尔著：《美国人：民主历程》，中国对外翻译出版公司译，美国驻华大使馆新闻文化处，1988年版，第629页。

外，但它还有一种“美国第一”、“美国例外”等的优越感。究其原因，在于：一是美国的民族主义基于美国的自由、民主价值观念，而不是基于种族或民族性；二是美国的民族主义还源于美国历史上所取得的成就以及由此获得的信心；三是美国民族主义寄希望于本民族的未来及其独一无二的伟大性。这些都使得美国的民族主义显得与众不同，并在美国与外部世界的交往中所常常显示出来的高人一等之中得以反映。

在以上两个方面的基础上本书概括为，美国民族主义的特性在于其“理性主义的选民意识”，正是它使得美国民族主义一方面强调美国民族和国家的特殊性或例外性，另一方面又强调美国理念的普世性和美国民族主义的天定命运。① 其中，关于美国特殊使命的思想是美国民族主义的核心。所谓美国特殊使命的思想就是基于新教信仰而形成的“选民”思想和“使命”意识，它们使得绝大多数美国人都坚信：美国在人类事务中起着独特的作用，有一种责无旁贷的使命；美国对国际社会要有所作为，肩负起一种义不容辞的责任。这种思想或意识可以追溯到美国人的祖先英国人。中世纪后期尤其是宗教改革以来的英国，无论是英国国教还是清教，“都认为英国是上帝恩宠的国家，在尘世具有一种特殊的使命。不管是圣公会徒，还是清教徒，都表现出强烈的命运感，上帝选民感，特殊使命感。……清教徒的这种意识更为强烈：他们把英格兰视为他们的埃及，把詹姆士一世视为他们的法老，把大西洋视为他们的红海。他们也是一个整装待命的民族，明显被上帝选择来执行世界拯救的神圣计划。”② 正是在这种天赋使命思想的驱使下，北美移民开始了开拓新大陆的历程，他们要将北美的洪荒莽野变为人类的伊甸园，把被野兽和“野人”占据的新大陆变成人类敬仰的楷模，以致成为

① 这一观点来源于叶江教授的指导（请参阅本书的后记）。一般认为，“上帝的选民意识”是一种宗教信念，是非理性的。但美国的“上帝选民意识”却具有理性主义的色彩。这是因为，虽然理性主义在欧洲大陆是作为神学的对立面而发展起来的，但一传到美国就有了“美国特色”，不是作为宗教的对立面，而是与宗教信仰巧妙地结合起来，相辅相成。“这在一定程度上与英国传统有关。加尔文教和圣公会教徒都不排斥理性。他们维护信仰自由，认为上帝既然赐给人以理性，就应用来追求真理，每一个凡人都有权对《圣经》作理性的诠释，也都有能力理解其中真谛，宇宙是有规律可循的，是可以被人认识的。”参阅资中筠著：《20 世纪的美国》，三联书店，2007 年版，第 32－33 页。

② 王晓德著：《美国文化与外交》，世界知识出版社，2000 年版，第 21 页。

整个世界的“山巅之城”。总之，“上帝的选民”、“上帝赋予的使命”等观念始终贯穿于北美开拓的过程和美利坚民族形成的过程之中，其结果是，对美利坚民族独特渊源的普遍信念成为美国民族主义思想中最具特色的内容。“首先，美国人民是新的人民，是由移民新世界、追求自由的人们组成的；其次，这个国家诞生于革命之中，这次革命既是第一次解放战争，又是第一次永远摒弃旧制度的行为。因此，革命缔造了一个新的国家，这个国家则将献身于自由、民主和平等思想的传播。”①

综上所述，按照美国学者伯恩斯（Edward M. Burns）的说法，“民族主义一般被界定为一种以民族意识为基础的纲领或理想。这种感觉或意识可能以若干因素为基础。一个民族可以由于种族、语言、宗教或文化的特点而把自己看作是一个民族。不过，在大多数情况下，把不同的群体结合在一起的因素是共同的历史和对未来的共同愿望或对共同命运的信念。”② 伯恩斯的分析虽然是针对所有民族主义而言的，但是实际上却比较适合美国民族主义的情况，即美国民族主义的基础是对一套符号、价值和观念体系的认同。换言之，不像在欧洲或其他很多地方人们的认同主要指向本民族的传统、土地、血缘和社群等，在美国人们的民族意识主要是由普世性的社会、政治价值观所塑造的。而在自由、民主等价值观所塑造的美利坚民族意识的基础上形成的理想或信念，即所谓的美国民族主义。它在很多方面与通常类型的民族主义有很大不同，“一般认为构成单独民族的那些要素，如共同的祖先、共同的宗教、共同的文化传统以及历史上形成的共同的领土都不存在。连接这个新国家的，同时也是把这个新国家同其他国家区别开来的纽带不是建立在通常的民族构成要素——语言、文化传统、历史领土和共同祖先之上——而是建立在一种信念之上，这种信念使得这个新国家在世界各国中引人注目。”③ 一言以蔽之，美国的民族主义基于政治理想或理念，“天定命运被视

---

① ［美］詹姆士·罗伯逊著，贾秀东等译：《美国神话美国现实》，中国社会科学出版社，1990 年版，第 32 页。See also，James Oliver Robertson，*American Myth American Reality*，New York：Hill & Wang，1980，p. 26.

② ［美］爱·麦·伯恩斯著，曾炳钧译：《当代世界政治理论》，商务印书馆，1983 年版，第 423 –424 页。

③ Hans Kohn，*American Nationalism：An Interpretative Essay*，New York：The Macmillan Company，1957，p. 15.

为美国民族主义的核心要素”①，这使其充满传教士精神。

三、美国民族主义的体现

虽然一般来说，“近代民族主义带有宗教般的使命感，具有试图依据一个国家和民族的形象变革世界的传教士般的狂热，这并非美国所独有”，但是，“美国民族主义本身具有一个显著的特点：强烈的千年盛世情结（millennial strain）。这一情结铸就了这个国家，使它向全人类承担特殊责任，担当起救世主的角色。”② 以此作为精神支柱和动力，美国在历史上产生了对其自身地位和价值的独特认识，即美国例外论（American exceptionalism）。顾名思义，所谓“例外”就是独特，就是与众不同。这种论调古往今来比比皆是，近代以来很多国家也都有自己的例外论，比如法国自喻为“人权的祖国”和“民主的象征”。“在众多法国人眼中，法国不仅超凡脱俗，而且负有神圣使命。他们坚信自己肩负着启发、拯救和解放全人类的神圣使命。”③ 所以，美国的例外主义其实并不是世界上独有的现象。但是，由于美国是国际社会中的主要力量，因此，其例外论的具体特征和性质至关重要。那么，什么是美国的例外论呢？目前研究者比较认同其中的两种解释。一是以美国学者戴维·福赛思（David Forthes）的观点为代表，即美国例外论包含了这样一种观念：“美国人组成了一个异常优秀和伟大的民族；他们首先代表了对个人主义和自由的信奉：他们建立在个人自由主义的理念基础上的神话和国家，树立了值得向世界其他地方输出的榜样。”二是以西摩·马丁·李普塞特（Seymour Martin Lipset）为代表的观点，他强调的是美国政治文化的独特性，即美国是一个由中间阶级组成的社会。美国所信奉的自由主义实质上是对君主制和贵族制国家的反叛，它反对世袭制，反对对自由贸易的限制。其精神实质是社会主义的对立面，是反国家主义的。这两种例

---

① John Fousek, *To Lead the Free World: American Nationalism and the Cultural Roots of the Cold War*, Chapel Hill and London: The University North Carolina Press, 2000, p. 5.

② ［美］迈克尔·亨特著，褚律元译：《意识形态与美国外交政策》，世界知识出版社，1999年版，第207页。See also, Michael Hunt, *Ideology and U. S. Foreign Policy*, New Haven: Yale University Press, 1987, p. 191.

③ ［法］德维尔潘著，马胜利译：《鲨鱼与海鸥：法国与美国的天下争锋》，广西师范大学出版社，2006年版，译者序第1页。

外论既有联系，如都承认美国的独特性或例外性，它们之间也存在差别，如第一种观点完全强调美国“例外”的优越性，而第二种观点则不讨论其优劣与否。① 从本书探讨美国外交政策的需要出发，这里所指美国例外论是第一种比较传统的解释。

可以从三个层面来看美国例外论。

第一，美国例外论强调了美国的独特性。“所谓例外论，是指那些把美国和其他国家区别开来的诸显著特征。它们包括美国拥有一套特殊的政治及社会价值、它的独特历史轨迹、诸制宪结构的特异性以及它们影响决策的方式。”② 这一层次的例外论反映出了美国与众不同的信仰、与众不同的机遇及其对自身世界地位的与众不同的看法。

第二，美国例外论强调了美国的优越性。如美国著名历史学家康马杰（Henry S. Commager）所分析的，“美国人完全生活于新世界，这里得天独厚，无比富饶，因而形成一种夜郎自大的信念，确信美国是世界上最好的国家。每一个横渡大西洋——很少走别的路——到美国来的移民，在想象中也确信这是全世界公认的事实。对美国人来说，辽阔的荒野确是可以任意驰骋的乐园，他们轻视其他国家和民族几乎达到旁若无人的程度……美国人认为自己的国家优越，也就很自然地认为自己比别人优越，这种自命的优越感随之产生一种天然使命感。”③ 所以，正如杰斐逊（Thomas Jefferson）④ 把美国看做是“世界的最佳希望”⑤，汉密尔顿（Alexander Hamilton）⑥ 也认为，世界人民的眼睛关注着美国，美国榜样的影响将“穿透专制主义笼罩的地

① 参阅周琪主编：《意识形态与美国外交》，上海人民出版社，2006 年版，第 122－123 页。

② ［英］巴里·布赞著，刘永涛译：《美国和诸大国：21 世纪的世界政治》，上海人民出版社，2007 年版，第 161 页。

③ ［美］H. S. 康马杰著，杨静予译：《美国精神》，光明日报出版社，1988 年版，第 13－14 页。

④ 托马斯·杰斐逊（1743—1826）为美国第三任总统（1801—1809）。同时也是美国《独立宣言》（1776）主要起草人，及美国开国元勋中最具有影响者之一。其任期中之重大事件包括路易斯安娜购地案（1803）、1807 年禁运法案（Embargo Act of 1807）、以及路易斯与克拉克探勘（Lewis and Clark Expedition，1804—1806）。

⑤ Albert K. Weinberg, *Manifest Destiny*: *A Study of Nationalist Expasionism in American History*, Chicago: Quadrangle Books, 1963, p. 40.

⑥ 亚历山大·汉密尔顿（1757—1804）是美国的开国元勋之一，宪法的起草人之一，财经专家，是美国的第一任财政部长。

区"，并指明"动摇专制主义最深厚根基的"道路。①

第三，美国例外论强调了美国的使命性。这一层面的例外论来源于"上帝选民"的思想，即美国自认为受到全能的上帝的恩宠，注定不仅在西半球而且在全世界其他角落扮演一个既行使支配权又乐善好施的角色。因此，美国人逐渐认识到，"应当主动地、像传教士那样地去发挥他们的救世主作用，而不是被动地、仅仅用榜样示范的方法去影响别人。"② 概而言之，美国人认为，美国是世界上独一无二的国家，进一步讲，既然上帝选择美国作为所有国家的榜样，美国也就拥有向全世界传播美国的自由、民主等价值观念的神圣权利和使命。正是这种美国例外的思想导致了美国人认为他们可以通过直接兼并领土、控制殖民地或者将美国的价值观作为理想模式，向外传播"美国梦"（American Dream）展示给其他国家使它们效仿。

事实上，对美国人来说，美国特殊或美国例外的感觉始终是他们的人生观、价值观以及国民性格的重要组成部分。换句话说，美国人如此信奉美国例外论，其中的一个主要原因是，"在努力建立一个独立国家和美利坚民族的认同时，北美殖民者需要确立一个统一的和与其原国家不同的独特特征，或他们需要向世人表明是什么代表了美国人。"③ 所以，美国例外论"一直是许多人理解美国文化身份（或文化认同）基础的努力的主题，也许是唯一真正的主题"④。这一主题深刻地揭示出，"美国是一块新大陆，美国是一个民主国家，美国在世界上负有特殊而重要的使命，美国是一方乐园，美国在现代人类事务做具有独一无二的影响，无论这种影响是善良的还是邪恶的。"⑤ 显而易见，上述美国例外论所反映出来的种种现象都是美国民族主

---

① Edward M. Burns, *The American Idea of Mission: Concepts of National Purpose and Destiny*, New Jersey: Rutgers University Press, 1957, p. 17.

② ［美］迈克尔·亨特著，褚律元译：《意识形态与美国外交政策》，世界知识出版社，1999年版，第207页。

③ Seymour M. Lipset, *American Exceptionalism: A Double-Edged Sword*, New York: W. W. Norton, 1996, p. 31.

④ Richard Crockatt, *America Embattled: September 11, Anti-Americanism, and the Global Order*, New York: Routledge, 2003, p. 49.

⑤ ［美］詹姆士·罗伯逊著，贾秀东等译：《美国神话 美国现实》，中国社会科学出版社，1990年版，第4页。See also, James Oliver Robertson, *American Myth American Reality*, New York: Hill & Wang, 1980, p. 4.

义的主要体现。首先，与其他国家的民族主义强调自身独特性一样，美国例外论也注重自身与众不同的地方；其次，美国例外论突出了美国的优越之处，这和其他国家民族主义宣扬自身优越在本质上是相同的；最后，例外论点出了美国民族主义区别于其他国家民族主义的关键所在，即“在现代历史上没有任何其他民族像美国这样如此连续地受这种信念——美国在世界上具有特别的使命所支配”，究其原因，“把族性认同于政治信念或价值观使得美国实际上是独一无二的”①。概言之，美国的民族主义与本民族的价值观紧密联系在一起，有其独特的历史传统和文化内涵，所以，与许多国家的民族主义一样，美国人也声称自己拥有更优秀的文明精神。但是，与世界上多数国家尤其是第三世界国家的民族主义不同的是，美国的民族主义不仅要维护自己的价值观，而且还要把它们推向全世界。

以上内容可概括如图 1 所示。

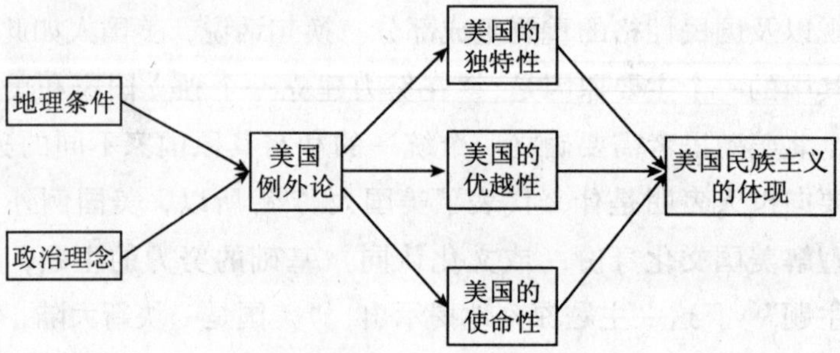

图 1　美国民族主义的体现

资料来源：作者自制

总之，自独立宣言起草之日起，美国人就不断地对自己的独特性作出评论，西方人至少从托克维尔起，很早就倾向于把美国看作人类的蓝图，带着热情或恐怖来看待这样的前景。② 或者说，从立国之日起，美国人就认为“上帝是在美国一边，美国代表着进步和未来世界最好的社会模式”③，这导致美国人传统上持有一种独特的自我意识——“美国例外论”，即美国人是

① Anatol Lieven, *America Right or Wrong: An Anatomy of American Nationalism*, New York: Oxford University Press, 2004, p. 50.

② 周琪著：《美国人权外交政策》，上海人民出版社，2001 年版，第 27 页。

③ ［美］杰里尔·罗赛蒂著，周启朋等译：《美国对外政策的政治学》，世界知识出版社，2005 年版，第 376 页。

上帝的选民，生活在“自由之乡”和“山巅之城”，他们的价值观念和政治制度应当推广到全世界。换句话说，美利坚民族看待世界具有其独特的方式，即作为上帝的选民，美国人有责任在全世界追求自由和民主，并认为美国的外交政策应当反映这一现象，美国式的民主制度应当被推广到全世界。

第三节 美国民族主义与外交政策

在美国人的思想意识里，美利坚民族是“上帝”的选民，美利坚合众国是人类社会的“伊甸园”——理想之地，美利坚合众国的制度和体制是世界其他国家应加以效仿的模式。据此，这个民族的一些思想“精灵”们便创造出所谓的“天定命运”说，声称他们负有一种“天赋的使命”，这个使命要求他们把美利坚民族的思想、意识以及他们所缔造的各种制度推广到世界的其他地区和国家，仿佛如基督和信徒。这种观念体现在具体的外交实践中产生了理想主义与现实主义这样一组看似矛盾、实则通融的概念，二者互动的基础就是独特的美国国家利益，而美国国家利益的独特性则取决于美国民族主义。

一、美国的国家利益

美国为什么把捍卫和促进自由的事业当做美国国家目标中不证自明的东西，而成为其国家利益的一部分呢？这必须追溯至独特的美国民族主义。众所周知，任何一个民族国家都会本能地从民族主义的角度来看待自身和外部世界，“不论哪一种民族主义都是以本民族利益至上为宗旨”。① 美国也不例外，“从最广的意义上讲，美国最根本的国家利益是保障国民的人身安全和领土完整，保证国家的物质利益，维护（并在必要时调整）美国赖以存在并且形成美国的基本特征的各种制度和价值观念。”② 尤其值得关注的是，

① 叶江：《略论当前民族主义研究中几个值得注意的问题》，《世界民族》2007 年第 4 期，第 5 页。

② ［美］赫尔穆特·索南费尔特：《国家的利益与目标》，载中国社会科学院美国研究所编译组：《美中关系未来十年——美国大西洋理事会对华政策论文集》（1983—1993），中国社会科学出版社，1984 年版，第 228 页。

从立国之日起，美国人就认为“上帝是在美国一边，美国代表着进步和未来世界最好的社会模式”，这导致美国人传统上持有一种独特的自我意识或曰“天赋使命观”，即美国人是“上帝的选民”，上帝赋予美国拯救世界和救赎全人类的“特殊使命”。或者换句话说，颇具特色的美国民族主义使得美国人一方面强调美国例外论，另一方面又强调美国价值观的普世性及美国对于世界的责任，也就是美国人虽然是“上帝的特殊选民”，但是却要将上帝给予美国的恩惠普遍化。二战的胜利使得越来越多的美国人更加自信，作为世界上最强大的国家，美国有义务维持世界的和平、重建世界的经济以及提供道义上的领导以便能够在全世界实现美国的普世价值观。

在人类历史上，像美国那样强大的国家如罗马帝国、大英帝国乃至中华帝国也没有把输出某种价值观视为国家至关重要的利益。究其原因，美国人的独特性不在于对物质利益的追求，而在于体现在其文化最深层的非物质性的追求。而界定美国国家利益非物质方面的基本价值观是上帝和自由：“一方面相信在这个被造的世界里存在一个客观的道德秩序，另一方面信奉个人选择和个人完善的主体权利。”因此，美国的国家利益既包括物质性的国家利益，也涵盖非物质性的国家利益或意识形态利益。“美国国家利益观的突出特点是把道义追求，即在全世界范围内捍卫和促进美国所界定的自由与民主作为其国家利益的一部分。”① 其结果，美国的国家利益包括在全世界范围内促进民主在当今的美国已经成为共识，无论是自由派还是保守派都把促进民主作为美国重要的国家利益。

综上所述，美国外交政策从来都是以美国国家利益为出发点，美国对台政策也不例外。而要了解美国对台政策，就必须先了解美国的国家利益以及台湾在其中所占地位。冷战结束后美国国家利益分解为四个层次，即“生命攸关的利益”、“极其重要的利益”、“相当重要的利益”与“次要的利益”。其中“生命攸关的利益”有五项，按重要程度依次为：（1）预防、遏止并减少以核武器、生物武器和化学武器对美国实施攻击的威胁；（2）防止在欧洲或亚洲出现一个敌对的霸权国家；（3）防止美国边境出现一个敌

① 参阅王立新著：《意识形态与美国外交政策——以20世纪美国对华政策为个案的研究》北京大学出版社，2007年版，第191-196页。

对的大国或一个控制公海的敌对大国；（4）防止主要的全球机制，贸易的、金融市场的、能源供应的以及生态环境的机制、出现灾难性的崩溃；（5）保证美国的盟国的生存。① 可以看出，美国“生命攸关的利益”中的第2与第5项均与台湾和中国大陆相关，事实上美国对中国的未来形势和动向一直保持高度的戒心，欲“以台制华”，遏制中国。这也是美国为何一直不愿放弃台湾、极力阻止中国统一步伐的根本原因。

总而言之，美国在台利益是美国对台政策的根源。具体来说，美国在台利益可分为以下四方面：第一是战略利益，美国通过使台海两岸陷入无休止的分裂纷争与内耗内斗而从中渔利，以便有效遏制中国大陆崛起，从而维护美国的全球与亚太的霸权。第二是安全利益，包括美国在亚太的军事前沿部署及其人员安全，以及美国对亚太盟国安全保障承诺的可信度。美国对外政策全国委员会2000年11月发表的《海峡两岸关系：打破僵局》报告即声称：“任何一届美国政府都不会默许中国为通过武力夺取台湾岛而采取的行动。如果美国默许中国的行动，那么美日联盟和美国在整个东亚前沿的驻军的可信性以及美国在全球的信誉都将受到严重打击。”② 第三是经济利益，特别是美对台军售的巨额垄断利润。据法国《航宇防务》报道，美国国会曾经公布一份名为《发展中国家传统武器交易》的研究报告，分阶段详列了世界主要国家和地区的军购金额，报告显示，从1996年至2003年的八年间，台湾军购总额接近200亿美元，跃居世界第二。据统计，台湾购入的各种武器中95%以上来自美国。③ 第四是意识形态利益，即美式民主价值观在台湾的“成功”推广及其对中国大陆的“示范”效应。由此可见，台湾对于美国而言具有特殊战略价值，事关“美国形象”，美国很难在此问题上轻易让步。一言以蔽之，“美国的价值观与安全或战略的目标同样界定了美国的国家利益，这使得牺牲台湾的提议是不可接受的。”④

---

① ［美］罗伯特·阿特著，郭树勇译：《美国大战略》，北京大学出版社，2005年版，第57页。

② 陈向阳：《美国对台政策演变及其特点》，《和平与发展》2005年第2期，第25页。

③ 《台湾军购全球第二八年花二百亿美元》，http：//www. phoenixtv. com/phoenixtv/72624942037860352/20050711/584586. shtml。

④ Nancy Bernkopf Tucker，*Strait Talk*：*United States-Taiwan Relations and the Crisis With China*，Cambridge and London：Harvard University Press，2009，p. 280.

二、美国外交政策的特点

正如美国历史学家保罗·西布里（Paul Seabury）所认为的，“在哲学意义上，现实主义和理想主义是看待事物本质的两种相互对立的方法。现实主义从事物本来的面目来看待它和接受它。理想主义则具有理想化的习惯，它倾向于用理想的形式来描述事物，或者渴望事物采取这种理想形式。”① 在国际关系理论中，现实主义和理想主义一般被认为是两种相互对立的理论。现实主义的国际关系理论假设，在国际事务中国家是行为主体，在任何形势下，各国都会按照所谓的“国家利益”来采取理性的行动。由于最基本的国家利益是安全，所以为了确保安全，每个国家都必须追求权力。理想主义则是把处理国家间政治的方法建立在它应当是怎样的概念之上，它怀有或追求崇高的原则和目标，同时准备作出必要的妥协。这两种思想观念在美国外交政策中占据什么位置呢？有的学者认为，现实主义在美国外交政策中占主导地位，“在过去的 200 年中，理想主义目标一直处于美国外交政策的边缘。”② 然而，其他人则持有不同的意见，他们认为美国外交政策中的理想主义同等重要，它植根于美国的政治文化之中。“因为，美国人来自世界各地，没有共同的血统和共同的故乡；把全体美国人民凝结成为一个整体的，乃是体现在《独立宣言》中的政治信念；美国作为一个国家，是和它的政治原则和理想分不开的。”③ 这种观念反映在美国外交政策中必然表现出强烈的“理想主义”色彩。也就是说，在美国外交中有一种将美国的理想、价值观念、民主政体以至宗教信仰传播开去的强烈冲动。从这个意义上理解“理想主义”，其含义应该是：美国的“终极”理想是使全世界都变成美国式的民主制国家，同时以此动员国内舆论对外交政策的支持。④ 在威尔逊和

---

① Paul Seabury, “Realsim and Idealism,” *Encyclopedia of American Foreign Policy: Studies of the Principle Movements and Ideas*, ed. by Alexander DeConde, New York: Charles Scribner's Sons, 1978, Vol. 2, p. 856.

② David Callahan, *Between Two Worlds: Realism, Idealism and American Foreign Policy after the Cold War*, New York: Harper Collins Publisher, 1994, p. 271.

③ ［美］弗西格尔著，刘绪贻等译：《多难的旅程——40 年代至 80 年代初美国政治社会史》，商务印书馆，1990 年版，译者序第 1 页。

④ 资中筠著：《20 世纪的美国》，北京三联书店，2007 年版，第 281 页。

小罗斯福两位总统那里，在他们对世界大战后的政策规划中，我们都会强烈感觉到这种理想主义的气息。

事实上，按照美国历史学家小阿瑟·施莱辛格（Arthur M. Schlesinger, Jr.）的看法，“外交政策是一个国家向世界展示的面孔。所有国家的目标都是一致的，即保护国家的完整和利益。但是一个国家设计和执行本国外交政策的方式，受到国家特性的巨大影响。”就美国来说，“美国外交政策的观念是对经验和命运之间旧有争论的反应，即美国被看做是许多国家中的一员，像其他国家一样具有天使的冲动和掠夺的愿望的倾向，还是被看做是上帝所选择的救世主来拯救堕落的世界。两种看法都培养出自己的气质。第一种看法产生于历史和处理世界事务的经验方法方面的争论问题；第二种看法则产生于神学和神学世俗化方面的争论问题，亦即意识形态。这两种方法的冲突体现了美国人灵魂的分裂：信奉经验和易于接受教条。”① 他所谓的美国外交政策中的国家特性，就是美国人既以遵从教条为特征的理想主义作为外交政策的指导思想，又用信奉经验为特征的现实主义去从事外交实践。这种理想主义与现实主义的对立统一，构成了美国外交的基本特点。

概言之，在美国的对外关系中，“理想主义和现实主义一向是一枚硬币的两面”②。众所周知，一个国家的外交，总是以追求最大的现实利益为其外交目标。作为一个置身于国际舞台上的主权国家，美国也不例外，如开国总统乔治·华盛顿曾经声称：“建立在人类普遍经验之上的一个准则是，没有一个国家被相信不接受其利益的限制，任何精明的政治家都不敢冒险背离这一准则。”③ 正是建国之父们在外交问题上的现实主义态度，使得美国可以在险恶的国际环境中赢得了一次又一次的外交成就，从而开创了美国独立外交的新局面。然而，“美国政策的目的不光是要推进美国的利益，而且还要改变世界。”这是由美国的命定观使然的：在 19 世纪，它意味着把世界

---

① Arthur M. Schlesinger, Jr., *The Cycles of American History*, Boston: Houghton Mifflin Co., 1986, pp. 51 – 52.

② ［美］孔华润主编，周桂银等译：《剑桥美国对外关系史》（上），新华出版社，2004 年版，第 423 页。

③ Norman A. Graebner, ed., *Ideas and Diplomacy: Readings the Intellectual Tradition of American Foreign Policy*, N Y: Oxford University Press, 1964, p. 77.

与美国隔绝开来（榜样）；在20世纪，则意味着要去塑造整个世界（干涉）。不管是通过“榜样”还是“干涉”的方式，“美国的利益在于开创一个广阔天地，自由国家尽可在其间生存、发展、兴旺。”① 另一方面，以开创“理想主义”外交的威尔逊总统为例。就连把威尔逊的外交称为“传教士”外交的阿瑟·林克（Arthur Link）也指出：“老于世故的外交家们认为，他们在威尔逊的行动中看到了某种马基雅弗利式的目的。”② 这是因为，尽管威尔逊总统为美国确定了很高的道义标准，但是设想其政策在各个方面是非现实主义和不可行的则毫无根据，“道德主义与现实主义并不自动发生冲突，道义政策……也许符合国家的最佳利益。”③ 总之，诚如美国外交史学家威廉·威廉斯在《美国外交的悲剧》（William A. Williams, *The Tragedy of American Diplomacy*, 1959）一书中认为的：“美国非常成功地把现实追求的具体利益同口头宣扬的道德和意识形态目标混合在一起，后者是用来动员人们支持这些利益的。”④ 在美国外交政策中，现实主义与理想主义是相互包容、相辅相成的。从以往的历史中，可以就美国外交政策的特点得出这样的结论：现实主义和理想主义都是美国外交政策的传统，它们是相互兼容的、在美国不同的历史时期、不同的国内外环境下交替成为美国外交政策的主导思想。

三、民族主义与美国外交政策

一般认为，“每个民族都是通过那个形成于自身经历的透镜来看待世界上的一切外人的”，就美国来说，“作为经历之产物的信仰体系，决定了美国人观察世界事态并在随后作出反应的方式。”或者换句话说，“所有国家都同样地注重国家利益，同样地渗入范围更大的文化，在透过国家的而不是普世的价值观这面透视镜观察世界事务时同样会出现扭曲，只不过有时扭曲

① ［美］罗伯特·A. 帕斯特编，胡利平等译：《世纪之旅：世界七个大国百年外交风云》，上海人民出版社，2001年版，第212、254页。

② Arthur Link, *Woodrow Wilson and Progressive Era* 1910—1917, New York: Harper and Brothers, 1954, p. 83.

③ Ross Gregory, *The Origins of American Intervention in the First World War*, New York: W. W. Norton, 1971, p. 16.

④ 转引自王晓德著：《美国文化与外交》，世界知识出版社，2000年版，第98－99页。

得轻微，有时扭曲得严重。”① 同其他国家相比，美国外交政策的推动力颇为相似但又不尽相同，因为其中还具有一种独一无二的美国特性，这是由美国民族主义所决定的。

（一）民族主义与外交政策

由于“民族主义的外交政策不能被视为理所当然”②，为了探讨美国民族主义对当代美国外交政策的影响，需要先搞清楚民族主义与外交政策之间的一般关系，即民族主义是否对外交政策产生影响。通过这种关系的探讨，才能够进一步去分析民族主义通过什么“因果机制”（causal mechanism），即通过什么途径作用于外交政策。

首先，从近现代史可以得知，现代主权国家与民族主义是共生的关系，只要主权国家存在，民族主义就有存在的理由和意义。具体反映到外交领域，“外交政策倾向于吸收民族主义思想，然后以这些思想去同世界打交道……它在国际关系中带有普遍性，也许甚至是全球性的现象。”或，“如果说民族主义没有起到有益作用的话，至少它随处可见，我们不能盼望在考虑政策时不受其影响。”③ 一言以蔽之，“外交政策的形成，乃是物质利益、文化以及透镜的交互作用和共同影响。”④ 从这个意义上说，美国亦是如此。

其次，“一个民族的自我认识构成了这一民族外交政策的思想基础——起主导作用的前提和关注的重点，它在一些关键的方面甚至起着决定性的作用。”⑤ 就美国而言，“洛伦·巴里茨在《逆火》一书中认为，有三个关键性的特征说明了美国人是怎样看待他们自己及其余世界的：‘山巅之城’的概念、理想主义和传教士精神以及战无不胜的美国技术。换言之，大多数美

---

① ［美］孔华润主编，周桂银等译：《剑桥美国对外关系史》（上），新华出版社，2004年版，第7、13页。

② ［美］朱迪斯·戈尔茨坦等主编，刘东国等译：《观念与外交政策》，北京大学出版社，2005年版，第55页。

③ ［美］迈克尔·亨特著，褚律元译：《意识形态与美国外交政策》，世界知识出版社，1999年版，第206、208页。

④ ［美］孔华润主编，周桂银等译：《剑桥美国对外关系史》（上），新华出版社，2004年版，第16页。

⑤ Michael H. Hunt, *Ideology and U. S. Foreign Policy*, New Haven: Yale University Press, 1987, p. 191.

国人通常天生就认为：A. 美国清白无罪；B. 美国乐善好施；C. 美国例外论。"① 这些强调美国清白无罪、乐善好施和例外论的自我认识对美国外交政策的影响是显而易见的。例如在美国人看来，美国例外论意味着上帝是站在美国一边，美国代表着进步和未来世界最好的社会模式，所以美国的外交政策应当有助于促进全人类的民主和自由，这是美国人的责任或命运。

最后，作为民族主义之基石的民族认同与外交政策行为存在强烈的辩证关系，即，"所有国家都经常利用民族认同清晰地表明其外交政策，反过来，它们又依靠外交政策作为其合法性的基础。"② 例如，"美国总是在其外交政策中使用具有美国特色的道德论，以此作为民族认同的源泉。"③ 事实上，正如安东尼·史密斯所认为的："民族如同构成了维系民族国家的社会政治基础，是现代国际关系中最重要、也是唯一获得效忠和认同的对象"④，民族对一个国家外交政策的意义在于民族如同构成了国家利益的基础，"它决定着一国的人民对自己的国家在对外关系中应该追求什么样的目标、在国际社会中应该扮演什么样的角色以及自己的国家追求一种什么样的国际地位这样一些基本问题的看法，从而深刻地影响该国的外交战略和外交政策取向。"⑤ 就美国外交来说，其很多的重大特征都可追溯到美国独特的民族认同模式。

综上所述，民族主义对外交政策的影响是客观存在的、而且起着重要的作用。就美国来说，"任何成功的美国外交政策必须是那种被美国人民理解成是反映了深层价值观的政策，而这种价值观是我们自己的民族实验所赖以存在的基础。"⑥ 由此可见，美国政府在进行外交决策时，不可不考虑民族

---

① ［美］杰里尔·罗赛蒂著，周启朋等译：《美国对外政策的政治学》，世界知识出版社，2005 年版，第 275 页。

② Ilya Prizel, *National Identity and Foreign Policy*, Cambridge: Cambridge University Press, 1998, pp. 8 – 19.

③ William Pfaff, *The Wrath of Nations: Civilization and the Furies of Nationalism*, New York: Simonk and Schuster, 1993, p. 163.

④ Anthony D. Smith, *National Identity*, London: The University of Nevada Press, 1991, p. 16.

⑤ 王立新：《美国国家认同的形成及其对美国外交的影响》，《历史研究》2003 年第 4 期，第 125 页。

⑥ George Weigel, *American Interests, American Purpose: Moral Reasoning and U. S. Foreign Policy*, Washington, D. C.: The Center for Strategic and International Studies, 1989, Foreword 101.

主义这个因素。具体地，由于“山巅之城”构成美利坚民族认同的核心，“美国人从立国开始，就一直相信自己的天命是通过民主示范使自由和社会正义普及全人类……美国不仅要成为让其他民族仿效的优良的国内民主生活方式的灯塔，而且还应成为在道德上优于他人的国际行为的楷模。”① 所以，“美国的外交政策必须不仅由对国家安全的考虑来指导，而且也必须由一个尚未实现的、认为美国将注定成为一个理想国度的想象来指导。这一想象将振奋整个世界。”② 不仅如此，在美国人看来，“他们是救星，有责任向受奴役的、落后的民族伸出手去。”③ 基于这种核心信念，早期的美国产生了“天定命运论”，建国 100 多年后又诞生了伍德罗·威尔逊（Thomas W. Wilson）④ 的“理想主义”：“天定命运论”促使美国于 19 世纪利用它在西半球推广其价值观，即独特感和对欧洲旧世界的优越感导致 19 世纪的美国人把美国的领土扩张同欧洲强国的海外殖民主义区别看待。美国的西进运动被辩解为是民主和文明的扩张，而欧洲的帝国主义则被看做是王朝经济上的贪婪和对权力及特权的贪欲的产物。⑤ 当 1898 年之后的海外扩张使得这个国家变成了军事强国中的领袖和全球的最大经济力量之后，在 20 世纪尤其二战结束后“理想主义”则把这种“责任和义务”扩展到全世界的范围。不过，正如美国学者马丁·李普塞特（Semour Martin Lipset）所认为的，美利坚主义的意识形态，伴随着它的自由、平等、个人主义、大众主义、自由放任等教义，意味着“凡是拒绝美国价值者乃是非美国者”。“美国民族主义的这种意识形态基础，与更加具有排他性历史的、有机的其他地方民族概

---

① 中国现代国际关系研究所选编：《冷战后的美国与世界》，时事出版社，1991 年版，第 97 页。

② ［加］莎蒂亚·德鲁里著，刘华译：《列奥·施特劳斯与美国右派》，华东师范大学出版社，2006 年版，第 183 页。

③ ［美］迈克尔·亨特著，褚律元译：《意识形态与美国外交政策》，世界知识出版社，1999 年版，第 207 页。

④ 托马斯·伍德罗·威尔逊（1856—1924），美国第 28 任总统。作为进步主义时代的一个领袖级知识分子，他曾先后任普林斯顿大学校长，新泽西州州长等职。1912 年总统大选中，由于西奥多·罗斯福和威廉·塔夫脱的竞争分散了共和党选票，以民主党人身份当选总统。迄今为止，他是唯一一名拥有哲学博士头衔的美国总统（法学博士衔除外），也是唯一一名任总统以前曾在新泽西州担任公职的美国总统。

⑤ Donald Brandon, *American Foreign Policy: Beyond Utopianism and Realism*, New York: Appleton-Century-Crofts, Division of Meredith Publishing Company, 1966, p. 19.

念形成对比，并且为内向的、普世论的美利坚自我概念和其他诸文化之间更加一般性紧张关系打开了可能性。"① 这是在探讨美国民族主义与其外交政策之间的关系时需要注意的地方。

（二）美国民族主义与外交政策

毋庸置疑，任何国家的外交政策都是以现实主义思想为出发点的，美国也不例外。但与此同时，具有美国特色的民族主义决定了价值观和意识形态是构成美国国家利益的重要组成部分②，因此维护、推广美国的价值观和意识形态一直是美国外交政策的基本内容和重要目标之一。美国人从其国家生活刚一开始就坚信他们的命运是以身作则地向一切人传播自由和社会正义，把人类从罪恶之路上引导到人世间"新的耶路撒冷"。这种信念使得理想主义成为了美国外交政策中经久不衰的指导思想，它强调美国自由、民主和人权等价值观的优越性，强调美国对于这个世界的责任。其结果是，美国的外交政策成为西方世界中理想主义色彩最浓厚的国家。或者换句话说，美国民族主义的特性导致在美国与其他国家交往中产生了所谓的道德优越论，即认为美国人具有与众不同、至高无上的道德和价值观，美国堪为世界各国的楷模。不论这种观点有多大程度的可信性，也不管美国自视的道德优越感有多么荒谬，美国独一无二的思想深植于美国人的思想中，并对美国的外交行为产生复杂和深刻的影响。正是因为美国民族主义在背后起作用，现实主义与理想主义之间可以在美国外交政策中不断地变换、实现兼容，"这两种看似矛盾的指导思想在美国外交中却能实现有机的结合，而实现这种结合的基础就是美国民族主义。"③

正如王玮指出的那样，美国建国200多年来的外交，很少有盲目的、即时性的、权宜性的、一时冲动的决策，更多的是一种深思熟虑的、周密谋划的、具有长远目标的决策和行为。美国外交有着广阔和深厚的思想渊源，尽

---

① ［英］巴里·布赞著，刘永涛译：《美国和诸大国：21世纪的世界政治》，上海人民出版社，2007年版，第171页。

② 按照美国学者塞缪尔·亨廷顿的说法，国家利益通常包括两方面的内容，一方面是安全和物质的考虑，另一方面，是道德和种族的考虑。See Samuel P. Huntington, "The Erosion of American National Interests," *Foreign Affairs*, vol. 76, 5, Sept. /Oct. 1997, pp. 28 – 49.

③ 刘建飞：《民族主义与美国对外政策》，《世界经济与政治》2002年第9期，第52页。

管在一代又一代政治精英的头脑中对外交决策有着自己的创造和发挥，但是潜藏在外交思想中的带有根本性的东西是永恒不变的。总的说来，美国的外交思想中有两个最为核心的主体，即“利益”和“责任”。① “利益”对应的是物质性的利益，而“责任”则对应的是精神的或非物质性的利益。这两个主体反映在对外政策上，便是冷静和审慎地追求物质性利益的现实主义，同冲动和执着地追求责任的理想主义，二者与生俱来地交织在一起，既构成了美国外交的复杂性，又形成了美国外交鲜明的特色。即无论“利益”还是“责任”，都统一于美国的国家利益之中，也都反映在美国的对外政策之中。如图 2 所示。

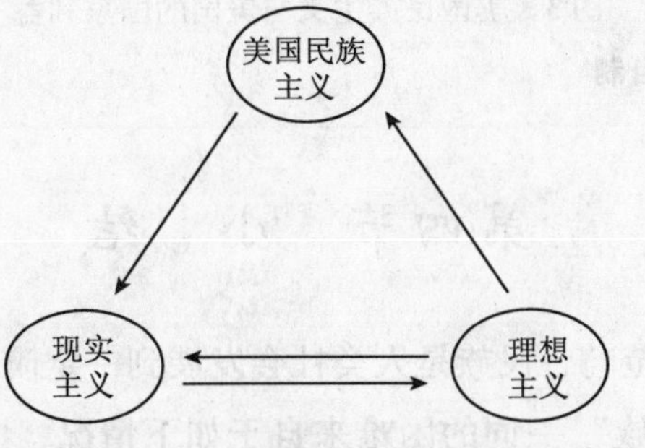

图 2 现实主义、理想主义与美国民族主义

资料来源：作者自制

综上所述，美国外交政策中现实主义与理想主义之间的对立统一实际上是与美国民族主义尤其是它的特性密切联系着的：任何国家的外交政策都是以现实主义为指导的，美国也不例外。然而，美国民族主义的特性决定了民主、自由等价值观和理念构成了美国外交政策的重要组成部分，从而使得美国外交具有浓厚的理想主义色彩。所以，在美国民族主义的指导之下，美国外交政策能够实现现实主义与理想主义的兼容，其根基在于以维护美国的国家利益②为出发点的，美国民族主义就是二者之间互动的基础。一言以蔽之，“民族主义是美国外交的最高指导思想，是现实主义和理想主义的有机

① 王玮：《关于美国外交的一些思考》，《历史教学问题》2005 年第 1 期，第 52 页。

② 美国的国家利益包括了自由和民主等价值观和理念，如美国的决策者深信：“成为一个伟大的国家必须首先捍卫全世界的自由。”参阅［美］迈克尔·亨特著，褚律元译：《意识形态与美国外交政策》，世界知识出版社，1999 年版，第 184 页。

统一体。"① 但不管是现实主义还是理想主义，它们都服务于美国扩张这个总目标（包括扩展民主），因而，在美国民族主义的作用下，美国倾向于采取扩张性的外交政策，最终是为了促进和维护美国的国家利益。如图 3 所示。

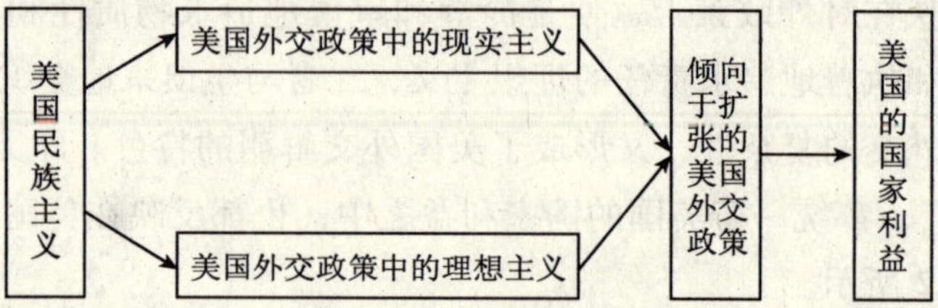

图 3　美国民族主义与美国的国家利益

资料来源：作者自制

第四节　小　结

作为一个历史范畴，民族是人类社会发展到一定阶段的共同体形态。由上所知，界定"民族"一词的困难来自于如下情况，即所有的民族都混杂了客观和主观的特征，并融合了文化与政治的特点。"民族主义"同样是近代社会才开始的一种历史现象，它们都经历了一个较大的演化过程。加上研究者的立场、观点和角度不同，由此导致民族与民族主义的含义等在国内外学术界一直是众说纷纭。自启蒙运动之后的两百多年里，西方民族主义在其发展过程中呈现出两种不同的表现形式，即以思想观念为基础的民族主义和以血缘为基础的民族主义。一般认为，早期的移民或称移民始祖奠定了美利坚民族的核心认同。对于早期移民在开发美洲大陆所起的作用，特别是他们思想意识中对民主、自由思想的追求及其对后世美国人所产生的影响，美国学者罗伯特·伯纳（Robert Berner）曾经说过这样的话，"美国人拥有了一种基本信念，即他们不仅是生活在地球上，他们将创造一个自由的国家和一

① 刘建飞：《意识形态在美国外交中的作用》，《美国研究》2001 年第 2 期，第 83 页。

种生活方式，优于世界上任何其他的国家及其生活方式。"① 这种信念反映了美国独特的政治价值观，也使得美国的民族主义特别引人注目。由于美国民族主义的基础是以追求生存、自由和民主为基础的思想观念，"美国是一个以思想观念为基础的民族主义占统治地位的典型国家"。因之，共同的政治理想将形形色色的美国人凝聚在一起，去为实现心目中的民主和自由而奋斗，并逐渐演变成一种美国至上主义（Americanism）或美国例外论。总的来讲，即美国不同于世界上别的国家，美国的政治制度、价值观和文化以至现实都优于其他任何国家。美国是人类社会的拯救者，具有向外部世界推广其制度、传播民主自由价值观念、改造世界的神圣使命。②

从某种意义上说，北美殖民地从一开始，就在政治、经济、文化和生活方式上与母国有很大不同，其中以新英格兰最为突出。在新英格兰，实现民选长官、土地分配和平民教育，这些都和英国专制制度、经济制度和教育制度可以说是背道而驰的。但殖民地人民的真正自觉，是在进入 18 世纪以后才开始的，特别是在 1763 年英法七年战争之后。七年战争之后，由英国在殖民地政策的改变所引发的问题，是促使美利坚人走向联合与觉醒的转折点，1765 年在纽约召开的反印花税法大会是转折的标志。这次大会表达的观点（"无代表即不纳税"）和通过的《权利与不平等宣言》等表明了，征税问题已经把殖民地与英国之间的矛盾，由经济层面提升到政治层面，成为双方之间的权利之争，因此矛盾和斗争的性质改变了，随之民族意识急剧提高。到了 1776 年 7 月 4 日，北美十三个英属殖民地发表《独立宣言》，正式宣告了一个新的民族——美利坚民族的诞生。在美利坚民族的形成和发展过程中，美利坚合众国的民族主义思想随之成长起来，这种思想认为美国是一个具有"独特性"的国家，美利坚民族是上帝的选民，他们注定要在新世界上创造出一个崭新的国家，作为照亮其他国家的"灯塔"。由此导致在美国的立国信念中产生了一种强烈的优越感，即"美国人从一开始就坚信他们的命运，即传播自由和社会正义，以及带领人类摆脱罪恶之路走向地球上

---

① 转引自赵来文著：《西方霸主梦——步履维艰的美利坚》，吉林人民出版社，1998 年版，第 176 页。

② 董艳：《从民族主义的视角来看美国对伊拉克战争》，《焦作师范高等专科学校学报》2005 年第 1 期，第 18 页。

‘新的耶路撒冷’”。① 追本溯源，它来自美国人所信奉的清教思想，“山巅之城”即是从宗教层面描述了美国人对于自己使命的认知，他们相信经过自身不懈的努力，“美国的梦想将在全球范围内实现，美国的经历将成为世界的经历，只有当美国的理想和制度坚定地移植到全球各个部分的时候，美国才不是独特的，整个世界将成为一个伟大的美国。”② 诚惶诚恐的宗教感情、开拓进取精神和强烈的使命感于是构成了美国民族精神的基调。

总之，清教徒的宗教观念深深地影响了美利坚民族的形成，在思想意识上成为美国文化的“灵魂”，尤其是“上帝的选民”的观念在美国立国后更是成为了把美国人与世界上其他地区的人区别开来的主要标志之一。这种观念在美国深入人心，对美国人来说，“我们美国人是特殊的上帝的选民，是我们时代的以色列人；我们驾驶着世界自由的方舟。……上帝已经注定人类的期望和伟大的事物来自我们的民族；我们感到我们灵魂中的伟大的东西，其余的国家必须很快将步我们的后尘。”③ 然而，作为“文明的灯塔”，美国将如何领导世界各地的人民最终采取美国的价值和体制呢？美国根据不同的时期和不同的国际形势采纳了不同的立场。从立国到19世纪末的大陆时期，美国的特殊命运是把自己转变成为一个“典范”国家，所以美国相应的特殊目的也是自我转变，这是其主要的立场。1874年，美利坚合众国早期重要的政治家中的最后一位在世者艾伯特·加勒廷（Albert Gallatin）在对自己的同胞的讲话中，重申了关于“榜样”的观点：“你们的使命是为所有其他政府和其他较少受到优待的民族树立榜样，运用我们的所有手段来逐步改进我们自己的体制，并通过你们的榜样来发挥最有利于人道的道德影响。”④ 因此，这个时期美国人的特殊使命不是采取积极的外交政策来改造一个罪恶世界，成为实现自决、人权和自由贸易的推动力，而是成为照亮世

---

① Steven W. Hook and John Spanier, *American Foreign Policy since World War* Ⅱ (16th *ed.*), Washington, D. C.: CQ Press, 2004, p. 12.

② Akira Iriye, “Intercultural Relations,” in Alexander Decond ed., *Encyclopedia of American Foreign Policy*, New York: Brosse Press, 1978, pp. 429 – 430.

③ Arthur M. Schlesinger, Jr., *The Cycles of American History*, Boston: Houghton Mifflin Company, 1986, p. 15.

④ Arthur M. Schlesinger, Jr., *The Cycles of American History*, Boston: Houghton Mifflin Company, 1986, p. 90.

界的圣火，即美国将通过自己赞同的声音、仁慈的同情和树立的榜样来鼓励争取自由的事业。从19世纪末到第二次世界大战结束的这一时期美国人认为美国有责任在世界上保护与推行民主、自由和人权。因此美国更多地采取干涉的立场，尽管这个时期孤立主义（它指的是避免介入大西洋对岸的纷争）仍然对美国的外交政策具有较大的影响。二战结束以来美国人不再满足于充当人类光焰夺目的榜样，而是认为美国的力量能够使它担负起领导世界的使命，以促进自由在全球的传播和在世界范围内实现民主等价值观念。一言以蔽之，美国文化中根深蒂固的使命感必然在外交领域体现出来，并构成美国外交思想的核心部分。“所谓精神上利他的扩张愿望，乃是希望把自己‘优越’宗教、理想和制度善意地介绍到世界各地，别人也能分享它。这种想法，其实是根源于两种基本的观念：其一是优越感，认为自己的宗教、理想和制度优于其他民族。其二是责任感，自认是‘天命注定’。有责任将这些优点传播到世界各地。这种优越感，在世界各国本来都有的，然而美国则积极地将它表现于进取的外交政策中……这种优越感，加上传播其‘优越’的理想和制度给他人的责任感，乃构成表现于外交政策中的传道精神。”①

① 郭武雄著：《美国传统外交政策原则与对华政策》，（台北）台湾商务印书馆，1978年版，第10页。

第二章　美国民族主义与“改造中国”的使命

众所周知，中美关系是近现代国际关系史中最重要的国家双边关系之一。中国是世界上最大的发展中国家，美国是世界上最发达的国家，中美两国关系的发展和走向，不仅关系到中美两国和两国人民的根本利益，也关系到亚太地区乃至世界的和平、稳定与繁荣。

第一节　中美关系的历史演变

1784 年 2 月 22 日，这是中美两国关系史上一个值得纪念的日子。这一天，几乎刚刚从英国手中赢得独立，美国商人就派出一艘特地命名为“中国皇后”号的船只前往中国。商船行程 20900 公里，于 8 月 28 日驶抵广州。售完货后，它购进茶叶、丝绸、瓷器等物品，沿原航线返回，于 1785 年 5 月 10 日到底纽约。从此，为浩瀚的太平洋分隔在东西两半球的两个国家建立了贸易关系。19 世纪大量不同类型的中国人和美国人在文化、经济和外交方面互相作用的过程，到 20 世纪初，已将两个文化和地理相隔甚远的国家，以一种引人注目的广泛的，复杂的和不稳定的关系联系在一起。①

一、历史上的中美关系

近现代的中美关系，走过了一个曲折复杂的历程，随着国际形势的变化、中美双方力量的消长，中美关系也在不断地发生变化。新中国成立前的中美关系可以简单地分为三个阶段：

---

① ［美］韩德著，项立岭、林勇军译：《中美特殊关系的形成——1914 年前的美国与中国》，复旦大学出版社，1993 年版，第 2 - 3 页。

第一阶段，从1784年2月美国商船“中国皇后”号开往中国到1844年7月《中美望厦条约》签订之前。这是中美两国初建贸易的交往时期，两国的关系基本上是平等的。

“中国皇后”号首航的意义是，英国的垄断被打破，中美航线被打通。在西方国家中，美国和中国建立贸易关系的时间较晚，但它的对华贸易却发展得很快。从1791年到1841年的50年中，美国对华贸易额增长达六倍之多。① 在美国进入中国的最初年代里，为了遵循尽可能避免政治纠葛以扩充贸易的基本政策，政府的作用维持在最低限度。美国商人很大程度上要依靠本身的努力，他们凭借自己的能力来到东方，自担风险，在中国当局所允许的自由范围内进行活动。那时在中美两国政府间没有接触，没有条约义务和外交代表机构，也没有外交关系。在19世纪30年代，美国最早的一批传教士也来到了广州——他们都是些勇敢者，甘冒任何人在中国宣传基督教义会被判处绞刑的危险。初期传教士的成就并不大，但是它对美国在中国的利益具有新的，日益增长的重要性。美国除已涉足商业领域外，又进入了宗教领域，而后者基本上是出于一种人道主义的愿望——要在上帝的天国里为中国人找一席之地。当传教士都乔装成商人以避免中国人为他们安排的不愉快的下场时，真正的美国商人正面临着卖什么商品的难题。裘皮、檀香木甚至人参的销售市场都很有限，全部加起来其价值也不能和西方通常从中国进口的大宗货物相比。于是美国商人和英国商人一样，也逐渐地转卖鸦片，虽然有些美国商人确实从不接触毒品，也不宽恕这种毒品贸易。②

鸦片战争之后，英国从1842年签订的《南京条约》中获得不少特权，美国政府的一些人士亦希望美国在华利益也能得到法律形式的保障。因此，曾任国会议员的顾盛（Caleb Cushing）被美国政府派往中国谈判中美通商条约。1844年7月，美国迫使中国同它达成一项“和平、亲善、通商”条约——《中美望厦条约》，此一中美两国第一个条约基本上以《南京条约》为版本，美国人不费一枪一弹就取得大部分英国人所获得的权益，包括广州、

① 陈毓钧：《美国与台湾的历史关系》，《太平洋学报》1995年第3期，第20页。

② ［美］孔华润著，张静尔译：《美国对中国的反应——中美关系的历史剖析》，复旦大学出版社，1989年版，第2、4–5页。

厦门、福州、上海和宁波五口通商权利。

总之，经济上互利、政治上平等是早期中美关系的主流，但是，美国商人的鸦片走私，资本主义上升时期的扩张欲望与清朝封建统治者闭关自守、力图与世隔绝的政策之间的矛盾，以及中国传统文化与西方文化间的深刻冲突，已经孕育着改变这种平等互利关系的因素。① 从19世纪中期开始，美国追随英法加入侵略中国的行列，向中国走私鸦片，强迫清政府签订中美《望厦条约》、中美《天津条约》等，以攫取侵华特权。

第二阶段，从1844年6月《中美望厦条约》的签订到1899年海·约翰（John M. Hay）宣布“门户开放”政策前，这是美国追随英国对中国进行商业扩张时期。美国迫使清政府签订不平等条约，对中国进行经济侵略，从拐骗华工到排斥华工，激起了中国人民的愤怒和反抗。

鸦片战争之后的二十年里，美国的对华关系是在英中关系的范围内发展的。当时美国尚未实现工业化，还是一个不发达的弱国，即使有在东亚施展政治和军事权威的愿望，它也不具备这种能力。鉴于它在列强中所处的地位，它在中国和亚洲其他地区有限的利益，美国追随英国势力，和利用最惠国条款来扩充其权益，很难采取更好的做法。虽然有些历史学家把美国这种外交策略贴上“为虎作伥的外交”的标签，道德上与欧洲人的传统做法无优越可言，但是对美国来说，这却是一个最现实，也最令人满意的政策。这一外交政策的宗旨显然是在与其他国家的关系中以最小的代价取得最大的好处，只要那些更强大的掠夺者能容忍美国的存在，“为虎作伥的外交”就能够起作用。但是，不论美国的做法对合众国及其国民的利益如何适宜，都不能想象或假定：它也符合中国的最大利益、或中国人会对美国的行动感到高兴。总之，条约制度是以武力强加给中国的，中国人除了忍受之外如果别无选择余地，他们也不见得会赞美这种制度。美国人以相对的和平方式从“不平等条约”中获得特殊利益，但是不能掩饰这一事实：他们所享有的种种特权并非中国人情愿让予的。美国只充当一个小伙伴，然而它是许多事件的参加者。通过这些事件使中国陷入一种只能屈从他人要求的境地——不只对一国屈服，而是对列强各国屈服，其中却没有一个国家对中国本身的需要

① 陶文钊著：《中美关系史（1911—1949）》（上卷），上海人民出版社，2004年版，第5页。

承担责任。处于这种地位具备了一切不利的殖民地条件而丝毫享受不到它的好处。虽然某些中国官吏可能觉察美国人和西欧人之间的微妙差别，但是很难期望中国的老百姓能从各国洋人在中国的行径看出有什么不同。①

随着美国实力的不断增强，美国在对华关系中愈来愈显示出独立的姿态。在海·约翰发出照会之前，英国曾主张英美采取联合行动，保障对中国的自由贸易；美国也有人这样主张。海·约翰虽是强烈的亲英派，但他意识到，只有采取独立行动才能得到美国公众的认可，不能使美国的行动被怀疑是在英国压力下作出的，或被解释为是为英国火中取栗，于是美国独自提出了这一政策。没有一个国家公开反对这项政策，反之，政策的原则被写进此后各国订立的一系列有关中国的双边和多边条约之中，从而使这项政策具有了国际协定的性质。这就表明，美国在列强对华关系中已经摆脱了追随者的处境，它要以自己的主张去影响和带领别的国家了。在以后的 30 多年中，在中国对外关系的各个关键时刻，美国一再重申门户开放政策，并根据不同的形势作出新的解释，使之成为美国对华关系的基本原则。②

这一时期值得关注的是美国在中国的传教活动始。它始于 19 世纪 30 年代，但一直至 1860 年，传教士们尽管在经费和人员方面获得了补充，尽管坚持福音传教的努力，尽管试验新的传教方法和求助于外交手段，却未能比 1830 年为基督教赢得中国获得进一步的发展。③ 到 90 年代又注入了新的活力，这部分地反映了美国人担心出现精神萎靡。正如理论家们所言，海外市场可以解除经济萧条的危险，也力图通过海外的十字军远征把宗教热情保持在国内复兴的水平上。有位作家认为：基督教是一种不能“长久保持”的宗教，如果不通过海外布道使其更新，国内的基督信仰就将陷于停滞，教会也将抵制不住物质的引诱。④ 总之，传教的目的是在“拯救灵魂”，使中国

---

① ［美］孔华润著，张静尔译：《美国对中国的反应——中美关系的历史剖析》，复旦大学出版社，1989 年版，第 24 页。

② 陶文钊著：《中美关系史（1911—1949）》（上卷），上海人民出版社，2004 年版，第 20 页。

③ ［美］韩德著，项立岭、林勇军译：《中美特殊关系的形成——1914 年前的美国与中国》，复旦大学出版社，1993 年版，第 34－35 页。

④ ［美］孔华润著，张静尔译：《美国对中国的反应——中美关系的历史剖析》，复旦大学出版社，1989 年版，第 44 页。

人“改变信仰”。“慈善事业，学校，医药和外科手术等统统是促进传教的辅助手段。”① 换句话说，传播基督教即意味着传播进步和西方“美国生活方式”。因此，在从19世纪中叶到19世纪末的近五十年里，在华的外国传教士都把在中国传教看做是“白人的责任”，并相信武力是使中国进一步打开大门的有效方法。如英国传教士亚历山大·米基（Alexander Michie）曾说过：“我们西方国家对中国负有道义上的责任。她并未追求我们，而是我们追求她；她并未把她的宗教或政策强加于我们，而我们则强加于她。在这种关系中，正义的责任应该在强者一方，并通过他们将他们自己的意志施与弱者。”这使基督教成为西方列强侵略中国的赤裸裸的理论和思想武器。②

第三阶段，从1899年9月海·约翰提出“门户开放”政策到1949年新中国的成立。这是美国加强对中国的政治、经济和文化全面渗透时期。

在20世纪初美国促进中国改革的尝试中，一项具有深远意义的举措是发展中国的教育。中国的改革应该怎样进行，美国在敦促中国改革时，也同时考虑了这个问题。当然是要按照美国方式进行改革。问题在于由谁来主持。因此，教育一代中国人，“向他们的脑子里灌输美国思想”就成为决定中国改革方向的关键问题。③ 总之，历史上美国人颇为他们教育中国人的热忱感到骄傲。1900年以后，有好几所美国大学在中国设立了分支机构，此外，又有数以千计的中国学生被选送到美国留学。然而，这一计划的根本设想是要中国人接受美国人的价值观念，变得更像美国人。不论是在电影里，还是在现实生活中，“好的中国人”都是指那些皈依了基督教，并且一心一意依照美国的面貌来改造的人。④

伍德罗·威尔逊总统就曾把中国看做是推行其新秩序的一个理想的试验场。中国在威尔逊眼中是落后民族的典范。威尔逊曾对其内阁成员表示过他要“帮助中国的强烈愿望”。客观地说，他就任总统期间曾通过多种渠道帮助中国的发展，例如，修建淮河水利工程，但更重要的是威尔逊要把中国纳

---

① 《中美关系史论文集》（第一辑），重庆出版社，1985年版，第25页。

② 郝平著：《无奈的结局——司徒雷登与中国》，北京大学出版社，2002年版，第30页。

③ 李庆余主编：《11个美国人与现代中国》，安徽大学出版社，1998年版，第37页。

④ ［美］迈克尔·谢勒著，徐泽荣译：《二十世纪的美国与中国》，北京三联书店，1985年版，第29页。

入他的国际新秩序。威尔逊的新秩序思想在中国的实践基本上与20世纪初美国对华政策——维护门户开放及保持中国领土与行政的完整——相吻合，是上述政策的继承与发展。他支持一个代议制政府——“中华民国”，抵制日本在中国的侵略以维护门户开放，加强基督教文明的传播以把中国塑造成一个“文明”、“民主”的国家。① 简言之，在全力为美国利益服务方面，威尔逊并不比他的前任差。但是，他认为美国人民还有一个更大的使命，就是帮助中国人民实现独立和现代化的愿望。②

然而在整个30年代里，罗斯福（Franklin D. Roosevelt）总统同美国人民几乎一样不关心亚洲事态的发展。尽管他不时侈谈对中国有感情，他对中国的命运并不关心，认定美国在华利益微不足道，他不愿承认日本霸占中国会危及到美国。在中日战争的前3年，美国自愿成为日本战争机器的最重要供应者。在日本袭击珍珠港前的18个月中，美国开始拧紧螺丝，对日本加强控制——并不是忽然关心起中国了，而由于日本向南突进所造成的威胁，最终是由于它依附于罗马－柏林轴心。于是，中国被转变成一个“盟国”，但并非真正的盟国，而是一个象征性的盟国，正如它被转变成一个“民主国家”，却不是一个真正的民主国家。中国得到了作为一个盟国所享有的赞誉和一定程度的忠诚，但是，很少享受到盟国的实质性地位。③ 事实上，如果罗斯福回顾其政府的对华政策，他将会认识到美国人自命为中国的保护者是多么荒唐可笑。不管中国人也许对愿意给苏联点什么东西，罗斯福在雅尔塔遵循美国对谁控制“满州”都无所谓的传统态度，事先未征得中国同意便出面处置中国的领土，这种做法自然很难说会使中国高兴。在罗斯福任职期间，再次说明美国的政策是为满足美国的利益制定的，并不特别地考虑到中国。罗斯福的东亚政策没有什么可使美国人抱怨的——而中国人也没有理由为之感激。④

---

① 李庆余主编：《11个美国人与现代中国》，安徽大学出版社，1998年版，第45页。

② ［美］孔华润著，张静尔译：《美国对中国的反应——中美关系的历史剖析》，复旦大学出版社，1989年版，第85页。

③ ［美］孔华润著，张静尔译：《美国对中国的反应——中美关系的历史剖析》，复旦大学出版社，1989年版，第139页。

④ ［美］孔华润著，张静尔译：《美国对中国的反应——中美关系的历史剖析》，复旦大学出版社，1989年版，第140页。

总之，“在第二次世界大战以前，美中关系由于极其缺乏互惠的交往和互相尊重而受到损害。在每一个领域的交往中——政治、商业、宗教、文化等等——人们都会遇到一种美国式的设想：只有从美国的经验中才能找到解决中国问题的答案。除非在美国‘老大哥’的指引和驱赶之下，中国是不会前进的。直至第二次世界大战爆发，美国人仍然未能认识到中国人完全能够处理自己的事务。”① 日本投降以后，杜鲁门、马歇尔都认为中国内战不符合美国的全球战略。唯一的办法是谈判，通过和平手段解决国共矛盾，统一中国，建立国内秩序，维护亚洲的稳定和秩序。具体来讲，美国以其巨大的影响力压国民党进行改革、废除一党独裁，压中共让出解放区、交出枪杆子，力促国共谈判建立一个蒋介石领导的、以国民党为主、包括中共的多党联合政府。按照美国的价值观念，建立美国式的民主政治，走美国式的资本主义道路，实行政治民主化、军队国家化。1947 年 7 月 5 日，美国驻华使馆在公使衔参赞巴特沃思主持下，提出了一份详尽的对中国形势的全面估计和对美国各种政策选择的利弊得失的分析报告。结论是，美国既不宜全力以赴地公开支持蒋介石，也不宜完全撤出，而应执行一项“合理的、协调得当的、有条件的援助计划”，努力培植一个“朝着合乎美国政治观念的方向发展”的政府。②

至 1949 年，对苏冷战已进行了将近四年，大多数美国人已习惯于将无论哪里发生的剧烈变动都看成是共产主义全球阴谋的一部分。甚至在毛泽东正式宣告他的新政权成立之前，《纽约时报》就将毛泽东的追随者们斥为一股“令人作呕的势力”、一个“由莫斯科委任的人统治的、严密的寡头政治小集团”。在一份 1949 年 8 月发表的官方声明中，国务卿迪安·艾奇逊奚落中国共产党人不过是俄国的傀儡，他们的政府甚至经不起第一次的合法性检验。“它不是，”艾奇逊说，“中国的。”前美军陆军参谋长、国务卿和国防部长乔治·马歇尔将军（George C. Marshall）后来作证时，竟然赞同某参议员的说法：“在中国发生的事情是苏俄对这个国家的一次征服……”依照

① ［美］斯蒂芬·莱文：《灾难的边缘：1945 年的美中关系》，载袁明、［美］哈里·哈丁主编：《中美关系史上沉重的一页》，北京大学出版社，1989 年版，第 42 页。

② 李庆余主编：《11 个美国人与现代中国》，安徽大学出版社，1998 年版，第 128、157 页。

《生活》杂志的看法，毛泽东“粉碎了许多美国人一度抱有的幻想，即中国共产党人与其他国家的共产党人有所不同的这么一种幻想”。大多数美国人得出结论：中国已不知如何被丢失在铁幕——或竹幕——后面了。此后二十五年中，追查谁应负“丢失中国”责任的活动严重损害了美国的政治生活。这一追查，连同对政府和大学中许多中国问题专家的清洗，对美国卷入朝鲜战争和越南战争起了推波助澜的作用。①

总而言之，1882 年的排华法案禁止一切中国人向美国移民，从这个法案里不容易看出中美的“特殊关系”。海·约翰在 1899 年送交列强的备忘录并不是特为中国采取的仗义行动，中国人也不这么看。相反，1900 年以前，中国政府并没有发现美国政策中有什么特别公正友好的东西。美国或许没有介入鸦片战争，但在分赃方面则毫不迟疑。在二十世纪的整个三十年代遍及全中国的排外和反传教士的地方性骚动中，这种关系也表现得并不明显。实际上，美国人并不理解使他们同中国社会产生真正隔离的巨大的文化差距。② 究其本质，“他们并不爱中国，而是珍惜中国给他们提供的机会——改造这个‘愚昧的’国家，完成基督教使命，或赚钱的机会。”③ 换句话说，“超度和开化”中国人，即经营灵魂，并不是推动美国人与中国交往的唯一动力。开展有利可图的太平洋彼岸贸易的打算，几乎自独立战争以来，就对美国企业和政界领袖产生了极大的吸引力。虽然美国商人全力以赴地参与鸦片贸易，不过他们也想着其他机会，希望最终能向中国这个充满急切消费者的广大市场出售美国的工、农业产品。④ 这才是一切事实的关键。

二、1949 年以来的中美关系

1949 年以来的中美关系大致经历了三个阶段：

---

① ［美］迈克尔·谢勒著，徐泽荣译：《二十世纪的美国与中国》，北京三联书店，1985 年版，第 2 页。

② ［美］迈克尔·沙勒著，郭济祖译：《美国十字军在中国》，商务印书馆，1982 年版，第 6 页。

③ ［美］孔华润著，张静尔译：《美国对中国的反应——中美关系的历史剖析》，复旦大学出版社，1989 年版，第 49 页。

④ ［美］迈克尔·谢勒著，徐泽荣译：《二十世纪的美国与中国》，北京三联书店，1985 年版，第 22 页。

第一，新中国成立后到中美关系缓和之前，中美处于对立、对抗阶段。

1948年底到1949年初，在华盛顿决策层中占主导地位的政策思想是"台湾及周围岛屿对美国的安全至关重要，美国不能让其落入共产党人手中"。1948年11月24日，参谋长联席会议的讨论结果是："如果能通过外交与经济手段阻止中国共产党人占领台湾将是最符合美国国家安全的。"1949年2月10日，参谋长联席会议再次重申："台湾的战略地位非常重要，美国继续运用外交与经济手段来支持那里的非共产党政权。"杜鲁门政府打算保持与国民党政府的外交关系，"直到形势进一步明朗化"。它还保留了给在大陆活动的反共集团提供"军事的和政治的"支援的可能性，只要看来"这种支援意味着推翻或者至少是成功地抵抗共产党"。杜鲁门政府此时还在秘密地努力，企图通过鼓动在台湾建立"独立政府"，使国民党和共产党都得不到台湾岛；这项政策如果为人所知，将无助于改善与国共任何一方的关系。然而很明显，到1949年春天，国务院在总统本人的赞同下，已把尽量减少中共巩固政权后美国利益的必然损失的最大希望寄托在中苏分裂的长远可能性上。① 到了1950年初，似乎出现了中美关系的转机。美国虽然暂时不准备承认新中国，但是不卷入中国内战似乎只是时间问题了。

然而，历史的因素"使得新中国在争得独立之后不可能为了外交上的承认而对美国的要求作出任何让步或妥协"；而美国以往100年来处理两国关系的态度也决定了它对一个通过革命获得独立和新生的国家的敌视和歧视，要求新中国保证"美国的固有条约权益不能变更，中国的政策必须符合美国的利益"，等等。② 其结果是，两国的期待相距甚远。随着朝鲜战争的爆发，中美关系不断恶化，在美国方面，则终于未能从中国内战"脱身"，而从此开始了二十多年以武力分割中国领土的历史。正如一位美国学者指出的："杜鲁门政府正好陷入了他本来力图避免的境地——和蒋介石政

① 袁明、[美] 哈里·哈丁主编：《中美关系史上沉重的一页》，北京大学出版社，1989年版，第216、251页。

② 熊志勇著：《中国与美国——迈向新世纪的回顾》，河南人民出版社，1995年版，第189页。

权栓在一起了。”[1] 对此，美国作家李普曼（Walter Lippmann）[2] 认为，美国政策之所以失败在于把中国看成是美国独家势力范围，把蒋看成是替美国看管中国主权的“管家”，美国对华外交的全部内容归结为一点，就是劝蒋改革，以便能称职地担负起美国交付给他的任务。结果美国把自己在中国的命运同蒋政府的“不光彩的命运”栓在一起，在中国人心目中，“反共主义，连同一切腐败、无能和反动的属性，变成了美利坚主义的同义词”。费正清（John King Fairbank）[3] 则认为，美国对华政策失败的根本原因是犯了主观主义，力图用美国的“现代化民主”的面貌改造中国，结果发现自己支持的是“三流的官僚主义暴政”。[4] 这一历史时期中美关系的演化对“以后几十年产生了重大的影响”。

朝鲜战争对中美关系的影响是极为深远的，它使双方相互疏远，更加敌视，直接导致了两国长达20余年的对立与隔阂。美国著名中国问题专家鲍大可（Doak Barnett）曾对此评论说：“朝鲜战争产生了相互疑惧，这种疑惧在50年代和60年代的大部分时间毒化了中美关系，开始了长达20年的公开敌对。从某种意义上说，这两个国家在这20年中没有任何关系。不存在正式的外交关系，没有贸易关系，没有合法的人员往来。实际上两国普通国民之间没有相互接触（有一些例外，但非常少）。或许现时代从未有两个大国在和平时期如此长时间地相互对立——如果冷战可以被看做是和平的

---

① 资中筠、何迪编：《美台关系四十年（1949—1989）》，人民出版社，1991年版，第52页。

② 沃尔特·李普曼（1889—1974）是美国最负盛名的专栏作家。他从24岁参加创办美国自由派刊物《新共和》到85岁逝世为止，写作活动延续了60余年，一生写了总数1000万字的上万篇时政文章，发表了30多本著作。他发表在纽约《先驱论坛报》以及后来在《新闻周刊》上的“今日与明日”专栏持续了36年（1931—1967），是20世纪美国报刊史上历时最久、内容最广、影响最大的专栏。美国著名专栏作家詹姆斯·赖斯顿（James Reston）称他为“我们时代最伟大的新闻记者”。

③ 费正清（1907—1991），哈佛大学终身教授，著名历史学家，美国最负盛名的中国问题观察家，美国中国近现代史研究领域的泰斗，“头号中国通”，哈佛东亚研究中心创始人。生前历任美国远东协会副主席、亚洲协会主席、历史学会主席、东亚研究理事会主席等重要职务，还曾是美国政府雇员、社会活动家、政策顾问。

④ 资中筠著：《追根溯源——战后美国对华政策的缘起与发展（1945—1950）》，上海人民出版社，2000年版，第211、216页。

话。”在此20年间，“中国与美国相互对峙，保持疏远，成为死敌”。① 从这意义上讲，朝鲜战争可以说是中美关系的一个重大转折点和分水岭，它确定了今后二十几年中美关系的基调。“1953年达成的结束朝鲜战争的妥协只是一个权宜之计，并不表示对北京政权的接受。不论是在朝鲜停火之前还是之后，华盛顿都在想方设法遏止中国。……朝鲜战争结束之后，艾森豪威尔政府不仅继续反对同中国缓和紧张的关系。相反，又制定出了新的、更大的遏制中国的方案。1954年9月，杜勒斯一手造就了东南亚条约组织。东南亚条约组织是由美国发起组织的一个地区性防御同盟和反共集团，其成员是中国周围的一些反共国家。1954年12月，美国和台湾达成了一项相互防卫条约。这项条约保证：美国将支持台湾抗击任何来自中国大陆的威胁。从五十年代起至七十年代中期止，美国军队和情报机关一直在利用台湾作为活动基地。”②

肯尼迪在任时选择了长期敌视中国的迪安·腊斯克（David Dean Rusk）③ 做他的国务卿。腊斯克坚持这样的信念，即“在亚洲‘遏制’共产主义的侵略，如同在欧洲一般必要”。④ 在这种氛围之下，中美关系很难有多大的改变。1963年11月肯尼迪遇刺身亡后，副总统约翰逊继任总统。同其前任一样，约翰逊政府也把中国视为比苏联“更富侵略性的”敌人，继续遏制和孤立中国。正是打着“遏制中国在东南亚的扩张”和对付“中国威胁”的旗号，约翰逊政府不断扩大侵越战争，威胁中国的国家安全，并使中美两国再次处于直接冲突的边缘。1965年2月中旬，国防部长麦克纳马拉在参议院军事委员会作证时声称，“中国今天是美国的主要敌人”，“我们打算坚定不移地反对共产党中国”。在呈交给约翰逊的一份备忘录中，他把中国比作“1917年的德国、30年代末西方的德国、东方的日本以及1947年的苏联”，称中国是威胁到美国在世界上的重要地位和影响力的一个

① Doak Barnett, *China and the Great Powers in East Asia*, Washington, D. C.: Brooking Institution, 1977, p. 178.

② ［美］迈克尔·谢勒著，徐泽荣译：《二十世纪的美国与中国》，北京三联书店，1985年版，第199页。

③ 戴维·迪安·腊斯克（1909—1994），美国政治家，曾任美国国务卿（1961—1969）。

④ ［美］迈克尔·谢勒著，徐泽荣译：《二十世纪的美国与中国》，北京三联书店，1985年版，第214页。

主要国家，美国必须投入金钱，甚至还需牺牲生命对其进行遏制。① 总之，在约翰逊政府时期，虽然面对变化了的国际国内形势，美国决策者采取了某些措施谋求与中国和解，例如1968年5月，约翰逊在发表对华政策演说时一改旧习，把“共产党中国”称为“中华人民共和国”，将“北平”称为“北京”，表示希望改善美中关系。同年7月，副总统汉弗莱提出了“搭桥”政策，称美国要积极地与中国“搭桥”，以便“尽我们的力量使中国人民摆脱他们所处的不正常状态”。他还主张谋求同中国建立正常的关系，取消对华非战略物资贸易的限制等。但是，由于长期以来对中国“敌人”身份的认定和越南战争的升级，再加上中国愈演愈烈的“文化大革命”的影响，约翰逊政府最终采取了“拉苏联压中国”的策略，没有能够打开与中国缓和的大门。②

第二，中美建交前后，处于接触、联合阶段。

20世纪60年代末，苏联在同美国争霸中显示出强劲的扩张势头。美国为了在同苏联对抗中继续处于有利地位，开始认识到中苏关系恶化使美国与中国在抵御苏联压力上有共同的利益，与中国改善关系不仅有利于美国体面地撤出印度支那，而且也能使美国在与苏联对抗中处于更为有利的地位。为了这一“国家利益”，尼克松于1972年访华，在“一个中国”基础上中美关系解冻，形成反对苏联霸权主义的战略合作关系。1974年8月，福特接任尼克松续任美国总统。福特宣布继续遵守《上海联合公报》，废除国会授权总统在必要时协防金门、马祖的《台湾决议案》，逐步撤出全部驻台美军，在外交上刻意冷落台湾当局。70年代后期，苏联的扩张态势促使卡特政府最终下决心同台湾“断交、废约、撤军”，与中国实现关系正常化。1979年1月1日起建立外交关系。同日，美国宣布断绝同台湾的“外交”关系。1979年3月1日中美两国互派大使并建立大使馆。中美两国建交，成为两国关系史上的一个重要里程碑。从此，中美两国关系开始了一个新阶段。“从20世纪70年代初尼克松访华到中国改革开放，中美两国进入了一

---

① 参阅赵学功著：《巨大的转变：战后美国对东亚的政策（1945—2000）》，天津人民出版社，2002年版，第175页。

② 吕桂霞著：《遏制与对抗：越南战争期间的中美关系（1961—1973）》，社会科学文献出版社，2007年版，第257页。

段难得的‘蜜月期’。中国人在美国媒体的典型形象，是手拿可口可乐，狂热学习英语。美国人多年来一直幻想着中国能够变成像美国那样拥有众多基督徒、拥有巨大市场、采取美式民主模式的国家，中国的改革开放使他们似乎看到了希望。”①

中美建交后，由于共同抗衡苏联的战略合作因素依然存在，两国关系虽有摩擦，但大体仍能保持平稳发展态势。在里根任期内，以台湾问题为核心的中美关系的发展可谓一波三折，从针锋相对的斗争，谈判、和解、发表公报，短期回潮与疏远，到首脑互访，最后进入所谓中美关系“黄金时代”②。然而，这一时期美国对华政策的调整和中美关系的稳步发展，并不意味着两国间的分歧和障碍已不存在，尤其是台湾问题，如卡特时期通过的《与台湾关系法》和里根上台后立即向台湾出售武器，都曾严重影响中美关系发展。但是，由于美苏对抗，美国在发展对华关系时将与中国建立战略合作、共同抵御苏联的威胁，作为首先选择的利益取向。出于这样的战略目的，美国将同中国的合作作为对华政策中的压倒一切的中心目标。为了维护中美合作关系，美国政府尽力排除各种反华势力的干扰，以现实主义的立场和谨慎的态度对待和处理两国间的分歧与障碍，先后同中国达成三个联合公报，奠定了中美两国关系正常发展的政治基础。

第三，后冷战时代，中美处于接触加防范阶段。

冷战结束后，中美原有的战略合作利益已不再存在，致使美国对华政策出现明显倒退。引起这一变化的原因固然是多方面的，但其中主要是美国对中国在其对外战略中角色的重新定位，中国被视为是会对美国冷战后实现世界领导地位的最大挑战者。这一新定位的构成，首先是由于中美之间意识形态、价值观念的差异与对立。其次是冷战后遗症的作祟。二战结束后美苏冷战具有浓厚的两种社会制度的对抗性，冷战结束后，美国仍戴着两种社会制度对抗的“有色眼镜”来看待与中国的关系，使中美关系继续带有一定的冷战色彩。再次是由于中美两国在一系列重大问题上存在的分歧矛盾的凸

① 金勇著：《客观与偏见：美国主流报纸台海问题报道研究》，中国传媒大学出版社，2008 年版，第 169 页。

② Harry Harding, *A Fragile Relationship*: *The United States and China since* 1972, Washington, D. C.: Brookings Institution, 1992, p. 189.

显，美国将这些分歧与矛盾的存在视为是对其利益和安全的威胁。两国关系将在斗争中合作，在合作中斗争，体现了对立统一的原理。今后，中美关系将表现为斗争与合作并存，因为资本主义本质决定了美国不可能轻易放弃“和平演变”战略。

克林顿也是怀着美国传统的“使命感”上台的。上台之前，他曾发誓要推翻“从巴格达到北京的暴君”。上台之后，克林顿政府大力兜售其“扩展民主”战略。这种战略要求“扩大民主社会和自由市场国家的阵营”，“建立这样一个世界，在那个世界里，每一个大国都是民主国家，同时还有其他许多国家也加入这个实行市场经济的民主国家共同体”。正是为了达到这样的目标，它谋求通过同中国“全面接触”促使中国和平演变。克林顿总统说他“相信促进中国自由的最佳途径是美国加强并扩大同那个国家的接触”①。进入新的世纪，小布什政府在意图“改变中国”方面毫不逊色。早在1999年12月上旬的一次共和党辩论中，小布什就曾指出：“如果我们冷落中国、抛弃中国、孤立中国，问题将变得更加严重。想想看，如果互联网在中国被广泛使用，自由思想必将得到迅速扩展。我们与中国进行贸易，有利于促进中国企业家阶级的成长……市场能为人们带来自由的空气。”②柯林·鲍威尔（Colin Luther Powell）③ 则在参议院对外关系委员会就国务卿提名的听证会上说：“中国是一个大国，一个正在世界上寻找自己发道路的大国。中国仍在共产党领导之下，但又具有明显的中国特色，因此很难将其归于哪个范畴。但有一点是明显的，即资本主义正在那个国家形成强大的制约网络。面对中国的挑战，我们将做建设性的、有益的、符合我们利益的事情。中国不是一个战略伙伴，但中国也不是我们不可避免、不可调和的敌人。中国是一个竞争者，一个地区性的潜在对手，但它也是一个愿意在我们两国都有战略利益的领域进行合作的贸易伙伴。中国具有上述所有这些特

① Bill Clinton, “Opening Statementata News Conference,” May 26, 1994, *U. S. Department of State Dispatch*, May 30, 1994, p. 345.

② ［美］陶美心、赵梅主编：《中美长期对话（1986—2001）》，中国社会科学出版社，2001年版，第138页。

③ 柯林·卢瑟·鲍威尔（1937－），第65任美国国务卿，乃美国历史上官位最高的非裔美国人。

征，但它不是一个敌人。我们面临的挑战就是要继续保持这种变化的趋势，并使中国融入法制社会，促使其在自由企业制度和民主的强大力量面前，认清这是他们应该选择的正确方向。"①

美国学者迈克尔·谢勒（Michael Schaller）曾经在《二十世纪的美国与中国》一书中写到："中国吸引美国已有两百年之久。尽管它是个遥远的世界，可是历代美国人均认为他们极了解中国人，或把他们当做朋友，或当做凶恶的敌人。……1949年以前，展现在他们面前的中国，是一个任人宰割、榨取或令人怜悯的没落帝国。自从共产党的革命为中国重新赢得了独立和权力之后，美国人眼里的中国，又成了不可饶恕的敌人。"这种思维方式其实到今天还存在于美国社会：中国太弱、任人期凌对美国并非有利，但中国也不能很强大，尤其是在没有采取与美国一样的制度和价值观念的时候。② 总而言之，在中美关系发展的不同阶段，在美国对华政策的制定中，美国文化的这种传教士心态总会以种种形式表现出来。其表现形式之一就是政策上的"理想主义"，即美国决策者时常给其对外政策罩上"道义"的光环。其表现形式之二是观念上的沙文主义，即以一种居高临下的姿态看待"异教"文化，自恃其观念和制度的"优越"而好为人师。例如，美国政界时而有人以自身价值观的好恶为尺度，动辄试图对他国内政施加影响与干涉的做法，无疑都可以追溯到更早的文化历史根源。③ 中美两国究竟如何给对方定位，事实上也决定了中美关系的基本内涵与走向。

三、小　结

从中美关系的历史发展回顾中，可以总结出一个最大的特点，那就是中美两国之间存在着一种"特殊关系"的说法。在美国人看来，历史上存在所谓的"中美特殊关系"，就是美国对中国的无私帮助和中国对美国的无限

---

① 2001年1月17日，鲍威尔在参议院对外关系委员会会议上的证词。参阅［美］陶美心、赵梅主编：《中美长期对话（1986—2001）》，中国社会科学出版社，2001年版，第137页。

② ［美］迈克尔·谢勒著，徐泽荣译：《二十世纪的美国与中国》，三联书店，1985年版，第1页；参阅胡永佳：《论美国对中国的文化误读及其对中美关系的影响》，《北京社会科学》1999年第1期，第37页。

③ 苏格著：《美国对华政策与台湾问题》，世界知识出版社，1998年版，第786页。

感激使中美两国一直保持着特殊的友好关系。“很多人历来都肯定地认为，美国通过派遣传教士、教育家、商人以及捍卫中国免遭帝国主义侵占领土的友好外交官而帮助了中国。”[①] 但在中国人看来，这样的说法却值得推敲。尽管从19世纪中叶开始，美国也是入侵中国的列强之一，但美国政府推行的“门户开放”政策，美国人的民主精神和多元文化，美国的物质援助，特别是美国在一些关键时候做出的友好决定，总给中国人带来一点希望，正因为如此，中国各个时期的政府：清朝政府、北洋军阀政府和国民党政府，甚至延安时期的革命政权在困难之时总想得到美国的支持和帮助。再加上地缘的因素，中美两国有着共同的安全利益，反法西斯的使命使两国人民走到了一起。然而，“漂亮的允诺和豪爽的决定都不能掩盖美国自己的私利。‘门户开放’是想保护美国在中国的市场，培养留学生是想扩大美国的文化影响，物质援助既有政治的需要也有长期的经济利益考虑，带头承认“中华民国”、带头发动放弃协定关税权和领事裁判权是想争取民心争取主动。”更甚者，“美国政府为了避免同日本的矛盾竟然在巴黎和会上出卖中国的山东，为了反苏反共竟然会不顾一切地支持失去民心的国民党政权。”[②] 美国人这种只顾本国利益而损害中国人民权益的做法自然得不到中国人民的感激，而且除某些人之外，在中国人民看来，两国之间也不存在什么“特殊的关系”。

中美关系友好的前提是两国平等。但是，正如美国学者孔华润（Warren Cohen）指出的，历史上，中美两国从来没有真正平等过。[③] 因此，与其说历史上存在着美国人所谓的“中美特殊关系”，不如承认近代以来美国人一直幻想着中国能够变成像美国那样拥有众多基督徒、拥有巨大市场、采取美式民主模式的国家。“自十九世纪晚期以来，美国对中国的一片关注之情，交织着传教士的热情、改革者的理想和对无限广阔的市场的向往，既有好奇心，又往往说得娓娓动听。被含糊地解释的‘门户开放’政策，除了表示

① ［美］迈克尔·沙勒著，郭济祖译：《美国十字军在中国》，商务印书馆，1982年版，第5页。

② 熊志勇著：《百年中美关系》，世界知识出版社，2006年版，第158－159页。

③ Warren Cohen, *American Response to China: An Intepretative History of Sino-American Relations*, New York: Columbia University Press, 1990, p. 6.

希望俄国和日本都不要对中国建立霸权以外，还不能算作一项有效的计划。同时，美国的外交也依据这样的希望，即中国国内形势的发展和普通美国人的影响将有助于逐渐形成一个按照美国示范的民主资本主义榜样建立的、在政治和经济上完整的国家。”① 说白了，从美国的长远利益出发，美国对华一贯的长远目标是争取广大中国人民，特别是知识精英的好感，以美国的自由民主思想影响中国的发展方向。这才是美国对中国保持着特殊“友好关系”的真实目的。

第二节 什么是“改造中国”的使命？

美国和中国有着完全不同的文化背景、历史发展和社会制度，历史上两国的接触也不多，而这些因素往往会导致相互之间的摩擦和对抗。事实是，美国人似乎总不情愿正视显而易见的现实：中国代表着一个具有自身特色的灿烂文明。② 但问题在于：美国为什么存在着把中国看做“特殊朋友”的神话？美国为什么要根据自己的需要而歪曲中国的现实并假设中国发展的意图呢？③

一、“改造中国”的使命是“美国使命”在中美关系中的体现

在中美关系史研究学界历来有所谓的美国对中国的“特殊关系”之说，也即中美之间的所谓“特殊关系”，其说由来已久。“它是美国人引以为自豪，而又常常是某些中国人寄予幻想的。”“在很长一段时期中（甚至一直到现在），‘特殊关系’的内容往往是美国对华政策‘无私’、‘善行’和‘保护中国’的同义词。”概言之，就“特殊关系”一词长期的习惯含意而言，它强调了美国人扮演的仁慈角色，中国人的感激，以及中美接触中的相

① ［美］迈克尔·沙勒著，郭济祖译：《美国十字军在中国》，商务印书馆，1982 年版，第 1 页。

② 金先宏著：《影响白宫对华政策的“中国通”》，时事出版社，2003 年版，第 209 页。

③ ［美］博克、丁伯成著：《大洋彼岸的中国幻梦：美国“精英”的中国观》，外文出版社，2000 年版，第 29 页。

互善意。[1] 这是什么样的一种“特殊关系”，其根源在哪里？

美国史学家韩德（即前文中提及的迈克尔·亨特）极为精辟地阐明：在中美之间存在所谓“特殊的友好关系”只不过是一个神话。这个神话遮蔽了中美相互之间仅存在着极为有限的吸引力的现实。韩德把“门户开放”的思想称作美国扩张主义和实行家长统治的一种表达方式。他认为：“这两者不仅来源于而且反馈回美利坚民族能够拯救世界并能够统治世界的幻想之中。”[2] 追根溯源，美利坚民族有个由来已久的传统，即认为自己比其他民族优秀，并肩负着以美国理想重塑他人的使命，或曰“美国使命”（American Mission）。所谓“美国使命”既是个宗教概念，也是美国的现实制度，它坚信世界的发展注定要选择美国的道路。对多数美国人而言，他们认为美国的发展模式就是普世的模式。立国之前，已经普遍存在的“山巅之城”的思想就要求把北美新大陆建成一个可供世界其他国家学习的榜样。随后的“天定命运”（Manifest Destiny）即是这种思想的延伸。美国人是上帝的选民，上帝赋予了美国一个“特殊使命”，即要把基督教价值文明的体系作为普遍真理推广到世界的每一个角落，美国的社会模式是世界各国都应仿效的“样板”，美式价值观念是衡量其他国家民主程度的绝对标准，美国在道德上胜过其他国家，美国人有义务向世界其他地区撒播“文明”的火种。换言之，美国人自始至终相信，美国人的道路是全人类的道路，美国的民主、自由制度应该是全人类的希望。杰斐逊说过：“美国是世界最好的希望”。因而，其他国家都应该仿效美国，而美国人有权利也有义务向其他国家宣传并推广其民主价值观与代议制度。这就是美国人的使命感。19 世纪后期以来，美国在经济科技等方面都居于世界领先地位，这种使命感进一步加强，进而演变成美国要领导世界的意识，并逐步形成了全球主义的对外政策。[3] 正是美国人认为只有美国的社会制度、价值观念、文化传统才是最优秀的，并以此作为衡量他国的标准，因此在美国人没有进入中国之前，他们就主张

① ［美］韩德著，项立岭、林勇军译：《中美特殊关系的形成——1914 年前的美国与中国》，复旦大学出版社，1993 年版，前言第 1 页、第 2 页。

② Michael Hunt, *The Making of a Special Relationship*: *The United States and China to* 1914, New York: Columbia University Press, 1983, p. 303.

③ 李庆余主编：《11 个美国人与现代中国》，安徽大学出版社，1998 年版，第 114 页。

中国应效仿其价值观念；而当美国人以“上帝的选民”这种特定的自我形象来到中国时，他们则不遗余力地推广美国的生活方式，甚至公开声称美国政策的目的是促使中国演变。

这类关于特殊关系的辞令作为对华政策的一种固定点缀，充斥于官方对冷战政策的辩护词中。甚至在美国和中国于1949年和1950年逐渐走向分裂时，美国前国务卿迪安·艾奇逊仍然指出可追溯到上一世纪的美国援华的清白记载（“我们对中国友好的历史性政策”），以及一般中国人对美国仍然怀有的友好感情。当中国人和美国人在朝鲜互相厮杀时，他还坚决认为“对中国人民的深切兴趣和友谊”仍然是美国对华政策的中心支柱。艾奇逊以后的几任国务卿一直到20世纪60年代，在他们的对华政策重要声明中继续援引惯常的说法——友好合作的“悠久历史”（约翰·福斯特·杜勒斯）和“历史悠久的友好联系”（迪安·腊斯克）。① 换句话说，新中国成立以后，美国人仍然念念不忘其在华“使命”。犹如从1874年美国“中国皇后”号首航中国以来，在两百多年的中美交往中，中国在美国人心目中的形象随着两国关系的变化而时有起伏，但贯彻始终的一点的是，美国人从来都把中国人看成是需要拯救的“异教徒”，中国人是“学生”，而美国人必须承担“老师”的角色。在中美关系较好时（例如20世纪七八十年代），大陆在美国人心中的形象也较高，但最高也不过是“中国人在走美国之路”之类的评价。而当大陆在美国人心中的形象很差时（例如20世纪五六十年代），则认为中国人是“信仰异端的异教徒。”② 中国实行改革开放以后，许多美国人以为经济改革必定导致“自由化”，中国必定走上西方式的民主道路，美国人憧憬了一个多世纪的改变中国的梦想现在就要实现了。“美国人从七十年代起，在自觉和不自觉中，把开明政治原则和市场原则带到中国，并庆幸于他们所看到的变化，把它看做是一场民主革命。”③ 冷战结束后，美国

① ［美］韩德著，项立岭、林勇军译：《中美特殊关系的形成——1914年前的美国与中国》，复旦大学出版社，1993年版，第315－316页。

② 金勇著：《客观与偏见：美国主流报纸台海问题报道研究》，中国传媒大学出版社，2008年版，第173页。

③ ［美］唐耐心著：《不确定的友情：台湾、香港与美国，1945至1992)》，新新闻编译小组，(台北县）新新闻文化事业股份有限公司，1995年版，第24页。

人更是直截了当地要求中国按照美国的意愿演进。《洛杉矶时报》外交记者曼恩（James Mann）在《转向》（About Face）一书中谈及：尼克松和基辛格告诉毛泽东和周恩来，中国的国内政治是中国的内部事务，美国人不会过问中国领导人怎么对待他的人民。但是克林顿则公开表示，中国领导人和人民应该接受美国的民主价值和自由观念，这就是最大的转向。① 总之，自从一个世纪之前美国宣布对华“门户开放”政策以来，要中国向美国的价值观和宗教信仰开放是一脉相承的。这条线索延续至今，则表现为企图以政治压力和人权外交促成中国放弃社会主义和共产党领导，“和平演变”到资本主义。

二、“改造中国”使命的实质

所谓“改造中国”的使命，其实就是美国如何千方百计进行“改造中国”的问题，可以从三个方面加以分析：

首先是门户开放政策。过去有些历史学家认为美国的门户开放政策是美国尊重中国领土和主权完整的表现。但是，正如许多学者指出的，美国在华推行“门户开放”政策的目的，不是为了帮助中国人民摆脱帝国主义对中国的侵略和统治，而是为了建立一个列强在中国机会均等的体制，而且即使是出于这样一个目的，当时的美国政府也既没有力量也没有意志去实行这一所谓“友善”的主张。美国政府当然也不会因为这一主张而放弃任何在中国攫取特权的机会。“美国人把自己与整个旧世界分开来，一再声称自己对人类和社会有种新的见解，抨击一切旧帝国。然而，与此同时，他们却发现有必要，也很乐意接受那旧帝国的条约制度以及那不平等条约所带来的一切帝国式的特权……这类条约带来的特权是欧洲人侵略的结果，在乐于分享这些特权时，我们对自己也参与了侵略这一事实，却不带有丝毫的道义上的谴责。”② 总之，美国前国务卿海·约翰在1899年送交列强的备忘录是为了美国在中国和东亚的广泛利益，而不是特为中国采取的仗义行动，中国人也不

① James Mann, About Face: A History of America's Curious Relationship with China, from Nixon to Clinton, N. Y.: Alfred A. Knopf, Inc., 1998, p. 367.

② John K. Fairbank, "American China Policy to 1898: A Misconception," *Pacific Historical Review*, Vol. 39, 1970, p. 415.

这么看。“海约翰关于‘门户开放’的照会，并没有同中国人进行协商，这些照会也丝毫没有理会中国方面关于外国人强行向中国索取领土特权是非正义的意见，因此，中国人没有任何理由特别感激华盛顿的所作所为。”① 虽然中国人对“门户开放”政策并不领情，而且，事实上，“门户开放政策所体现的理想主义的目标从美国的自身利益来看是缺乏必要的支持的，因而它不可能成为一项强有力的政策。……当这种理想所代表的原则和直接目标被置于危险的境地时，美国会鸣金收兵。”但美国人为什么还是那么情有独钟呢？这是因为，门户开放政策看起来能够最有效地、最令人满意地体现美国的理想与感情。“门户开放政策是美国生活方式输出的缩写。”② 由此可见，门户开放政策不仅是为了中国的市场，也反映出美国试图保全中国以实现其在中国的理想。

其次是“福音”传教活动。“除了贸易，美国人与中国人接触的另一个动因来自一种所谓的使命感，即在中国名为传播基督教的‘福音’，这种‘使命感’的形成与美利坚民族的文化历史传统有着密切的联系。例如，早期清教徒移民美洲的一个重要目的，就是追求宗教自由，建立所谓‘山巅之城’。在开发美国西部大荒原的‘西进运动’中，‘天赋命运’的信念就是许多西进移民的一大精神支柱。”在这种精神支柱的指引下，19 世纪 30 年代美国人开始了在中国的传教活动，“不需要怀疑服务于中国基督教会的美国男女所固有的理想主义，他们舍弃舒适的家庭和熟悉的环境来这里，面对着不可知的危险，只是为了响应他们上帝的号召。……传教士们通过带有颠覆性的思想宣传在无意识地进行着摧毁中国传统社会的活动，他们逐渐相信破坏旧秩序对完成基督教的使命是势所必然的。”③ 究其实质，“美国生活方式输出的另一个内容是包含着人道理想主义的福音基督教。它的具体表现是在中国开展活跃的传教、慈善和教育活动。正如蒲安臣对传教士所说的那

① 吴嘉静：《“门户开放”：美国对华政策史一页》，《中美关系史论文集》（第一辑），重庆出版社，1985 年版，第 166 页。

② ［美］邹谠著，王宁等译：《美国在中国的失败，1941—1950》，上海人民出版社，1997 年版，第 3、8 页。

③ ［美］孔华润著，张静尔译：《美国对中国的反应——中美关系的历史剖析》，复旦大学出版社，1989 年版，第 45、190 页。

样，中国这个人口众多的国家似乎是自异教徒的罗马以来，最有希望‘将闪闪发光的十字架挂到每一座山谷’的国家。”① 其结果是，许多美国人包括政府中某些人在内，根据关于基督教“征服”亚洲的报道，形成他们最早的关于中国人的印象。若干年后艾奇逊回忆道：“在我们国土上，简直没有一个市镇的社团不为中国传教机构征集基金和衣服，不为那些在遥远、危险和异国他乡的上帝葡萄园辛劳的人们担忧，不听传教士鼓舞人心的报告。因此，爱恨情结中的爱的这部分得到了滋养，而这部分把那么多的感情注入了我们后来的对华政策之中。”② 如上所述，美国意图通过美国文化特别是基督教的力量来影响和改造中国、以实现美国在中国的伟大使命和国家理想。

最后则是推行美国的价值观。在美国人的文化和价值观念里，衡量好坏曲直的标准是看一个国家是不是像美国一样，是不是“民主、自由”。这是因为美国人认为，美国价值观是美国的立国之本，他们的文化和价值观念是放之四海而皆准的真理。“无论美国人对具体的政策意见多么不一致，他们仍信奉这样一条原则：支持自由和民主是美国精神的一部分。美国人不会支持这样一种政策，即不能充分体现美国人所信奉的那种普遍的和不可分割的权利和价值观的政策。”③ 美国在经济、科技等事业上的成功又使美国人将他们的价值观绝对化，认为那是世界上最完善的价值观，应该在全世界推而广之，让全人类共享，而美国不仅拥有推广的“权利”，而且还负有义不容辞的推广“义务”，或曰，美国的天命观使美国人自认为有义务向全世界推广这些价值观。综观美国外交史，无论哪一届政府，即使是最奉行现实主义的政府，都非常强调通过外交政策来实现美国的价值原则。就中国而言，“美国生活方式的输出还有另外一个方面，就是美国自然愿意看到共和、民主的政体在中国建立并繁荣。美国从未来的憧憬中得到了极大的激励：一个

① ［美］邹谠著，王宁等译：《美国在中国的失败，1941—1950》，上海人民出版社，1997年版，第3页。

② ［美］唐耐心著，朱立人等译：《艰难的抉择：美国在承认新中国问题上的争论（1949—1950）》，复旦大学出版社，2000年版，第6页。

③ ［美］吉姆·赫尔姆斯、詹姆斯·普里斯特主编，张林宏等译：《外交与威慑：美国对华战略》，新华出版社，1998年版，第143页。

具有古老文明的大国将变成一个现代的、基督教的国家并追随美国的领导。对美国的道德标准在中国产生影响所抱有的自豪感和对中国的进步所怀有的希望培养了一种对中国慈善的感情和同情的态度，一种深切地关心她的繁荣昌盛和与她的友谊的态度。正是这些崇高的想象力和感情变成美国对华政策的根本动力。"① 显然，美国是把中国看成推广其价值观的试验场。

综上所述，在对待中国的问题上，不论是实行"门户开放"政策、进行"福音"传教活动，还是推行美国的价值观，美国的目的只有一个，即向中国输出"美国的生活方式"以重塑中国。"一百多年来，美国人，不论是传教士还是外交官，在与中国打交道时总有一种一厢情愿的理想主义。虽然他们认为中国是一个古老的国家，但他们相信美国的影响力，传教士想把中国基督教化，外交官想按照美国的方案来改造中国。"② 一句话，基于"美国万能"的观念和"领导世界"的意识，美国认为自己"具有充当中国救世主的独一无二的资格"。陶醉于商业野心和传教梦想的美国人曾对他们在中国自封的使命怀着自豪感。自"门户开放"政策之后，美国人更把自己在中国的形象看得几乎完美无缺。在政治上，美国官员觉得中国人民反帝斗争的矛头指向日本和其他西方列强，但不应指向美国，因为美国具有"反殖民主义传统"和"民主传统"，对中国有巨大的吸引力。在经济上，很多美国人真心相信唯有富有的美国能够接济贫困的中国，中国人应当认识到自己只能依赖美国援助来发展社会经济。③ 说白了，按照美国的意愿来"改造中国"，这一"使命"般的信念至今仍然萦绕在美国人的脑海里。显然，在中美关系中只要美国人不放弃"自我中心"的思维逻辑，不改变其意识形态偏见，他们就不可能客观全面地认识中国，"改造中国"的企图就将继续存在下去。

---

① ［美］邹谠著，王宁等译：《美国在中国的失败，1941—1950》，上海人民出版社，1997年版，第4页。

② 陶文钊：《中美关系史（1972—2000）》，上海人民出版社，2004年版，第189页。

③ 王缉思：《1945—1955年美国对华政策及其后果》，载袁明、［美］哈里·哈丁主编：《中美关系史上沉重的一页》，北京大学出版社，1989年版，第461－462页。

第三节 美国民族主义与“改造中国”的使命

自立国之日起，美利坚民族的世界使命观就位居美国民族主义的核心。美国人一向自认为是上帝钦定的使者，派往人间来普度众生，“拯救人间的落后”。如今这种使命感被夸大到了极点。各种各样的美国人给美国下了各种各样的定义，为他们自己在当今世界上确定了数不清的角色。他们把自己当做上帝福音的“传播者”、民主“卫道士”、“全球警察”、“大法官”、“陪审团”、“国际行刑队”等等。最谦虚者如著名教授塞缪尔·亨廷顿，也不过在超级大国前面加上了“孤独的”。政治学教授罗伯特·帕斯特（Robert A. Pastor）则干脆把美国称为当今世界的“父亲”，并为美国没有承担起“做世界父亲的责任”而痛心疾首。① 要言之，“无论美国人对具体的政策意见多么不一致，他们仍信奉这样一条原则：支持自由和民主是美国精神的一部分。美国人不会支持这样一种政策，即不能充分体现美国人所信奉的那种普遍的和不可分割的权利和价值观的政策。”② 这导致美国政府认为自身的政治、经济各项制度都是最优秀的，并且有义务向全世界推广。为此，美国历届政府均打着民主、人权、自由的旗号积极向世界各国兜售其政治、经济制度。对中国，美国人长期以来更是持有一种“传道心态”。“许多年来，美国人对中国的传道心理源于几个不同的核心利益：使中国政治制度更加‘美国化’的政治利益，把中国变成笃信基督教的宗教利益，传递美国价值观念的文化利益，改变中国外交政策、约束中国的国际行为以利于美国外交目标的外交利益和战略利益，当然也包括使中国现代经济起飞从而为美国提供数亿消费者的商业利益。在一个多世纪以来，这些利益相互作用共同驱动着美国对华政策，今天这些利益在美国对华政策中则表现得更为明显。”③

---

① 楚树龙著：《接触与防范——美国对华战略》，鹭江出版社，2000年版，第2页。

② ［美］吉姆·赫尔姆斯、詹姆斯·普里斯特主编，张林宏等译：《外交与威慑：美国对华战略》，新华出版社，1998年版，第143页。

③ 郝雨凡著：《白宫决策：从杜鲁门到克林顿的对华政策内幕》，东方出版社，2002年版，第726页。

追根溯源，长期以来中国在美国民族主义意识形态中占据一种特殊的位置，从而在不知不觉中形成一个关于中美特殊关系的“神话”，这一神话植根于以天赋使命为核心的美国民族主义之中。“自近代以来，中国在美国民族主义意识形态中扮演的就是证明美国文化具有普世优越性的角色。中国成为实现美国民族抱负、国家使命和树立美国国家威望的巨大试验场。试验的成功不仅将证明基督教和美国文化的普世性，而且在传播自己文化和生活方式上的成功也是一个国家大国地位和荣耀的象征。”“在这一神话中，美国长期以来是中国主权的保护者和现代化事业的指导者；美国的价值观和制度具有普世性；中国人民愿意接受这样的价值观和制度，愿意接受美国的指导，并因此对美国的善行非常感激。……中美关系神话的构建及其被广泛的接受满足了美国人的民族主义心理需要，中国成为美国拯救世界计划的一部分，中国在诉说着美国的伟大。”① 一言以蔽之，“美国的世界使命观居于美国民族主义的核心位置，它认为美国的价值观和制度具有全球的适应性，中美特殊关系的神话特别强调美国民族主义的思想意识对外部世界具有总体上的适应性，认为美国人命中注定要指导中国人民走向自由、民主和现代化，并保护他们免受其他列强的瓜分。作为对这样一种无私援助的回报，美国已经赢得了中国人民永恒的感激。”②

事实上，美国对华外交一百多年以来，政治体制问题是政策核心之一。一方面，美国的政治决策人物总是认为“中国的民主化”是天经地义的事情，没有问“为什么”的必要；另一方面，美国对华政策长期受基督教传统的影响，这个由基督教清教徒创建的移民国家自信能够超越欧洲的强权政治，有资格向海外推广美国的政治模式。这种“美国例外论”需要在中国这个特殊的试验场证明美国的价值观和立国思想是绝对正确的。③ 时至今日，美国人在想到中国时，按美国的形象改造中国之梦依然存在。“诚然，

① 王立新著：《意识形态与美国外交政策——以 20 世纪美国对华政策为个案的研究》，北京大学出版社，2007 年版，第 335 - 336 页。

② David McLean, “American Nationalism, the China Myth, and the Truman Doctrine: The Question of Accommodation with Peking, 1949—1950,” *Diplomatic History*, Vol. 10, No. 1, Winter 1986, p. 26.

③ 相蓝欣著：《传统与对外关系：兼评中美关系的意识形态背景》，北京三联书店，2007 年版，第 81 页。

理查德·尼克松政府是把战略考虑提到首位的，他的继任者继续根据这些战略考虑制定政策，但是在大众新闻媒介、官方声明和决策者的回忆录中，仍有证据表明，感情用事的见解仍然对美国的想法产生微妙而又重大的影响。例如，来源于传教士的有关中国的形象和吉米·卡特一起进入了白宫，而罗纳德·里根则继续了这一趋向，从美国文化价值观的胜利这一角度来认识中国。今天，许多美国人本能地支持输出美国式的民主。”① 由是观之，美国领导人有一种传教士般的改变其他国家包括中国的热情，即便他们对这些国家并不了解多少。“美国统治集团认为美国有力量，因而也应当有相应的意志和决心，去主宰中国的前途。……1950 年 4 月制订的国家安全委员会第 68 号文件，就反映了要求全球范围内咄咄逼人地运用美国权力的心理状态。以后麦克阿瑟要求对中国扩大战争的叫嚣，艾森豪威尔对中国的露骨的核威胁，杜勒斯的‘战争边缘政策’，台湾海峡危机期间美国的武力恫吓，无一不是美国领导人在炫耀自己的‘斗志’，表现了他们对本国实力的崇拜。这代表着早已溶化在美国人思想中的美国拯救世界的‘命定观’与新近获得的美国实力相结合之后，美国所特有的狂妄。”②

如上所述，“改造中国”的使命或中美特殊关系的实质可在美国民族主义找到根源。正因如此，“改造中国”的使命根深蒂固。一直以来，美国人相信他们命定于指导中国走向自由民主和现代化；并且美国已经赢得中国人民无限的感激。“据虚构的画面说，美国人民事实上是中国的伟大朋友。美国是一个脱离这种卑鄙行为（压迫异教徒）的国家，从不沉迷于对中国人的领土和经济的盘剥。此外，美国曾用它的门户开放政策保护中国免于瓜分，对此中国人表示无限感激。”③ 事实果真如此吗？历史已经并将继续证明这一论断是荒谬的。“美国与中国交往的历史绝妙地说明了美国人因为他们的独特经验和观点，是多么有可能忽视世界的多样性，反而将与我们自己

① ［美］韩德著，项立岭、林勇军译：《中美特殊关系的形成——1914 年前的美国与中国》，复旦大学出版社，1993 年版，第 5 页。

② 王缉思：《1945—1955 年美国对华政策及其后果》，载袁明、［美］哈里·哈丁主编：《中美关系史上沉重的一页》，北京大学出版社，1989 年版，第 461 页。

③ ［美］唐耐心著，朱立人等译：《艰难的抉择——美国在承认新中国问题上的争论（1949—1950 年）》，复旦大学出版社，2000 年版，第 88 页。

的文化根本不同的文化归结为熟悉的、易于处理的东西。"①"可悲的是，美国人从来只关心中国人是否迎合了自己意识形态的需要，而很少考虑中国自身的历史、现状及未来的需要，一旦现实不符合美国的想象，批评谴责就加到了中国人的头上。正义的一方（美国）是不可能出错的。"② 那么，只要美国人不反省，由于中国长期以来在美国民族主义的位置（即民主的试验场）不变，美国将大力对中国进行扩展民主，促进"和平演变"。总之，"自命为中国'救世主'的美国人，自然不感到需要理解中国的文化和价值观念。……负责美国对华关系的人缺乏对中国民族权益的起码尊重，而总是带着傲慢和自封的'正义感'。"③ 在这些人眼里，西方（美国）"价值观"和"战略"的道德正义是毋庸置疑的，中国希望被西方演变也是无需怀疑的，尽管这些人对中国甚至对自己的历史都一无所知，但是这并不重要，因为精英们认为自己是"上帝的选民"，他们知道解决别人问题的最佳答案，这就是美国人的历史信仰和逻辑。④

第四节 小 结

从登上新英格兰海岸的清教徒起，美国人对于美国生活方式、美国精神和美国理想卓越超群并适应于全世界的信念经久不衰，简直构成了一种民族宗教或国家宗教。在这一宗教之中，相对欧洲权势政治的美国作为一个崭新国家的独特和优越感连同在新大陆创造新世界而后改造欧亚旧世界的使命意识，构成了主宰美国主流国家观的根本要素。⑤ 用尼克松总统的话来说，就是在以往的岁月里，美国对世界究竟意味着什么。"在人类的物质条件的上

① ［美］韩德著，项立岭、林勇军译：《中美特殊关系的形成——1914 年前的美国与中国》，复旦大学出版社，1993 年版，第 329 – 330 页。

② ［美］博克、丁伯成著：《大洋彼岸的中国幻梦：美国"精英"的中国观》，外文出版社，2000 年版，第 135 页。

③ 王缉思：《1945—1955 年美国对华政策及其后果》，载袁明、［美］哈里·哈丁主编：《中美关系史上沉重的一页》，北京大学出版社，1989 年版，第 462 页。

④ ［美］博克、丁伯成著：《大洋彼岸的中国幻梦：美国"精英"的中国观》，外文出版社，2000 年版，第 221 页。

⑤ 时殷弘著：《新趋势、新格局、新规范》，法律出版社，2000 年版，第 121 – 122 页。

命性进步中，我们处在中心位置，在近几次重大的政治和军事斗争中，我们常常起着决定性的影响。在意识形态方面，我们也是一个指明方向的灯塔，是关于个人、社会和国家之间关系的一种独特哲学的形象化身。”① 正是由于拥有这样的信念，美国人自建国起就认为他们的意识形态及民主制度是人类进步的楷模，而且认为以美国的模式来改造其他国家是美国人的职责。这种意念是如此强烈，甚至不惜以激烈的手段把美国模式强加给对手国。具体到中国而言，美国的对华政策就成为“拯救”与“统治”融为一体的产物。②

当中美两国在18世纪间开始交往时，“不同的发展道路给两国今后的往来留下了深刻的烙印”。此后到19世纪，美国迅速发展，直到在综合国力方面达到了发达的资本主义国家的前列。疆土扩张、经济繁荣，使美国越来越热衷于干预国际事务，争取获得自认为是与自己的实力相称的国际地位，尽可能地扩大自己的势力范围，同时将美国的价值观和社会发展模式推广到全世界。中国则正相反。它最初是用传统的那种“理念上不平等、实际上宽容的方式接待了来华的美国商人”，但最终却“陷入实质上不平等的关系的陷阱”。③ 19世纪中叶起，中国在反对外来侵略的战争中不断失败，它在国际社会中陷入极其孤立与屈辱的地位。在这一过程中，美国实际上伙同其他列强一起，参与对中国的侵略与压迫。美国的做法的确与其他列强有许多不同之处，以及由此引起一些中国人对美国的看法与对其他列强的看法有着很大的不同，但这依然掩盖不了其侵略本质。1949年新中国成立标志着中国进入一个新的社会发展阶段。几乎与此同时，美国的实力和武力扩张的倾向也相对处于巅峰状态，其势力范围扩展到中国的周边地区及一小部分中国的领土和领水，从而达到美国向西扩张的顶点。结果是，中国与美国在朝鲜、印度支那和台湾海峡发生了持续20年之久的对抗或紧张的对峙。

究其原因，“长期以来美国人一直有意无意地利用中国来建构和支撑关

---

① ［美］理查德·尼克松著，杨鲁军等译：《1999：不战而胜》，上海三联书店，1989年版，第300页。

② ［美］韩德著，项立岭、林勇军译：《中美特殊关系的形成——1914年前的美国与中国》，复旦大学出版社，1993年版，前言第2页。

③ 熊志勇著：《中国与美国——迈向新世纪的回顾》，河南人民出版社，1995年版，第5、20页。

于美国自身身份与世界地位的意识形态神话。而这一神话被中共的胜利所打破。……中共的胜利使美国长期以来在中国经营的事业毁于一旦，中国'背叛'了美国的理想，沉重打击了美国对其价值普世性的信心，损害了美国作为一个大国的自尊，触动了美国人的民族主义情感，这是美国最无法忍受的。"换言之，"在美国人看来，中国抛弃了美国为中国设计的所谓强大、自由、民主的道路，几代美国人在中国经营的事业，包括教育、医疗和宗教事业都成了泡影，把几亿中国人塑造成美国的顾客和基督徒的梦想似乎要永远破灭了。而当中共在国内发起宣传运动，中国人民谴责和揭露美国对中国的侵略时，长期沉醉于中美关系神话的美国民众表现出来的是迷惑、恼怒、激愤和强烈的幻灭感，中国被视为'忘恩负义'。这种情绪的宣泄口就是寻找替罪羊和对中共的'忘恩负义'进行惩罚。"① 因此，新中国成立之后，"对美国在中国道义上的领导作用的自豪感，被对中国意识形态在亚洲的影响的担心所代替。宗教和慈善活动被政治宣传战所代替。友邻的对话被互相责骂所代替。历史的友谊发展到顶点，变成互相间的敌视。地平线上永远笼罩着战争机会的阴影。"② 对此，美国著名学者欧文·拉铁摩尔（Owen Lattimore）③ 批评说，"我们的同胞们表现得特别幼稚和褊狭"，"存在着一种美国式的过分简单化的倾向。"他曾回忆说，当时"对我的主要指控是我应对美国丢失中国负责"。拉氏反问道："你怎么能丢失你从来没有拥有过的东西呢?"这真是一言中的的好反问。谁曾册封过美国人可以"拥有"中国呢？美国人有什么资格"丢失"他从来没有"拥有"过的东西呢？这种"幼稚"、"褊狭"（再加上一个"狂妄"吧）支配着有些美国人的头脑（不幸的是也支配着一些专门研究中国问题的美国专家的头脑），不止一次地把

---

① 王立新：《意识形态与美国对华政策——以艾奇逊和"承认问题"为中心的再研究》，《中国社会科学》2005 年第 3 期，第 183、185 页。

② ［美］邹谠著，王宁等译：《美国在中国的失败，1941—1950》，上海人民出版社，1997 年版，第 510 页。

③ 欧文·拉铁摩尔（1900—1989）美国著名汉学家、蒙古学家，曾任美国约翰·霍普金斯大学教授、英国利兹大学教授。其幼年、青年时居中国，曾到中国北方、蒙古、中亚地区考察，对这些地区的历史、社会有独到研究。著述甚丰，《中国的亚洲内陆边疆》一书为其影响最大的著作。20 世纪 30 年代，拉铁摩尔访问过延安，50 年代，在美国遭受麦卡锡主义迫害，后移居欧洲，1989 年 5 月在美国逝世。

美国导向歧途。①

如果说中美接触确是一种特殊关系，那么，这种关系肯定是按照一种与上述普遍神话迥然不同的意义来说的，这种神话说，双方之间有某种直觉的谅解，并由此谅解产生了相互间的有益接触。相反，对这种虚构的关系所作的仔细研究表明，“所谓‘特殊’是指两国关系中的这样一个阶段：中美这两个存在着显著差别、曾在各方面互相隔绝的民族仅仅由于近代的冲突才被密切地联系起来；因此，两国人民多少成了他们各自对于对方的错误理解以及各自制造的神话的牺牲品。”② 比如在备受争议的“门户开放”政策方面，“中国当时固然没有遭到完全被瓜分的厄运，也没有如印度和朝鲜那样沦为西方某一国家的殖民地，但这里起决定作用的因素是中国文化的深厚的历史根基和强大的生命力，以及中国人民为维护民族独立和国家主权的反帝爱国斗争，此外还由于列强之间在瓜分中国问题上矛盾重重，互不相让。……把中国免于殖民地化的功劳归于美国的‘门户开放’，是不符合实际的。”③ 这是因为，19 世纪末 20 世纪初美国提出并一再强调的“门户开放”政策，一方面是为了维持远东力量均势以确保美国在华利益；另一方面也反映了美国对中国未来的憧憬与期望：一个具有古老文明的大国将变成一个现代的、民主的、基督教的国家并追随美国的领导。换句话说，“从美国观点看：我们的十九世纪‘多情的帝国主义分子’（教士、商人、军人和冒险家，他们是开路先锋，他们确立了我们心目中的中国人民形象）给我们留下了这样一个传统，就是对中国产生种种不切实际的、甚至富于浪漫色彩的遐想——这些遐想在二十世纪上半期导致我们把中国设想为一个强国，一个潜在地民主的国家，甚至一个基督教国家，一个未经开发的广大市场，一个我们对日作战时的战友，一个乐于接受美国科学、技术和文化的国家。我们认为，我们信奉的‘扩张领土的天命’将使我们西渡太平洋，把进步和文

---

① ［日］矶野富士子整理，吴心伯译：《蒋介石的顾问——欧文·拉铁摩尔回忆录》，复旦大学出版社，1996 年版，第 4 页。

② Michael Hunt, *The Making of a Special Relationship: The United States and China to 1914*, New York: Columbia University Press, 1983, p. 300.

③ 王玮主编：《美国对亚太政策的演变（1776—1995）》，山东人民出版社，1995 年版，第 137 页。

明带给地球上这个最大的国家，同时也给援助者自身带来满足。后来发现，甚至1950年在朝鲜半岛上与中国人进行的一场真枪实弹的战争，也不能完全抹掉我们替我们自己和中国人设想的那些过去时光的眷念。”①

总之，美国人在与中国打交道中总是有一种要影响中国，改变中国的冲动，也就总免不了在期望与失望之间摇摆。其结果，美国人迄今似乎仍然深陷于对中国的一种“爱恨交织”之中而不可自拔。“美国人对中国的感情是一个爱恨交织的历史循环，我们对中国的态度是充满矛盾的。当中国国力衰弱、疆土分裂时，中国在美国的形象往往比较正面，但当中国强大起来并具备向外发展的潜力时，美国的中国形象则趋于负面。美国人对中国的这种不确定的、自相矛盾的看法影响到美国媒体对华报道的价值取向，同时媒体又反过来进一步左右了美国普通公众的对华认知，这种交互作用最终反馈到中美关系上，必将深刻影响日后中美关系的未来发展和走向。”②

鉴于上述种种一相情愿、不切实际的想法可能给中美关系带来的损害，美国人应该反省。“我们的美国方式并不是唯一的生活方式，甚至也不是大多数男男女女的未来生活方式。”“例如，我们很可能把自己看得过分重要，夸大了美国影响中国的程度。这是因为，既然我们美国人放弃了对那一去不复返的通商条约时代的中国的眷恋之情，我们就必须越来越深刻地认识到，中国人的生活极愿由自己来满足自己，我们自己完全没有能力改变那种情况。”③ 因此，“如果说一种更为和谐的、多种文化混合的国与国之间的关系是值得追求的一种理想，那么美国人就必须把握关键的趋势，不要把我们的幻想反映到我们的疆界之外，必须承认，我们所能希望进行的变革是有限度的——在相当程度上受其他国家的志向和条件的限制。在与中国打交道时，尤其需要克制和敏感。”④ 可以说，这样的认识是相当深刻的，值得更多的美国人的关注。

---

① 中国社会科学院美国研究所编译组：《美中关系未来十年——美国大西洋理事会对华政策论文集》（1983—1993），中国社会科学出版社，1984年版，第511页。

② 何英著：《美国媒体与中国形象》，南方日报出版社，2005年版，第130－131页。

③ ［美］费正清著，张理京译：《美国与中国》，世界知识出版社，1999年版，第434、459页。

④ ［美］韩德著，项立岭、林勇军译：《中美特殊关系的形成——1914年前的美国与中国》，复旦大学出版社，1993年版，第330页。

美国对台政策的解读：一种美国民族主义视角

第三章　台湾问题与美国对华战略

这一章主要探讨台湾问题与美国对华战略的关系问题，在此之前，我们有必要对美台关系历史的演变作一个简要的回顾。美国与台湾接触的历史几乎与美国的立国史一样长。在每一次台湾历史命运面临转折的时候，总能发现美国影子的存在。正如邓小平所说，“台湾问题上，美国历来是介入的”①，真可谓一针见血。美国与台湾的早期关系以商贸和传教为主。随着美国向海外和东方扩张，台湾的军事价值被美国人发现，美国的军方人士开始打台湾的主意，其中海军将领佩里（Mathew C. Perry）的军事占领台湾计划最具典型。在他们看来，占领台湾有利于扩展美国的统治和实力，“直到他们牢牢地控制太平洋诸岛，并使盎格鲁撒克逊民族在亚洲东岸繁衍生息。”②

第一节　美台关系的历史演变

早在19世纪30年代，美国商人和传教士已经注意到台湾这块土地，鉴于台湾的特殊地理位置，他们纷纷建议自己的政府占有台湾。1853年，美商奈伊因其兄在台湾近海失踪，写信请美驻华代办巴驾（Peter Parker）代为搜索，并建议美国出兵占领台湾南方的红头屿，作为航运基地。巴驾将其

① 《邓小平文选》（第三卷），人民出版社，1993年版，第169页。

② 参阅唐正瑞著：《中美棋局中的台湾问题：1969.1—1999.12》，上海人民出版社，2000年版，第2-3页。

建议转报政府，于是1854年美国东方舰队司令佩里派遣军舰前往台湾考察。佩里此后提出美国占领台湾，欲控制中国必先控制台湾这种美式的“田中奏折”：“我们必须对一切足以改变中国，特别是台湾的政治及内务的任何具有实际意义的建议予以鼓励，美国应该单独采取这个主动。……台湾在海军及陆战上的有利位置是值得重视的。……该岛直接面对中国许多主要商业口岸，只要在该岛驻泊足够的海军，它不但可以控制这些口岸，并且可以控制中国海面的东北入口。”① 但美国的图谋，遭到英国反对。由于自第一次鸦片战争后，美国对华侵略以英国所实行的“利益均沾”政策为基础，而这一政策所标榜的“国际共管”和“维持中国领土完整”完全符合美国“太平洋帝国”扩张路线的根本利益。当时美军实力也有限，不敢开罪英国，也害怕在中国遇到抵抗，故美国政府对佩里提出占领台湾的主张始终不敢批准。② 总之，由于种种因素，尽管美国一些人对台湾的地位垂涎已久，但基本上没能在台湾立足，最终只能眼看着日本占领台湾。

一、历史上的美台关系

近代几百年中，欧洲的一些殖民主义国家逐步强盛并急于向海外扩张，中国沿海岛屿不断受到西方殖民主义武装的海盗式侵扰，台湾作为中国最大的海岛，也受到了西方海盗的侵略和掠夺。而美国对台湾的“关注”，早在19世纪初就开始了，当时美国海员、商人、传教士、军官纷纷上台湾岛收集地理、物产、矿藏等情报，分别从商务、宗教、军事等方面论证台湾对美国的价值，提出台湾应是“美国在东方的商务集散地”、“适用于建立殖民地的处所”等观点。事实上，“美国与台湾的关系可追溯到中美关系开始的年代为起点”③，在接下来的一百多年里，美台关系经历了几个阶段的演变。

第一阶段，从1784年到1867年。美国与台湾早期的关系，大都是由美

---

① 才家瑞、刘婷等：《美国对台湾政策的历史演变与“台独”问题》，《世界历史》1998年第1期，第29页。

② Foster John Watson, *American Diplomacy in the Orient*, Boston: Houghton Mifflin Company, 1903, p. 230.

③ 黄嘉谟著：《美国与台湾（1784—1895）》，（台北）“中央研究院”近代史研究所，1966年版，序言第1页。

国人意识到台湾的商务价值之后，采取主动行动而形成的。百余年前，台湾的糖、樟脑、尤其是茶叶等物就开始销往美国，特别是作为东西航线上的商务驿站而言，台湾更成为美国甚为理想的东方活动基地。自1844年美国同中国缔结第一个不平等条约《望厦条约》、取得厦门等“通商口岸”之时起，就更垂涎台湾，因为台湾有丰富的煤矿，而且地处加利福尼亚州到厦门的航道上，可作为美国商船理想的中转和补给站。在19世纪50年代，美国一些商人和驻远东的官员曾力主美国政府用强行购买或军事占领的手段攫取台湾，或强迫清政府开辟台湾的一些港口。① 不过当时美国正忙于在美洲大陆扩张和巩固地盘，无暇过多地顾及西太平洋，但仍利用清政府的腐败、昏聩和致力于镇压太平天国之机，在台湾岛的几个港口进行非法贸易。例如，从1854年到1856年间，美国商人已到台湾北部和打狗（今高雄）从事非法贸易。② 1858年英法联军侵略中国，迫使清政府缔结《天津条约》，其中增设的通商口岸有台湾的台湾府（即今台南）和淡水，美国又跟着“均沾”。及至美国南北战争之后，国内资本主义急剧发展，对外扩张的势头也日益增大。要言之，1844年《中美望厦条约》签订之后，美国和台湾之间的接触，不可避免地更为增多起来，而且美国人开始思考应否利用以及如何利用台湾岛的问题。如1857年3月10日，美国驻中国使节巴驾以“最密件”向美国国务院递交的一份报告中写道：“……台湾作为一个煤补给的来源，是建立一条自加利福尼亚延伸至日本、中国的汽船运输线的最有利条件。这个岛屿有可能在不久的将来不再是中国的一部分。一旦台湾在政治上，一如它在地理上一般与中国分离的时候，美国应即刻占有台湾。这项行动对美国的利益是显而易见的。”由这位当时美国驻中国外交高官的口中陈述的对台湾的野心，较诸当今的“台湾前途决议案”，更要直截了当得多。③

第二阶段，从1867年到1895年。美国对台湾之兴趣可追溯至1866年。

---

① Sophia Su-Fei Yen, *Taiwan in China's Foreign Relation*, 1836—1874, Hamden, C. N.: Shoe String Press, Inc., 1965, pp. 59 - 73；资中筠：《历史的考验》，《国际问题研究》1982年第3期，第34页。

② 陈毓钧：《美国与台湾的历史关系》，《太平洋学报》1995年第3期，第21页。

③ 海峡评论杂志社编辑部：《台湾命运机密档案》，（台北）海峡评论杂志社，1991年版，第2页。

对白宫的决策者而言，与日本结盟无疑是阻挡欧洲势力并提升美国在亚洲地位的方法。依据其国务院的备忘录记载，当时的美国驻东京使节理查德·迪龙（Richard Delon），主张与日本往来将是美国在远东地区利益的一大保障；而国务卿汉默顿·弗许（Hamilton Foch）也指示他尽一切最大力量维持对日关系，以期日本成为当然的盟友。与此同时，在美国驻厦门领事李仙得的协助下，于1867年8月24日，由贝尔将军率领海军强行登陆台湾，这是历史上美国对台侵略之始。① 美国单独侵略台湾失败后，转而支持日本侵略台湾。1874年日本入侵台湾时便得到了美国驻亚洲外交官的支持。原美国驻厦门领事李仙得（Charles W. LeGendre）由美国驻日公使德朗（C. E. Delong）推荐，与日本外相多次密谈，提供了“极多的关于日本最有用处”的情报和有关台湾的图片多件，并告之占领台湾不必担心美国的干涉。② 德朗也怂恿日本侵台，他在事后写给美国务院一份“秘密报告”中说：我“一向认为西方国家对日本的真实政策，是鼓励日本采取一系列的行动……使日本政府与中国政府、朝鲜政府彼此仇视。”“在目前形势下，我相信，我已经发现一个实行这一计划的机会，可能不需要流血的战争，但如果需要的话，我们可以使这场战争成为……把台湾及朝鲜放在一个同情西方国家的旗帜下的战争。”③ 但日本侵台引起了其他帝国主义国家的反对，美国见此也改变了态度，新任美国驻日公使平翰（John A. Bingham）以美国政府名义承认台湾是中国领土。清军则积极备战，各方面形势日益不利于日本，最终中日谈判签订了《台湾专条》明确了台湾是中国领土。美国企图火中取栗，假日本之手夺取台湾的阴谋只能作罢。此后美国集中力量在太平洋扩展，故扶植日本作为它侵略朝鲜和中国的伙伴。但日本却竭力排挤美国对台湾的影响力。美国对此采取姑息政策，将对台策略纳入到对日关系中考虑，对华政策不仅不考虑台湾因素，反而要考虑日本因素。总之，甲午战争后，美国将对台关系

---

① 冯启人著：《美国对华政策与台湾问题》，（台北）海峡学术出版社，2002年版，第232页。

② 张雁深著：《美国侵略台湾史》，人民出版社，1956年版，第50页。

③ 陈碧笙著：《台湾地方史》，中国社会科学出版社，1982年版，第148页。

纳入到对日关系中来考虑，从而形成了奇怪的“旭日形象”。①

第三阶段，从1895年到1949年。当上个世纪三四十年代随着美国和日本一步步走向战争之路时，台湾的命运就再度和美国联系起来。日本据台之后，台湾的地下抗日运动就一直和中国的民族主义力量有所联系。孙中山先生所领导的中国国民党一直认定台湾是由于不平等条约割让出去的，故其政纲就一再主张台湾必须重回祖国怀抱。1940年，美国政府提供给中国40架新式战机和一批贷款，这是中国抗日以来的第一次，目的是在坚定国民政府抗日的决心，以打消和日本谈判的念头。1941年12月日本袭击珍珠港之后，美国对日宣战，并确定蒋介石出任中国战区统帅。另外，美国总统罗斯福也认为提升中国的国际地位很重要，因为他期望中国在战后能够扮演维持国际和平与区域安全的角色。1943年11月，蒋介石夫妇接受罗斯福邀请，参加美、英、中三国领袖的“开罗会议”。会中，罗斯福、丘吉尔、蒋介石讨论战后远东问题，罗斯福同意蒋的要求，将原为中国的领土归还祖国。因之，“开罗宣言”主张将“满洲、台湾、澎湖归还中国，恢复朝鲜之自由与独立”。《开罗宣言》的内容，随后在德黑兰会议中，也得到斯大林的同意。罗斯福政府之所以力主将日本侵占的领土归还中国，主要的原因有三：（1）坚定蒋介石抗日的意志，避免中日妥协的可能；（2）防止日本于战后再度成为军事强权，而使中国成为看管日本的力量；（3）促成中国成为美国的战略伙伴，配合美国牵制苏联在亚洲的扩展。就如罗斯福的亲信哈里·霍普金斯（Harry Lloyd Hopkins）② 所说的，由于战后日本可能重新成为美国的敌人，美国需要在菲律宾、台湾以及任何美国愿意的地方建立军事基地。又说道，美国的目标是要中国成为依靠美国的一个亚洲大国，而美国就可以为所欲为。这样，源于日本和美国在亚洲的角逐和较量，台湾再度成为美国所

① Warren I. Cohen, *America's Response to China: An Intepretative History of Sino-American Relations*, New York: John Willy Press, 1980, pp. 66 - 69.

② 哈里·劳埃德·霍普金斯（Harry Lloyd Hopkins，1890年8月17日—1946年1月29日），美国政治家，美国民主党人，曾任美国商务部长（1938年—1940年）。霍普金斯是美国总统富兰克林·D. 罗斯福的重要顾问之一，也是新政的主要设计者之一，参与组建并领导了公共事业振兴署。在第二次世界大战期间，霍普金斯是罗斯福的首席外交顾问并在《租借法案》的制订和实施中扮演了重要角色。

注意的地方。① 简言之，抗日战争胜利后，美国人又介入了中国内战，并将关注的目光投向了台湾岛。美国人先后提出了“托管台湾”、公民投票自决、吞并台湾的方案，并操纵主导廖文毅鼓吹的“台湾独立”运动，试探性地抛出了“台湾地位未定论”。不仅如此，美国人还力图阻止蒋介石撤退台湾，想通过在台湾岛内培植亲美势力到达侵占台湾的目的。

总之，从 19 世纪初美国冒险家相继赴台考察到 1895 年日本以《马关条约》割取台湾，美台关系贯穿着两个基本特点。一是美国对台进行侵占、蚕食和掠夺，即殖民主义政策。美国舰队任意进出台湾港口，测绘水陆地图，调查资源情况，在台湾建立营地并升美国国旗。有的美商曾正式表示，一旦美国政府决定占取台湾，他们愿意率领“志同道合”的美国人员前往，进行殖民化的工作。二是把台湾从中国分离出来，即民族分裂政策。19 世纪 30 年代以来，美国统治阶级很推崇美商伍德等提出的以下观点：“一旦台湾与中国脱离关系，美国可以得到巨大的利益”，“占领了台湾岛，就可以控制台湾海峡，这是对抗中国人的办法”。② 在美国政府的支持下，一些美国人于 19 世纪 50 年代先后进行了“购买台湾”、在台湾建立“受美国保护的独立政府”的分裂活动，并因此而得到重用。19 世纪 60 年代，美国更加认识到台湾在美国向亚洲扩张战略中，特别是向中国扩张战略中的重要作用，并且在长达一个半的世纪里，不断策划把台湾从中国版图中分离出去。事实上，太平洋战争爆发后，台湾是被美国军方当做一个可对日本进行打击的基地来看待的。③ 开罗会议后的德黑兰会议期间，总统幕僚霍普金斯就提醒罗斯福：“在台湾回归中国之后，亦应考虑在岛上建立海、空基地事宜，基地的规模、性质、占用基地军队的作用等等均应研究出来。”④ 由此可见，美国在台湾回归问题上的出发点并不单纯。1942 年美国五角大楼远东战略小组的乔治·克尔（George Kerr，后曾担任台湾副领事）就曾反复鼓吹“美国必须设法控制台湾”，他认为台湾地理位置非常适合作为美国商业集

---

① 陈毓钧：《美国与台湾的历史关系》，《太平洋学报》1995 年第 3 期，第 25 – 26 页。

② 王国贤、方燕旗：《美台关系的历史演变及发展趋势》，《台湾研究》1988 年第 4 期，第 17 页。

③ 苏格著：《“台湾地位未定论”溯源》，《台湾研究》1997 年第 2 期，第 48 页。

④ *FRUS*, 1949, Vol. 9, pp. 571 – 572.

散重地，且具有极丰富的资源和工业潜力；如占领台湾，即可建立对中国、日本、琉球、交趾支那、柬埔寨、暹罗、菲律宾以及一切位于附近海面岛屿的交通线；同时台湾具有“在海战及陆战上的有利位置”，只要在此驻泊足够海军，就可以“直接面对中国许多主要商业口岸，并可以控制中国海面的东北入海口”。① 正是在这种侵略论调下，美国从20世纪40年代初就开始设法控制台湾，在以后的20多年中，台湾问题就成为美国和中国政府之间的最敏感的区域。

二、1949年以来的美台关系

第一阶段，中美关系缓和之前的美台关系。

国民党政权迁到台湾初期，美台关系非常微妙。杜鲁门政府曾经积极策划台湾的“自治”乃至“独立”，阻止国民党集团败退到台湾，甚至考虑要抛弃蒋介石。而国民党政权迁移到台湾之后，杜鲁门政府决定采取与其“拉开距离”的政策。即便朝鲜战争爆发后，杜鲁门政府仍然决定采取与台湾当局保持一定距离的政策。1953年艾森豪威尔政府上台后，美台关系进入了相对平稳的发展期，通过《共同防御条约》的签署，美台结成了正式盟友关系。与杜鲁门时代只派军事人员访台不同，艾森豪威尔和副总统尼克松，以及外交、军事、财经等部门首长纷访台湾，成立“美军驻台协防司令部”，加强军事及安全合作。另外，经济方面的物资和信贷援助也不断到来，使垂危的台湾经济起死回生。简言之，在艾森豪威尔政府时期，美台关系得到了进一步的加强，美国对台援助全面恢复。以1954年美台签订《共同防御条约》为标志，双方进入正式结盟时期。一时台北冠盖云集，美台关系迎来所谓的“蜜月期”。但即使在此时期，先后爆发的两次“台海危机”使得美台矛盾凸显，具体表现为台湾当局企图依赖美国的支持实现“反攻大陆”的迷梦，而美国政府则要压迫台湾当局从外岛撤兵、努力促成台海地区的停火、实现所谓的台海“中立化”，以避免被卷入与中国大陆的直接军事冲突。此外，美台之间围绕美援的使用、台湾当局的独裁统治、以

① ［美］柯乔治著，陈荣成译：《被出卖的台湾》，（台北）前卫出版社，2002年版，第19－21页。

及联合国中的“中国代表权”问题和蒙古人民共和国加入联合国的问题，也产生了诸多分歧。进入肯尼迪政府时期之后，美台一如既往地围绕台湾的“反攻”计划发生了激烈争吵。此外，此一时期的美台关系还沿着肯尼迪政府企图调整对华政策、美方在联合国“中国代表权”问题上准备抛弃“延期审议”手段转而采取“重要问题”案、是否应该允许蒙古人民共和国加入联合国等三条主线展开。可以说，鉴于战后美国民主党在中国调处国共内战、促和行动以及最终“撒手不管”的经历，国民党当局对民主党的对华政策一直心存疑惧，肯尼迪上台并未能扭转蒋介石等人的这种心理。60年代初，美台关系的主旋律是互不信任。[①]

总之，50、60年代，美国把中国视为亚洲共产主义扩张的动力源，运用多种手段对中国加以遏制，并在台湾驻军，在国际上拒不承认中国和玩弄“两个中国”或“一中一台”的阴谋。其中，于1954年、1958年和1962年发生的三次台湾海峡危机是二十世纪五、六十年代中美关系史上的重要事件，它不仅引起了台海两岸关系的紧张，而且也对美台关系的发展产生很大的影响，暴露出美台在沿海岛屿政策上的分歧，揭示了这一时期美台在遏制中国大陆方面的一致性和在中国统一问题上的矛盾性。与此同时，肯尼迪就任总统之后，美国已酝酿改变对华政策。肯尼迪遇刺、由约翰逊继任总统之后，美国继续执行与北京改善关系的政策。虽然总的来说，肯尼迪政府对台湾经济、军事的援助，对台湾海峡的“防守”以及对维持台湾当局在联合国的“合法席位”等，仍“如艾森豪威尔政府时代一样的积极和坚定”，但其对台政策也开始出现微妙的变化，既承认国民党政府，信守条约义务，又不露痕迹地不再明确支持台湾为中国“唯一合法政府”。[②] 实际上在肯尼迪届内，美国政府已经开始在酝酿“先中后台”的政策模式，即在对华政策上开始进行新的试探动作，同时宣布即将停止对台湾的“美援”，并以发“毕业证”的形式取消给台湾的“普遍优惠制”（GSP）。继任的约翰逊总统虽仍然维护“中华民国”的“法权地位”，支持台湾协防，但同时利用肯尼

① 温强著：《肯尼迪政府与中国：美国对华“遏制但不孤立”政策缘起》，天津古籍出版社，2005年版，第111页。

② 张其昌、王国钧主编：《中美关系演化》，东北工学院出版社，1990年版，第206—207页。

迪政府提供的转机，保持与中共的接触，实行“围堵而不孤立”和“新门户开放”的政策，从而使美台关系进入了一个更加微妙的历史阶段。尽管约翰逊政府时期美台关系的大框架并未发生改变，相对集中于美国政府调整对华政策、约束台湾当局的“反攻行动”、美削减对台军援，以及在联合国框架内的斗争等几个方面。然而，到约翰逊离任时，美台关系的调整已经迈出了很大的一步。这不仅标志着美台关系“蜜月期”的结束，同时也迎来了中美关系的新时期。事实上，正是由于约翰逊政府时期对美台关系的调整，继任的尼克松政府能够较为轻易地摆脱台湾当局的可能抵抗，实现1972年的北京之旅，进而为中美关系的正常化打开了大门。①

第二阶段，中美建交前后的美台关系。

进入20世纪70年代以后，美台关系出现了新的变化。“反攻大陆”这个长期困扰美台关系发展的因素基本消失，美国政府出于现实政治的需要，采取切实的步骤改善与中华人民共和国的关系，并逐渐实现关系正常化。相应地，美国就要“断绝”与台湾当局的所谓“外交”关系。但在中美关系改善之际，美国从其切身利益出发，在台湾问题上仍采取两面手法，对台政策并未有实质性的改变，企图在美国与台湾的非官方关系以及美国同中国大陆的官方关系间追求所谓“平衡点”。从尼克松到卡特政府时期，美国政府出于自己的东亚和全球战略利益的需要，准备在政治上和“外交”上抛弃台湾当局。然而，与1949年前后的政策不同的是，在此一时期，美国政府对台湾当局的“抛弃”主要表现在政治和“外交”方面，在其他领域内，美国仍然与台湾保持着“实质性关系”。从这个意义上来说，美国对大陆和台湾所采取的“双轨”政策，实质上仍然是“两个中国”政策的延续。

美台“断交”以后，美台政治上的联系，并没有由于双方关系的“非官方”性质而终止。相反，里根政府上台后，美国利用台湾对其依赖程度的加深，从各个方面施加影响，力图让台湾岛内政治发展朝着美国期望的方向变化。美国政府干预台湾政治的发展，也不乏制造“两个中国”、“一中一台”的险恶用心。美国关注台湾的“人权状况”，就是为了鼓励台湾“反

① 朱明权主编：《约翰逊时期的美国对华政策：1964—1968》，上海人民出版社，2009年版，第129页。

对运动”的发展。在这些“反对运动”中，又不乏要求“台湾独立”、“台湾人民自决”的势力。美国鼓励台湾的“本土化进程”，更是为了削弱国民党大陆籍人士的势力，欲借此割断台湾领导层的“大陆情结”，培养“台湾意识”。至于影响台湾政治体制的变化，则是为了使台湾实行与美国认同的资本主义制度，同大陆的社会主义制度对抗。两地社会制度的差异越大，统一的难度也就越大。美国还要通过这些影响，使台湾成为做给大陆人民看的“民主的样板”①，从而为美国“和平演变”大陆的战略服务。

第三阶段，后冷战时代的美台关系。

冷战结束后，随着国际形势和美国全球战略的变化，不论是克林顿、还是小布什在任总统，美国调整对台政策、提升对台关系的趋势十分明显，其核心是试图突破中美三个联合公报和双方谈判达成的有关协议。美国政府的主要举措有：制定相关法规，为加强美台关系提供法律依据；提升美台实质关系，支持台湾“拓展国际生存空间”的主张；加强东亚地区的军事存在，竭力提高台湾防卫能力，增强对海峡局势的影响力；不断发展对台经贸关系，加深对台湾经济渗透等。美国这些举措，是美国遏制中国政策的延续，其实质是“以台制华”，即维持两岸分离的现状，既不希望中国统一，也不希望台湾“独立”。可以预计，在今后相当一段时期内，这将是美国在台湾问题上的基本政策。②

从冷战结束后美台关系的演变及近一个时期中美关系的发展来看，未来一个时期美台关系的大致走向为：美国不会公开放弃“一个中国”的政策，但美台“实质关系”仍将进一步发展。鉴于中国和中美关系对冷战后美国战略利益的重大影响，美国不会为发展美台关系而使中美关系破裂。所以在发展美台关系时，美国总强调其“非官方性”和“非政治性”，而在发展美台关系对中美关系造成损害时，美国又一再重申坚持“一个中国”立场，反对台湾独立，不支持台湾加入联合国。这表明，在可预见的时期内，美国不会公然放弃“一个中国”的立场，不会与台湾当局建立正式的官方关系，

---

① Martin L. Lasater, “U. S. Interests in the New Taiwan”, *Orbis*, Vol. 37, No. 2, 1993, p. 248.

② 范跃江：《美国“以台制华”政策的制约因素及前景》，《台湾研究》1997 年第 3 期，第 36 页。

美国将在中美建设性战略伙伴关系的框架内继续发展与台湾的“实质关系”。其中，加强美台军事安全关系，既是“承诺保障台湾安全”，实现长久保持台湾海峡两岸分离局面的重要措施，又是确保美国冷战结束后在亚太地区安全事务中的主导地位，牵制日本势力扩张以及防范中国的一个重要环节。台湾当局加强美台军事安全关系的主要目的则是，不仅争取更多、更有效的美国军事支持，增强台湾与大陆抗衡的实力，而且企图在美国支持下，跻身亚太地区的多边安全合作，实现以多边国际关系制衡台湾海峡两岸关系，确保台湾安全，并凸显台湾“主权国家”地位的目的。

总的来说，冷战结束后的美台关系较之冷战时期，既保持了本质上的一致性，又具有新的变化与发展，即在保持冷战时期美台关系基本架构的基础上，美国着力提高台湾“独立政治实体”地位，以实现“以台制华”的目的，但又抑制台湾当局图谋分裂、“台独”的自我膨胀势头，以免影响其对华战略的实施。在今后一个时期，美仍奉行“一个中国”的政策，同时仍视台湾为美国在太平洋安全体系中的一环——“永不沉没的航空母舰”。美国将十分注重维持两岸的战略均势和动态平衡，美台关系将不会出现实质性的重大改变，美将在维护中美关系大体稳定的框架内，与台湾保持和发展非官方关系。①

三、小　结

美台关系的历史演变表明，台湾问题一直是困扰中美关系的一大难题。按照美国官方的标准表态，台湾问题的解决是中国人之间的事，美国所关心的是这个问题必须和平解决。“美国政策的基本目标是一贯维持创造一种环境，台湾人民可以在其中寻求他们渴望的繁荣、民主和和平，而且海峡两岸得以在彼此可接受的基础上，形成一个持久的、多方合作的架构。”② 近年来，随着国际格局继续朝多极化趋势发展，美国左右全球事务能力不断下降，中国政局稳定，经济发展迅速，在国际上的作用和影响不断增大，美国

① 参阅范来忠：《冷战后美台关系的演变、原因分析及未来走向》，《世界经济与政治论坛》1999 年第 1 期，第 51－55 页。

② 唐正瑞著：《中美棋局中的台湾问题：1969. 1—1999. 12》，上海人民出版社，2000 年版，第 577 页。

试图通过使用“台湾牌”对中国进行战略牵制的紧迫感与日俱增。美国感到，自己要振兴经济离不开中国的巨大市场，在解决重大地区国际问题时又需要中国的合作，因而不得不改善和发展对华关系，但又担心中国统一和强大后会对美的唯一超级大国地位形成巨大挑战，并成为与美抗衡的强大对手。所以，美国行政当局和国会的部分人中，在挥舞最惠国待遇、人权、核不扩散大棒失灵后，打“台湾牌”的要求和呼声甚嚣尘上。

与此同时，美国认为台湾“在政治上已迈向民主”，正好迎合美在世界促进“民主和人权”的需要，它可继续推动台“民主化进程”，以保持对中国的影响和压力。“中国大陆能够和平演变为民主自由体制才是台湾之福，也是中国人之幸。”① 这可以说是在国际新形势下打出的最新一张“台湾牌”。在美国人看来，台湾的意识形态、价值观念和社会制度已符合美国的标准，是紧挨着大陆的一个“民主橱窗”，又是一块可以促使大陆人民“朝同一方向演进的示范基地”。② 总之，美台关系最终还是要归属于中美关系的范畴，依然摆脱不了改变中国、“改造中国”之使命的影响。

第二节　台湾问题的产生与实质

二战结束后，国际社会公认台湾属于中国，至少有三个具有国际法律效力的文件可以证明台湾主权归属问题。1943 年 12 月 1 日，中、美、英三国签署的《开罗宣言》指出：“三国之宗旨，在剥夺日本自 1914 年第一次世界大战开始以后在太平洋所夺得或占领之一切岛屿，在使日本所窃取于中国之土地，例如满洲、台湾、澎湖列岛等，归还中国”。③ 1945 年 7 月 26 日，中、美、英三国签署（后苏联参加）的《波茨坦公告》又重申：“开罗宣言之条件必将实施”。同年 8 月 15 日，日本宣布投降，《日本投降条款》规

---

① 张亚中、孙国祥著：《美国的中国政策：围堵、交往、战略伙伴》，（台北）生智文化事业有限公司，1999 年版，第 349 页。

② 刘洪潮著：《冷观世界风云》，北京广播学院出版社，2004 年版，第 57 – 58 页。

③ 苏格著：《美国对华政策与台湾问题》，世界知识出版社，1998 年版，第 24 页。《开罗宣言》1943 年 11 月 26 日定稿，1943 年 12 月 1 日由白宫向新闻界公布，刊登在美国《国务院公报》（Department of State Bulletin），第 9 卷，1943 年 12 月 4 日，第 393 页。

定："兹接受中美英三国共同签署的、后来又有苏联参加的1945年7月26日的波茨坦公告中的条款"。① 1945年10月25日，台湾省"行政长官"陈仪在台北接受日本投降，并宣告"此次受降典礼已顺利完成，从今日起台湾及澎湖列岛正式重入中国版图"。② 台湾及澎湖列岛已正式重入中国版图，所有一切土地、人民、政事皆已置于中国主权之下。至此，台湾、澎湖重归于中国主权管辖之下。既然台湾自古以来就是中国的领土，二战结束以后国际社会也已确认它归还了中国，那么怎么又会产生台湾问题了呢？

一、什么是台湾问题？

长期以来，台湾问题一直是中美关系的晴雨表，是影响中美关系最敏感、最关键的问题。一般认为，它是指一切旨在分裂中国主权和领土完整，鼓吹"两个中国"或"一中一台"的主张和谋求台湾"独立"的行径，以及由此引发的种种矛盾和争端。其内涵包括以下三个方面：第一，台湾问题是中国内战的遗留问题，纯属中国内政；第二，台湾问题是中国政府和中国人民维护国家主权和领土完整，维护民族尊严、反对外来干涉的问题；第三，台湾问题的本质是分裂与反分裂、"台独"与反"台独"的斗争，焦点是一个中国与"两个中国"的斗争。台湾问题具有双重性：既是一个历史问题，又是一个现实问题；既是一个主权国家的内政问题，又是跟国际社会有着复杂关系的问题。就其实质来说，台湾问题是美国干涉中国内政、企图永久控制台湾造成的。如同担心中国的强大一样，美国也深忌中国的统一，打"台湾牌"、"以台制华"是美国长期奉行的对华战略方针，台湾问题始终是美国各届政府试图维持对华战略优势的一张王牌。

第二次世界大战以后，美国对台湾政策发生过剧烈的变化。最初，美国支持中国统一台湾。在新中国诞生之际，美国希望毛泽东成为东方的"铁托"，并利用中国人民统一祖国的民族感情，煽动中国为收复被沙俄侵占的领土而反苏。因此美国宣布不干涉中国人民解放台湾。然而随着冷战的升级

① 国务院台湾事务办公室编：《台湾问题文献资料选编》，人民出版社，1994年版，第851－852页。

② 苏格著：《美国对华政策与台湾问题》，世界知识出版社，1998年版，第27页。

和朝鲜战争的爆发，美国从世界反共战略出发，派遣第七舰队侵占台湾海峡，武力阻止中国统一，并企图把台湾从中国分裂出去，成立独立的“台湾共和国”。为此，杜鲁门宣称“台湾法律地位未定”，人为地把台湾变成一个问题。中美建交之后，美国对台政策的核心是三个联合公报（即1972年的《上海公报》、1979年的《建交公报》、1982年的《八·一七公报》）和《与台湾关系法》，实质是维持海峡两岸“不战、不统、不独”的状态，最大程度地谋取美国的政治、经济和战略利益。在具体做法上，美国在海峡两岸实行“双轨政策”，一方面发展与中国大陆的正式官方关系，另一方面又保持与台湾的非官方实质关系；一方面公开表示坚持“一个中国”政策，不支持台湾“独立”，另一方面又要求中国用和平手段解决台湾问题，并向台湾出售先进武器装备，阻挠中国统一进程。冷战结束后，由于国际格局的变化和中国的崛起，美国视中国为潜在对手，加紧实行“以台制华”。1994年9月克林顿政府正式宣布美国对台新政策，其主要精神是：在“一个中国”原则下，扩大同台湾在政治、外交、军事、经济等方面的交往与合作，支持台湾参与国际社会。1999年7月李登辉抛出“两国论”之后，克林顿又明确宣示了美国对两岸政策的三个支柱，即“一个中国”政策，两岸进行对话，两岸和平解决歧见。实际上既要求台湾方面不要挑战“一个中国”原则，又反对大陆用武力手段解决台湾问题。小布什当政后，视中国为“战略竞争对手”，美对台政策作出新的调整，进一步加大了介入两岸事务的力度。美国因素已成为解决台湾问题的最大障碍。总之，美国对台政策给台湾问题的解决设置了障碍，这是台湾问题直到现在还未得到解决的根本原因。从历史上看，台湾问题是美国一手造成的；从现实看，台湾问题至今未能解决，美国有不可推卸的责任；向前看，台湾问题的最终解决与美国分不开。可以说，台湾问题的长期存在是美国推行其台湾政策的直接后果。因此，对于台湾问题的缘起及其演变，美国难辞其咎。

目前，台湾问题已愈来愈成为美国坚持其价值观的问题。由于受制于国内政治因素，美国外交已由过去重视权力平衡的“均势”转变为均势和推广民主并重。美国把台湾“民主化”看成是美国式民主在亚洲的胜利，保卫台湾的“民主”已成为保卫美国价值观念的一个重要组成部分。具体而言，美国不仅将台湾地区视为“美国式民主”在亚洲的胜利，而且希望以其作为样本，使之成为美国在亚洲以至全球推动“民主”外交攻势的榜样和杠杆。换言之，台湾地区民主化的成功与否不仅关系到美国外交理念的成败，也直接关系到美国在亚太地区推行“民主、人权”战略的前途。因此，保护“民主台湾”不仅成为美国府会政要的共识，也成为美国民众对台湾地区最朴素的认同之上所派生出的自然反应。捍卫美国的价值观、在东亚地区乃至整个亚太地区推进资产阶级民主制度是美国维持和发展美台关系的重要动因。① 当支持台湾“民主”成为美国对台政策的“一个基柱”，保卫台湾的“民主”成为美国价值观念的一个重要组成部分的时候，台湾问题愈来愈复杂化了。

二、台湾问题产生的原因

一般认为，台湾问题缘起于二战后的国、共、美三边关系，本源于国共内战的历史遗留，直接原因是朝鲜战争爆发后美国的武装干涉。美国因素是导致台湾问题产生的重要根源。具体而言，台湾问题的产生主要源于两个方面：一是国民党发动内战的结果，这是台湾问题的本质；二是以美国为首的西方反华势力的插手，干涉中国内政。“台湾问题之所以成为中美关系的一个主要问题，纯粹是‘冷战’的产物，是美国介入中国内战的结果和延续。”② 正是由于美国等外国势力的干涉，才使台湾问题复杂化、长期化、国际化。

其一，台湾问题是国共内战的产物。1945 年中国人民取得了抗日战争的伟大胜利，收复了台湾。海峡两岸人民渴望和平、民主、独立、富强的新中国。但是，以蒋介石为首的国民党统治集团依仗美国支持，置人民渴望和平、民主、独立、富强的新中国的愿望于不顾，悍然发动了反共反人民的内战，使尚待休养生息的中国，再次陷入全面内战中。1949 年 4 月 23 日，中国人民解放军解放南京，宣告国民党反动统治的覆灭。1949 年 12 月 10 日，蒋介石从成都飞往台北，11 日国民党中央党部在台北办公。蒋介石集团败

---

① 信强、倪世雄：《行为体“身份”与对外政策：美台关系的建构主义分析》，《世界经济与政治》2006 年第 1 期，第 27 页。

② 中国社会科学院科研局组织编选：《中国社会科学院学者文选——资中筠集》，中国社会科学出版社，2002 年版，第 390 页。

退到台湾后，不承认中华人民共和国中央政府为代表全中国的唯一合法政府，继续占据中国在联合国的席位。与此同时，不甘内战失败的蒋介石念念不忘要反攻大陆、“反共复国”，曾经提出“一年准备、两年反攻、三年扫荡、五年成功”的口号，后来又提出“政治反攻为主、军事反攻为辅”的口号，在美国的支持下与祖国大陆隔海对峙。要言之，新中国的成立，标志着国民党在大陆政权统治的结束。蒋介石退居台湾后，国民党政权从此偏安台湾一隅，并在美国的继续支持下，维持所谓“代表全中国”的反共政治、军事架构，台湾再次陷入与祖国大陆的分离状态之中。

其二，美国因素。台湾问题出现的一个重要外部因素是美国介入中国的内战、卷入朝鲜战争，台湾问题因而长期化、复杂化。如前所述，早在1854年，美国东方舰队司令佩里率领舰队来到这座美丽的岛屿进行资源调查，富饶美丽且具有重要战略地位的宝岛使这位佩里先生激动不已。他一回到美国就上书美国政府力主美国“占领台湾”，使之成为“美国确保西太平洋秩序之前锋阵地”，因为“台湾在海军和陆战上的有利位置，只要美国能控制台湾也就能控制中国”。① 美国在20世纪40年代后期奉行公开干涉中国内政、支持国民党的政策。美国为了独霸亚洲与中国，并扼制苏联的强大，于1946年支持蒋介石发动了全面内战。但随着中国人民解放战争的不断胜利，在国民党大势已去的情况下，美国不得不重新考虑其对华政策，把政策目标从“尽一切力量阻止中共取胜”改为“尽一切力量阻止中国成为苏联的附庸”，并决定逐步从中国国内战争中“脱身”，而集中力量“不让台湾落入中共之手”。② 但在朝鲜战争爆发后，美国对华政策又发生了激剧的变化，由“脱身”政策改变为“扶蒋保台”政策。并于1950年6月27日宣布派美国第七舰队进入台湾海峡，阻止中国人民解放台湾，同时抛出所谓的“台湾地位未定论”，改变承认台湾已经归还中国的立场，宣称“台湾未来地位的决定必须等待太平洋安全的恢复，对日和约的签订或由联合国来考虑”。③ 该声明的发表标志着美国正式推行“扶蒋保台”政策。1954年12

① 刘宏：《台湾问题的地缘政治思考》，《扬州教育学院学报》2003年第4期，第48页。

② 潘国华主编：《香港模式与台湾前途》，中国国际广播出版社，2004年版，第9页。

③ 国务院台湾事务办公室、国务院新闻办公室：《台湾问题与中国的统一》白皮书，1993年8月31日。

月3日，美同台湾正式签订《共同防御条约》，公然将台湾置于美国的“保护”之下，声称要对中国人民解放台湾的正义战争，同台湾当局采取“共同行动”。这一条约的签订，是美国公开阻挠中国解放台湾、干涉中国内政的严重步骤。次年1月28日，美国会又通过“台湾决议案”，决定“授权美国总统于其认为必要时，使用美国武装部队确保台湾与澎湖列岛，以防武装攻击”。[①] 这样，不但美国武力侵占台湾、阻止中国人民解放军解放台湾的做法被长期化和固定化了，而且国民党政权也由此度过了政治孤立、经济困难的窘境，得以存续。台湾海峡两岸的紧张局势因而形成，台湾问题就这样产生并延续了下来。

总而言之，影响中美关系及危害远东国际秩序的所谓“台湾问题”是中国内战所遗留下久悬未决的内政问题，但更是美国势力介入远东国际秩序，主宰对华政策的核心。[②] 而其至今未能得到解决，美国负有不可推卸的责任。毋庸置疑，台湾问题的产生与发展，主要是与美国长期以来不断发展演变的对台政策有关。几十年以来，美国对台政策由于不同的背景因素而不断出现局部调整，但其主干却保持着强烈的“历史惯性”。[③] 这种“历史惯性”的支柱就是美国的国家利益。其中既有经济利益、战略安全等现实主义的考虑，也有维持美国威信和利用台湾“和平演变”中国大陆的理想主义因素。一是美国认为中国是21世纪的主要竞争对手，中国不是现实威胁，至少也是潜在威胁。美国从霸权利益着眼，需要遏制其主要对手——中国。二是随着美中之间其他问题的逐步解决，如知识产权和平等贸易待遇问题的解决，“台湾牌”在美对华关系中的地位相应提高了。三是美台之间联系千丝万缕，美在台有相当的现实利益等。但不论是美国将台湾作为亚太军事战略中的“不沉的航空母舰”，或是将其作为“和平演变”中国大陆的“前进基地”，台湾在美国编织的世界新秩序格局中总有其地位。“台湾对美国具有长久的地缘战略价值”。由此可见，尽管美国将尽量避免与中国正面冲撞，努力营造合作的表面气氛，甚至出于战略需要，在某阶段、某领域的特

① 潘国华主编：《香港模式与台湾前途》，中国国际广播出版社，2004年版，第10页。

② 冯启人著：《美国对华政策与台湾问题》，（台北）海峡学术出版社，2002年版，第9页。

③ 肖元恺著：《百年之结：美国和中国台湾地区关系的历史透视》，人民出版社，2001年版，第28页。

定情形下，可能与中国进行某种形式的策略性合作，但美国“西化”、牵制和遏制中国的基本战略不会改变。① 所以说，“通中美关系之演变以观，真正的症结只有一个，即台湾问题”②。而台湾问题的形成，除与中国国民党政权发动的反共反人民的内战有关外，更重要的，“是外国势力的介入”③。

三、台湾问题的实质

众所周知，台湾问题历来是中美两国关系中最重要、最敏感的问题，它不但涉及中国的国家主权、领土完整、国家统一等原则问题，而且决定中美关系的性质和历史。台湾问题之所以贯穿中美关系的历史，中美两国之所以在台湾问题上一再展开斗争，是由美国对华战略的本质所导致的。台湾问题的实质是美国对华战略问题，包括决定着美对华战略的美亚洲战略和美全球战略。④ 所以，美国在政治上、军事上是否介入台海问题主要不在于美国有无《与台湾关系法》及该法对“台湾安全”的承诺，关键在于美国的对华战略。因此，过去、现在和将来导致美国介入台湾问题最直接的原因是美国的对华战略，即利用台湾制约、影响中国，直至中国走上美国所希望的轨道。美国的对台政策就是由上述对华基本战略决定的，它服从、服务于美国对华战略，并且是这一战略的关键性组成部分。

二十世纪五六十年代美国之所以承认台湾、不承认新中国，是因为美国那时奉行“遏制中国”的对华战略，在于美国赋予台湾“反共前沿”和“民主橱窗”的地位和身份。自从 1949 年新中国成立以后，华盛顿政策制定者一开始想对台湾实行撒手政策，朝鲜战争爆发使杜鲁门政府，决定保护台湾，使其成为盟友，以便帮助美国在该地区扼制共产主义的扩张。朝鲜战争结束以后，美国不仅向台湾提供大量军事、技术援助，而且还提供了许多实质的援助，帮助台湾发展经济。作为回报，台湾国民党当局提供美国军事

---

① 申华：《二十一世纪美国对台湾海峡两岸政策探析》，《解放军外国语学院学报》2000 年第 1 期，第 111 页。

② 李慎之：《中美关系与台湾问题》，《美国研究参考资料》1985 年第 2 期，第 2 页。

③ 国务院台湾事务办公室，新闻办公室：《台湾问题与中国的统一》，1993 年 8 月 31 日。

④ 参阅楚树龙著：《接触与防范——美国对华战略》，鹭江出版社，2000 年版，第 160－161 页。

基地和美国在该地区的军事合作。在1950年至1957年期间，美国向台湾输入了70亿美元，从1958年到1978年又提供了40亿美元援助。就政治和战略利益来说，支持国民党的台湾，将其作为“自由世界”的一部分，已成为美国一个不可动摇的信念，尤其在美国对全球共产主义实行遏制的冷战时期。从经济上讲，经过20多年的投资，美国在台湾的商业利益也已经太大，使之难以忽视。没有人敢建议改变这一对台政策，特别是面对国民党游说集团和在国会的中国帮的强势下，任何试图改变这种政策的努力，都被认为是美国政治上的自杀之举。[①] 进入七十年代以后，随着国际形势的变化以及中美关系的改善，美国逐步采取措施同中国建交、并同台湾“断交”、“废约”、“撤军”，这是因为美国逐步确立和奉行“联华抗苏”，同时通过接触使中国发生有利于美国的变化这一对华战略。冷战结束后台湾问题之所以重新在中美关系中突出出来，是因为美国对华战略发生了变化，即由“联华抗苏”转向冷战初期的“以压促变”及以后的“接触、防范”的双重战略。与此同时，美国希望通过继续推动台湾的“民主化进程”，以保持对中国的影响和压力。冷战结束后，虽然美国亲台势力在美国国会及舆论界活动十分积极，对美台“实质关系”的发展起了明显的推波助澜的作用，但美国调整对台政策的最根本动力还在于后冷战时代美国对华政策的重大调整。也正因为这一点，美国对台政策的调整，必然受到美国对华政策调整的制约。

今后美国在台湾问题上的立场和走向仍然取决于美国对华战略的走向。美国对中国既接触，又防范。这一对华双重战略下的美国对台政策，也就成为既要利用台湾防范、影响中国大陆，又要使其不破坏美中整体关系，从而不利于以接触谋求中国的改变。“这是冷战（结束）后美在台湾问题上出现反复、动摇、摇摆政策倾向的根本原因。由于美中关系的性质在短期内难以根本确定下来，美对台政策的摇摆状态仍会持续下去，台湾问题仍然会不断地对整个中美关系造成冲击甚至形成危机。”[②] 也就是说，美国在台湾问题上的政策立场是其整个对华政策的一个组成部分，它服从于美国的对华战略

① 郝雨凡、张燕冬著：《无形的手——与美国中国问题专家点评中美关系》，新华出版社，2000年版，第31页。

② 楚树龙著：《冷战后中美关系的走向》，中国社会科学出版社，2001年版，第329页。

需要，并且随着国际力量对比和台湾海峡两岸力量对比的变化而不断调整。总之，台湾问题纯属中国的内政，而美国因素是导致台湾问题产生和久拖不决的外部根源。历史已经并将证明，中美关系每前进一步，都要在台湾问题上展开斗争。只要美国人仍然奉行把台湾当做其在亚太地区“一艘不沉的航空母舰”的政策，中美关系就难以取得实质性进展。中美关系的发展前景取决于美国在台湾问题上的态度和立场。

第三节 美国对华战略：遏制、接触还是接触加防范？

既然台湾问题的实质涉及美国的对华战略，那么这一节将具体探讨美国在对华战略上的种种表现。二战结束后至今，美国对华战略大致经历了“遏制”、“遏制加接触”和“带保险的融合战略”① 三个阶段。这与美国对中国的战略定位有关。冷战高潮时期，美国将中国定位为“敌人”，进行全面的战略对抗、经济封锁和军事围堵；20世纪70年代中美关系缓和之后，美国出于对外战略调整的需要，将中国定位为“战略盟友”。冷战结束后，美国在“中国定位”问题上表现出了一定程度的混乱和“模糊”。克林顿政府将中美关系定位为“建设性战略伙伴关系”，积极推动两国关系发展。小布什上台后，先是将中国定位为“战略竞争者”，进而提出中国是处于“战略十字路口的国家”。② 虽然在如何对付中国、如何改变中国这个问题上存在不同的观点，但通过与中国的“全面接触”来改变中国的社会主义制度和政治体制始终是美国梦寐以求的最终目标。

一、遏制并孤立

冷战开始以后，杜鲁门虽然主张围堵共产主义扩张，但也不愿和苏联及中共发生战争。1949年12月23日和12月30日，白宫国家安全会议提出的

---

① See David M. Lampton, “Paradigm Lost : The Demise of ‘Weak China’,” *The National Interest*, No. 81, Fall 2005.

② 美国国防部2006年2月6日发表的《四年防务评估报告》，http: //www. defenselink. mil/qdr/report/Report20060203. pdf。

两份报告中认为，由于美国国力所限、美国必须在欧洲采取攻势，在亚洲则应采取守势，故不能在亚洲和苏联起冲突，在亚洲的战略是制造中苏分裂。美国若协防台湾，将会促使中共倒向苏联。因此只能用外交和经济手段来防止台湾之丧失，不能诉诸军事手段。显然，美国已准备“脱身”。1950 年 1 月 5 日，杜鲁门总统正式声明，表示美国及其他盟国承认过去 4 年来中国对台湾行使主权之事实，又说美国无意在台湾取得特别权益或建立军事基地，也无意使用武力来干预目前台湾情势，并宣称美国将不采取一个会导致介人中国内战的路线。当天下午，艾奇逊举行记者招待会，重申美国不会介人中国的内战，也不会干预台湾局势的基本政策精神，又说“当台湾成为中国的一个省的时候，没有人对此提出过法律的疑问，这是被认为符合过去的承诺的。”同年 1 月 12 日，艾奇逊在全国新闻俱乐部发表称之为“美国的基本立场”之演说，他表示国民党政府并不是为共产党军事优势所击败，而是为中国人民所抛弃；他还提出美国在西太平洋必须防卫的防线是从阿留申群岛经日本、琉球到菲律宾，将南韩和台湾排除在外。至此，杜鲁门政府的对华政策已经确定，那就是赶紧从中国内战中置身事外，并在等待承认中国新政权之过程中，让身在台湾的前盟邦自已去承担败亡的命运。①

朝鲜战争的爆发改变了原来的设想。经历了在朝鲜战场上的激烈对抗之后，美国政府对新中国政府的敌意进一步加深，也因此更加看重台湾在遏制新中国方面的重要性。出于这个原因，艾森豪威尔上台伊始，1953 年 4 月 6 日，美国国家安全委员会提出了第 148 号文件，确定了未来几年美国政府对华政策的基调。该文件提出，“美国在远东所面临的中心问题是与苏联紧密结盟、并得到苏联支持的侵略性的中国共产党政权对美国及自由世界的威胁”，美国在中国的“最终目标”是促使中国发生变化，在中国产生一个对美国友好的、非共产党的政府。文件认为，实现上述目标可以有两种手段：一是使“北平政权背叛莫斯科”，另一个办法是“推翻北平政权，代之以敌视莫斯科的中国政府”。文件指出，美国目前不一定要从两者之中选择一种方案，明智的办法是“在不直接对共产党中国进行干涉的条件下，增加对共产党中国的政治、军事和经济压力”，这样可以促使上述两种可能性的发

① 陈毓钧：《美国与台湾的历史关系》，《太平洋学报》1995 年第 3 期，第 28－29 页。

展，到情况明朗时，再决定是“促使中苏分裂，还是搞跨共产党中国”。该文件同时强调，美国应“继续支持中国国民党政府在联合国及其他国际机构中代表中国”。① 这份文件是艾森豪威尔上台后制定的第一个对华政策的纲领性文件。同年11月，该委员会的另一份对华政策研究报告进一步指出：“确使中国的共产党政权改变方针或最终为一个不敌视美国的政权所取代将符合美国利益。”② 该报告建议，当前美国对共产党中国的政策应是寻求除战争以外的手段去削弱共产党中国在亚洲相对强大的地位。为了实现上述目标，美国对中国实行所谓“围堵和孤立”政策。一方面，美国鼓吹在外交上拒绝承认中国政府，全力反对联合国及其他国际组织恢复中国政府的合法席位；另一方面，胁迫有关国家对中国大陆实行严格的贸易禁运和经济封锁，同时极力援助亚洲反共国家在中国的周围组织反共军事条约体系。在随后的几年间，美国政府又相继提出了一系列对华政策文件，但其基本的指导思想并没有发生多大变化，仍然是“遏制与孤立”中国。所有这些清楚地表明，美国政府从其反共意识形态出发，根本无意与新中国建立正常、友好的外交关系，这也就决定了在新中国成立后，中美两国并不存在和解的基础，双方的继续对抗已在所难免。③

综上所述，美国在战后很长时间里并没有认识到新中国的独立性，而一直把中国看做苏联格局中的一个卒子。正如美国一个国务高级官员所说，苏联与新中国的关系就“像动画创作者沃尔特·迪斯尼（Walter Elias Disney）④ 跟动画角色唐老鸭的关系”。因此，美国最终放弃了重新与中共接触的政策，确立了全面“遏制”新中国的对华政策。⑤ 美国对中国的全面遏制

---

① 参阅赵学功著：《巨大的转变：战后美国对东亚的政策（1945—2000）》，天津人民出版社，2002年版，第107-108页。

② *FRUS*, 1952—1954, Vol. XIV, China and Japan, pp. 279-282.

③ Warren Cohen et, al, Symposium: Rethinking the Lost China in China, *Diplomatic History*, Winter 1997, pp. 71-75.

④ 沃尔特·迪士尼（1901—1966），美国著名导演、制片人、编剧、配音演员和卡通设计者，并且和其兄洛伊·迪士尼（Roy O. Disney）一同创办了世界著名的华特迪士尼公司。华特·迪士尼是一个成功的故事讲述者，一个实践能力很强的制片和一个很普通的艺人。他和他的职员一起创造了许许多多世界上最有名的最受欢迎的角色，包括那经常被提及的称得上是华特好友的米老鼠。

⑤ 吕桂霞著：《遏制与对抗：越南战争期间的中美关系（1961—1973）》，社会科学文献出版社，2007年版，第21页。

政策是随着两国在朝鲜的军事冲突而展开的，却没有随着朝鲜战争的结束而结束。相反，在朝鲜战争后的一大段时间里，美国采取了极端的仇视和全面遏制中国的政策，这造成20世纪50年代大部分时间里美国的对华政策充满了神秘、僵化的色彩，毫无现实性、灵活性可言。1957年6月28日，国务卿杜勒斯在旧金山发表的对华政策演讲，就充分体现出这种特点。他说："中国共产主义政权很快就会灭亡，这主要取决于我们美国人自己、我们的盟友以及中国人民，美国将尽其所能使这一结果早日出现。与此相应，美国的对华政策就应该鼓励海外以及仍在大陆的中国人，把在台湾的'中国国民政府'视为全中国的'合法'政府。另外，美国应绝对避免任何从道义上、政治上、事实上有利于中共政权的言行。其中包括外交上不承认，反对它进入联合国，实行贸易和文化上的禁运和封锁政策，并且还要力求友邦及盟国与美国保持一致。"① 这种仇视和全面遏制的思想，在美国对台政策中也得到了具体的体现。从朝鲜战争爆发的第二天美国派第七舰队进驻台湾海峡开始，美国就走上了用武装干涉台湾问题之路。从"放蒋出笼"到援蒋反攻和三次台海危机，无一不是美国极端仇视和全面遏制中国政策的产物。

二、遏制与接触

从20世纪50年代末60年代初开始，随着中国国际地位的提高，国际社会特别是美国的许多盟国开始走向与中国缓和的道路，在"遏制和孤立"中国问题上，美国面临着极大的压力。在这一背景下，美国国内逐步形成了一种要求结束杜勒斯时期僵硬的对华政策、与中国大陆进行接触和交往的思潮。这种思潮的比较典型的反映是1959年11月出台的《美国对亚洲的外交政策——美国康仑公司研究报告》，后来被简称为《康仑报告》（Conlon Report）。该报告在有关中国和对华政策的分析中指出，美国应该确认两个基本事实，一是中国的政权是稳固的，而不是像当时许多美国人所认为的那样"是一个暂时的现象"。报告称"大部分迹象表明，现政府是近代中国历代

① Roger Hilsman, *To Move a Nation: the Politics of Foreign Policy in the Administration of John F. Kennedy*, New York: Delta Book edition, 1967, p. 301. 参阅温强著：《肯尼迪政府与中国：美国对华"遏制但不孤立"政策缘起》，天津古籍出版社，2005年版，第2页。

最坚强、最团结的政府”，“只要不和美国作战，中国共产党政府长期存在下去是非常可能的”。二是中国的政治、经济和军事迅速增长，“非常可能在二十世纪后期作为一个主要世界强国而出现”。所以报告提出，美国的对华政策不管具体形式怎样，都应该根据上述假设来实施。① 随后，一些较为“灵活”的主张首次提上了美国决策者的议程，如承认中国不是一个“暂时现象”、倡导与华“接触”并考虑抛弃一味的敌对姿态、准备“引导”中国朝美国期望的方向变化等。② 在最为敏感的台湾问题上，肯尼迪政府也表示不支持蒋介石反攻大陆，准备放宽对华粮食禁运等，并声称“并不一味坚持一项敌视红色中国的政策”。1962 年又提出了所谓“微开门”的对华政策，甚至出现了肯尼迪第二任期将改变对华政策的观点。③ 1963 年 12 月初，美国国务院远东事务助理国务卿希尔斯曼在“美国政策协会”发表演说时，提出了对中国的“新门户开放政策”（New open door policy），强调中国虽然对美国极端仇视，然而美国仍然不放弃与中国尝试和解的机会，美国愿意打开一条与中国的交通之门，并且长时间保持开放，以等待中国政权可能的改变，促进中美关系、谋求美国的利益。④ 由是观之，肯尼迪政府提出“微开门”政策这一概念具有较深刻的意义，它为后来约翰逊政府提出“遏制但不孤立”中国政策作了准备。从某种程度上说，这一时期是处于美国 50 年代“遏制并孤立”中国政策和 60 年代中后期“遏制但不孤立”政策之间的过渡阶段。⑤

总而言之，进入 1960 年代后，美国政府的对华政策已是矛盾重重：一方面继续极力对中国摆出“坚定”的一面，在重大问题上处处施压，奋力招架；另一方面，从国际层面看，由于当时的世界形势发生了重大的变化，其策略手段难免捉襟见肘，不得不做出一定的调整，开始现实地面对某些情

---

① 《美国对亚洲的外交政策——美国康仑公司研究报告》，世界知识出版社，1960 年版，第 233、248 页。

② *FRUS*，1961—1963，Vol. 22，Doc 157.

③ 王纬主编：《美国对亚太政策的演变（1776—1995）》，山东人民出版社，1995 年版，第 317 页。

④ 余坚著：《中美外交关系之研究》，（台北）正中书局，1973 年版，第 163 页。

⑤ 唐小松：《论 20 世纪 60 年代肯尼迪政府对中国的“微开门”政策》，《学术探索》2002 年第 5 期，第 95 页。

势。然而，由于美国在重大问题上对华依然表现出强硬的姿态，特别是在越南战争中不愿露出“弱者”的形象，因此这一调整注定是有限的和表面化的。① 尽管如此，这一时期无论是官方的对华认知与战略调整，还是具体的政策设计，乃至民间的舆论改变，都在一定程度上为继任者改善中美关系清除了障碍和奠定了基础。从对华认知角度来看，约翰逊政府抛弃了杜勒斯时代视新中国为一“暂时现象”的错误认知，承认其政权稳固、力量不断加强，是美国需要正视和认真对待的一个坚强对手。在对华战略方面，约翰逊明确抛弃了此前美国政府、特别是共和党执政时期顽固坚持的“遏制与孤立”，正式确立了“遏制但不孤立”的原则，主张与中国进行有限的接触，减少中美双方对对方意图的误判，甚至借此影响中国大陆的对外政策行为，等等。所有这些都为表面上依然高度对抗的中美关系注入了一些新的、积极的因素。②

真正促使中美关系改变的时刻是在尼克松上台之后。20 世纪 60 年代末，尼克松鉴于国际形势的变化及他对中国未来会发展成为一个大国的看法，强烈地意识到美国再也经不起长久地孤立中国冷战思维的牵制，提出要采取以“遏制加诱导”的方法来最终改变中国。这种对华政策指导方针同约翰逊政府的“遏制但不孤立”相比，是在坚持战后传统对华遏制的基础上，使美国对华政策更加突显一种缓和的色彩。“在尼克松的思想中，‘缓和’并不是退却，而是美国长期遏制政策的另一种表现方式。过去的遏制政策已经过时，新形势要求美国采用新的遏制手段，而这必须是美国现有政治、经济以及综合能力所能承受的。因此，美国选择‘缓和’……就是要求改变过去那种到处插手，导致冷战对峙和危机迭起、代价高昂的政策，在缓和的情况下，以较小代价，谋求保护美国全球利益。”③ 基辛格也曾指出，缓和是一种顺应时势变化的新策略，事实上是一种“超级遏制”。④ 基于这

---

① 吕桂霞著：《遏制与对抗：越南战争期间的中美关系（1961—1973）》，社会科学文献出版社，2007 年版，第 167 页。

② 朱明权主编：《约翰逊时期的美国对华政策：1964—1968》，上海人民出版社，2009 年版，第 53 页。

③ 郝雨凡著：《白宫决策：从杜鲁门到克林顿的对华政策内幕》，东方出版社，2002 年版，第 185 页。

④ 倪世雄、卢义民著：《当代西方战略理论》，四川人民出版社，1989 年版，第 107 页。

种思想，美国开始寻求与中国的缓和之路。作为改善中美关系道路上最大障碍的台湾问题，美国亦表现出了缓和的迹象。面对美国的“示好”，中国方面也表现出了积极反应。最终，1972 年 2 月 21 日，美国总统尼克松访华，这一举动震惊了全世界，人们因此而对中美关系的未来展开了美好想象。遗憾的是，事与愿违，美国虽然在 70 年代解除了对中国的全面遏制政策，与中国关系缓和，但是美国遏制中国的“魔念”并没有因此而完全消失。①

白从尼克松政府打开中美关系大门以来，美国对华战略理念几经演变，终于形成两个主要派别——“接触派”和“遏制派”。“接触派”主要由国际主义（相对于孤立主义）自由派和有商业利益背景的保守派构成，这两股在美国政治光谱上遥相对立的势力在对华政策共识下成了奇怪的同路人。这两派对华主张的共同之处在于它们对中美实力对比较为客观的估计，即中国的实力与美国相差甚远，在相当一段时期不会构成对美国的挑战或威胁。它们随后从各自不同的政治逻辑推出了应当加强同中国接触、往来而不应对其孤立、遏制的结论。自由派尽管也强调意识形态，但它拒绝从僵化的教条出发把共产党执政的社会主义中国看成是美国必然的敌人。许多自由派人士认识到中国在改革开放后引入市场 、加强民主法制建设、推行务实政策，使中美两国在意识形态方面的对立不再是不可调和了。他们正是想通过增加同中国的接触（不仅是友好往来也包括斗争、施压）在中国国内实行和平演变，使中国在意识形态、价值观和社会制度方面同美国更为接近，从而减少今后中国强盛后与美国为敌的可能性；同时，他们也认识到，任何世界秩序和国际体制缺少了中国都是不完整的，因此想通过增加同中国的接触往来把中国融入美国主导的国际体制，让中国接受这一体制的规则束缚，“学习成为国际社会负责任的一员”，由此加强和完善“美国治下的和平盛世”（Pax Americana）。另一方面，保守派对“改造中国”并不那么积极，但对巨大商业利益的强烈兴趣使他们竭力支持加强同中国的经贸关系，并为此同中国全面缓和。他们也相信经济发展最终会使中国向西方靠拢，但作为现实

① 《冷战前期美国对台政策的意识形态因素分析》，http://blog.sina.com.cn/s/blog_4d15635d01008tik.html。

主义者他们对美国安全的信心建立在保持美国实力的绝对优势上。① 要言之，遏制派信奉中国威胁论，强调采取“挤压、敲打”中国的强硬政策，以削弱中国的实力，使之不能成为美国的安全隐患和竞争对手；接触派则主张通过加强与中国的交往接触而把中国纳入美国治下的世界和平秩序之中，使中国接受体现西方利益和价值观的国际机制的约束。

从1989年开始的冷战后美国对华战略就一直被称为“接触战略”，是老布什、克林顿政府都口头上声称、实际上奉行的对华战略。处于转折时期的老布什政府的对华“接触战略”既代表时代的变化，也带有冷战时期美国对华战略的痕迹。其表现主要就是老布什“接触战略”的两面性。一方面是开始突出与中国社会制度和意识形态的矛盾，对中国所谓“侵犯民主、人权”的行为实行全面制裁；另一方面仍不愿完全失去中国在国际问题上的战略合作，不愿采取孤立中国的立场，仍努力保持和中国的接触。老布什政府对华“接触战略”的目的，是在对中国进行制裁的情况下，避免完全孤立中国，保持和中国的接触，以寻求中国在全球和地区安全事务上的合作。这一政策目标在美国争取联合国及国际社会支持对伊拉克侵占科威特采取军事行动中得到了体现。

与老布什政府的“接触战略”不同的是，克林顿在其任期前几年将“接触战略”的主要目标锁定在以压促变，改变中国。1993年克林顿政府上台时，距离苏联苏联解体不过一年。在美国看来，苏联的解体标志着冷战的彻底结束，也标志着西方的胜利。在对华政策方面，这既意味着美国不再需要借助中国对抗苏联，也意味着中国成了最后最大的社会主义国家，成为西方乘胜追击、一举搞跨整个社会主义的主要目标。当时美国出现针对中国的两种思潮，其源既出于此。一种思潮是“贬低中国”，认为中国战略上不再需要，美国不再需要中国。另一种思潮是意识形态“敌视中国”，认为中国是社会主义的最后堡垒，是美国及自发意识形态上的主要对手，是“扩展民主”的主要对象。克林顿政府经过半年的探讨决定依然对华采取“接触战略”，但同老布什政府的“接触战略”已经发生很大的变化，主要就是同

① 《“蓝军”阴影下的布什对华政策》，http：//www.100paper.com/100paper/zhengzhi/zhengzhixiangguan/20070623/27471_ 4.html。

中国接触的目的不再主要寻求同中国保持战略关系，而是通过接触促使中国变化，要求、压迫和迫使中国按照美国的意志和愿望改变社会发展方向。后经中国政府的坚决反对，克林顿政府放弃以压促变的做法，改用新的“接触战略”，其目标就是要通过同中国的接触交往，将中国纳入现今和未来美国领导、西方主导的国际体系，并用这样的体系制约中国，规范中国的内外政策和行为。用美国领导人的话说，就是使中国成为体系内“遵守国际规则，负责任的国际社会成员”。如上所述，“接触战略”也可以称之为“融合战略”，它的战略目标是将中国融入美国领导、西方主导的国际政治、经济、安全体系中，用国际体系制约和影响中国。①

小布什政府则认为，对华既接触又防范的战略最能服务美国的国家利益。保持接触可以扩大中国对美国的依赖范围和程度，同时又能加紧防范中国可能危害美国利益的行为。换言之，通过接触，不仅可以维护美国在华巨大的经济利益，还可以影响、规范中国的行为，甚至可以促进中国国内制度的改变，将中国纳入由美国主导的全球体系。但接触不是简单的接触，而是限制性接触，美国同时又要建立对中国的可能扩张进行有效限制和约束的机制，做好在军事上和战略方面的防范措施。② 因此，可以预期，今后一个时期，美国对华战略将可能采取交往与遏制、合作与制约相结合的做法，一方面维持与中国交往，以期双方能走向合作关系；另一方面采取预防措施以应付中国可能转为美国敌人的局面。总之，无论“接触”还是“遏制”，或者“接触+遏制”，都服从于半个多世纪以来的美对华战略的根本目标，这一战略本质内涵不会改变，只是在具体的政策和策略运用方面有所不同而已。

三、接触与和平演变

1972 年尼克松访华，中美两国的关系开始缓和。1979 年中美关系实现正常化，除了共同对付苏联的战略利益外，中国开始实行改革开放政策，也是促使美国发展对华关系的重要因素。对美国来说，中国的改革开放是符合

---

① 参阅楚树龙著：《接触与防范——美国对华战略》，鹭江出版社，2000 年版，第 29-30 页。

② 郝雨凡著：《白宫决策：从杜鲁门到克林顿的对华政策内幕》，东方出版社，2002 年版，第 732 页。

美国利益的，改革开放将使中国变成一个“经济自由、政治民主、外交亲美”的国家。这是20世纪80年代中美蜜月出现的重要原因之一。① 1989年的政治风波，使美国看到中国并没有放弃共产主义道路，而改革开放则使中国变得更为强大。于是美国的对华战略急剧转向，促进中国民主化进程是后冷战时代美国推行对华接触战略的重要动因之一。那么，如何来推进中国的自由和民主呢？“最重要的答案是：促进经济发展。……为了中国的自由，最不应该做的是经济制裁，因为制裁会使中国的社会分化放慢，并阻碍它对外开放。”② 对美国来说，与中国对抗也不符合美国的根本利益：一方面，美国会失去中国这个新兴市场；另一方面，对抗也使美国失去了改变中国的机会和条件，用美国战略家们的说法就是，只有与中国接触，才能不断地影响中国，使之朝美国所希望的方向演变；此外，在许多重大国家问题，特别是全球性和亚太地区安全问题上，美国也需要中国的合作。如果说在80年代，改革开放只是发展中美关系的重要动力之一，但不是最主要的动力，那么在90年代，改革开放则成了发展中美关系的最主要动力。正因为如此，在整个90年代，尽管中美政治关系不断出现波折甚至危机，但是经济关系却是越来越密切。③ 要言之，美国与中国接触的主要出发点是对其进行“和平演变”。因此，美国一直在对华战略中、在对华外交中强调民主、人权，向中国施加各种压力，干涉中国内政，要求中国按美国的意愿和标准行事。④

事实上，自20世纪50年代美国国务卿杜勒斯明确提出演变中国后，对中国进行和平演变一直是几十年来美国对华战略和对华外交的重要内容之一。例如，根据通过和平接触促进演变的构想，约翰逊曾经考虑改变孤立中国的政策，谋求同中国建立关系。1966年，约翰逊就亚洲和中国问题发表声明，宣告美国要坚持同中国大陆进行人员交流的政策。在《真正的战争》

---

① 刘建飞：《后冷战时代的中美关系与台湾问题》，《战略与管理》2002年第6期，第105页。

② ［美］威廉·奥弗雷尔特著，达洲译：《中国的崛起：经济改革正在如何造就一个新的超级强国》，中央编译出版社，1996年版，第291页。

③ ［美］陶美心、赵梅主编：《中美长期对话（1986—2001）》，中国社会科学出版社，2001年版，第113页。

④ 楚树龙著：《冷战后中美关系的走向》，中国社会科学出版社，2001年版，第65页。

一书中，尼克松则提出一种促成和平演变的长期战略。这一战略“如果逐步实行，不那么直接威胁某个时候的当权者，就能逐渐看出结果”。他对中国的开放政策能否带来政治自由这样说过：“经济自由是否最终导致政治自由，这要取决于美国是否继续敞开大门，允许同中国的自由市场经济进行自由的贸易。”与此同时，他在《超越和平》一书中极力反对美国对中国施用经济惩罚和对抗的政策。他认为：“如果我们为了惩罚中国领导人侵犯人权而减少与中国自由市场企业的贸易，我们将削弱那些主张增加政治自由的人民的力量。”这是他在“六四事件”后反对遏制中国的一贯立场。① 概言之，尼克松认为，尽管中国改革的“明确目标不是更多的政治自由，但如果经济改革奏效，政治改革可能接踵而至。”中国的改革已经迈出了一些很有希望的新步子，“新的希望之路已走了这么远，走回头路的可能性极小”。只要中国沿着已经开始的改革道路走下去，最后转向西方是注定无疑的。因此，美国应该大力支持中国的改革，推动中国的自行演变，而不要使它夭折。②

而将演变中国、改变中国提到美国对华战略和对华外交的根本目的和目标的高度，却是冷战结束后克林顿政府对华外交的鲜明特征。1993 年 1 月 13 日，在克林顿政府执政前夕，被提名为国务卿的沃伦·克里斯托弗（Warren M. Christopher）在参议院外交委员会审议提名的听证会上宣称，美国需要“重新考虑对中国的政策”。美国的政策将是“谋求促进中国出现从共产主义到民主制度的广泛的、和平的演变，办法是鼓励那个伟大的、非常重要的国家实行经济和政治自由化的势力”③。由此可见，美国领导人、政府官员和政治家等毫不掩饰地说：美国“接触战略”的内容和目标之一就是要促进中国的变革，和平演变中国。一定要在对华战略中坚持扩展美国的价值观，推行美国的意识形态，推行美国式的民主人权原则和标准，推行美国的市场经济制度。他们认为：必须加强和扩大同中国的接触，如果美国希望促进中国实现和平演变；美国关心人权问题，它仍然在我们的关系中是根

① 李庆余主编：《11 个美国人与现代中国》，安徽大学出版社，1998 年版，第 284 页。
② 梁云彤、辛仲勤等著：《美国和平演变战略》，吉林人民出版社，1992 年版，第 150 页。
③ 刘连第编：《中美关系的轨迹——1993 年 - 2000 年大事纵览》，时事出版社，2001 年版，第 3 页。

本的；改善中国的人权行为是美国对华政策的基本部分，是“全面接触”战略的一个重点。① 一言以蔽之，出于自身利益，美国希望能够改变中国，使其至少不会成为美国未来的威胁。

综上所述，从中美关系发展过程来看，美国的对华政策存在阶段性特征，甚至不乏“权宜”成分。但从战略层面而言，不论是遏制、接触还是接触加防范，和平演变中国、“改变中国”是美国一以贯之的长期目标。从二战结束到20世纪60年代末期，美国在对华战略上采取全面遏制政策：政治领域全面对抗；军事上通过区域性结盟对中国进行围堵；经济上通过巴统等进行封锁。最终目的是通过上述行动彻底颠覆大陆政权。如这一目的通过高压急切无法实现，也要通过和平演变使中国在几代人以后改变颜色。冷战时期，美国对华一直存在着“和平演变”的政策考虑。只不过由于国际形势的变化，以及两国关系紧张程度的差异，该政策在不同时期居于美国对华外交的不同地位。它在20世纪50年代中期和80年代有比较明显的体现。随着苏东剧变、冷战结束，美国国内对华和平演变的鼓噪复又甚嚣尘上。在后冷战时代、美国强化外交政策中意识形态因素的背景下，美国决策层中有不少人仍然习惯用冷战思维来看中国，他们主张“以压促变”，希望通过交往对中国的行为加以规范，希望通过经贸往来和民主、人权、宗教等领域的施压把中国的前进道路限制在很窄的空间内，迫使中国和平演变，全盘接受西方制度。“目前，在美国认同中国政治制度的人微乎其微。这样，美国主张与中国保持积极接触的人与主张中国采取强硬态度的人在批评中国政府这一点上并无异议，不同之处则体现在通过什么手段促进中国政体的改变。”②

与此同时，美国力图把台湾树为亚洲国家实现“民主化”的榜样，利用“台湾经验”抵消中国在亚太地区的影响，最终促使中国在政治上发生有利于美国的演变。目前，对中国的“和平演变”已成为美国力图加紧实施的一项战略措施，而台湾正是美国实施这种“渗透”的理想角色。这是因为，一、台湾在很大程度上接受美国政经模式、价值观念等，台湾在经济

---

① 楚树龙著：《接触与防范——美国对华战略》，鹭江出版社，2000年版，第25页。

② 万明：《人权问题：本质上的边缘化和形式化》，载郝雨凡、张燕冬主编：《限制性接触——布什政府对华政策走向》，新华出版社，2001年版，第399页。

上又取得了较大成功，美国可以利用“台湾经验”对大陆进行宣传活功。二、台湾大陆一衣带水，比远隔重洋的美国更具直接影响力。三、两岸关系进入新时期后，每年都有大量台湾人来到大陆，凭借语缘、商缘、种缘、亲缘等便利条件，台湾人与大陆人的交往已达大陆各地，深入千家万户。四、台湾严重依赖美国，在“和平演变”大陆方面与美国有着共同利益。① 事实上，台湾在很大程度上已成为美国和平演变中国的工具。台湾模式证明“一党制的儒教社会可以转变为多党民主”②。换言之，在政治上美国支持台湾“民主化”，希望中国发生和平演变。而存在一个“台湾模式”可以鼓励中国和平演变。

第四节　小　结

台湾问题长期以来是中美两国关系中的消极和破坏性因素。冷战结束后，中美两国中原有的战略基础不复存在，两国在正常化过程中一度搁置的台湾问题重又突出起来。在美国的“一个中国”原则下，保持美台实质关系，既发展美中关系，又通过美台关系来调整美中关系的亲疏程度，这就是美国对华对台政策的思想基础。这表明，在冷战的背景下，追求对苏缓和政策的失败，使美国不得不把中国视为能影响它在全球广泛利益的重要因素，这就决定了台湾在美国对外政策中地位的下降，因此，在中美关系正常化的过程中，中国能够成功地维护国家和民族的利益，迫使美国做出承认中华人民共和国是中国唯一合法政府的重大让步。但中美两国在台湾问题上的重大分歧并未根本解决，由于美国始终把台湾问题这样一个关系到中国主权的重大原则问题看成是两种政治制度之间的竞争，因此，美国的对华政策，始终与台湾当局的命运紧紧联系在一起，其“一个中国”的政策设想，始终立足于用台湾牵制中国，明里暗里搞“两个中国”。③ 近年来，由于美国重新

① 张苾芜：《维系美台关系基本因素分析》，《台湾研究集刊》1991 年第 4 期，第 26 页。

② Managing the Taiwan Issue：Key is Better Relations with China，*Report of an Independent Task Force*，New York：Council on Foreign Relations，1995，p. 11.

③ 周忠菲：《中美关系正常化与美国对台政策的演变》，《台湾研究集刊》1995 年第 3/4 期，第 121 页。

发现台湾的价值，就愈来愈看好台湾这张牌。美国一些人认为，“维护自由民主的台湾，对美国在亚洲的安全利益，至关重要”，说美台有共同的战略和经济利益，要保护和提升这些价值和利益。以上事实说明，美国把中国视为“潜在威胁”、未来主要遏制和防范对象以及西化中国的目标始终未变。这一点既是美国对华政策两面性的长远战略考虑，又是现实的需要。换言之，在美国眼里，中国大陆的政治制度和美国的政治制度格格不入，为了实现资本主义意识形态一统天下的全球战略，必须对中国加以演化。因此，在冷战思维的影响下，美国不断加强中国发动“新的冷战”①，竭力扶持台湾的民主化进程，加强对台军售，企图利用台湾地区的“民主”发展来影响中国大陆，使台湾成为“中国大陆最终改革的重要因素”，为整个美国对华战略和全球战略服务。

总之，中美关系要进一步发展，一个绕不开的问题就是台湾问题。妥善处理“核心和敏感的台湾问题”依然是中美关系健康顺利发展的前提。美国政府如能真正恪守三个联合公报的精神，停止对台湾问题的非法干涉，支持中国实现和平统一，中美关系的发展将会因为消除了主要障碍而迎来更加美好的未来。② 然而，历史与现实告诉我们，美国政府至少在可预见的未来不可能做到这一点。事实上，美台关系历史的变化轨迹表明，在国际格局、尤其是中美关系发生变化的情况下，美国是可能继续调整其对台政策的。然而，万变不离其宗。虽然美国方面在解释《与台湾关系法》和“美国不支持台湾独立”的立场时一再说明，美国对于最后如何解决台湾问题没有立场，美国所关心的是解决的过程必须是和平的，最后的解决办法必须是两岸共同接受的。③ 但美国仍然企图借助台湾实现其“西化”中国这一不变的对华战略。换句话说，台湾可以向大陆展示所谓“西方民主”，成为影响中国大陆变化的重要工具。如果人们对美国长期不变的对华战略目标进行深入全面研究的话，可以发现，美国自知不能使用武力颠覆社会主义中国，因此一

---

① “可能是一个冷战结束了，另外两个冷战又已经开始。”这种“新冷战”与正式的“冷战”意义是不同的。参阅《邓小平文选》（第三卷），人民出版社，1993 年版，第 344 页。

② 参阅《温家宝出席美国九团体欢迎晚宴发表演讲》，《解放军报》2003 年 12 月 11 日，第 5 版。

③ 陶文钊主编：《冷战后的美国对华政策》，重庆出版社，2006 年版，第 414 页。

直想以“和平演变”的方式改变中国。一般而言，如果中国和平统一的话，就是为“和平演变”中国打开了大门。所以，美国方面名义上支持中国和平统一，实际上却是在借“台湾民主化”扩展美国的民主观念，最终实现其“改造中国”的战略目标。

第四章　中美关系缓和前美国的对台政策

在分析美国民族主义与“改造中国”使命、台湾问题与美国对华战略的关系之后，接下来的三章内容将探讨1949年以来美国对台政策的演化情况，其中主要从美国民族主义与“改造中国”使命的视角出发考察不同时期美国对台政策的调整与变化。

第一节　美国对台政策的演化

当国民党政权对大陆和台湾都能实行统治的时候，对美国来说台湾并无特别重要的战略意义。可是当中国共产党取代了国民党在大陆的统治地位，在美国看来它不仅失去了与苏联对抗的大陆，而且还多了一个抗衡的力量——中国共产党。这样位于西太平洋上的台湾，其战略地位就显得特别重要起来。这里不妨录麦克阿瑟在朝鲜战争爆发后写的一份说帖以证之：“台湾是美国太平洋防线，自阿留申群岛经日本、冲绳，而至菲律宾之一环，存于友好国家之手，遇有战争、可扼敌人由东亚出攻之航线，可断敌人对于东南亚自由征取；存于不友好国家之手，敌人平时可假为空军与潜水艇之基地，战时可冲破日本、冲绳、菲律宾连锁之藩篱，且使其（台湾）成为一座不能击沉的航空母舰，使其对美攻击之能力增加百分之百。”① 台湾的战略地位正是随着国民党政权在大陆的失势而对美国显得更为重要，所以从1948年底到1949年初，杜鲁门政府开始把台湾作为一个特殊的问题提上议事日程，由此拉开了美国对台政策演变的序幕。美国对台政策历经六十余年的演变，可以将其归结为“一、二、三”，即一个宗旨：服从于美国对华战略，

① 袁成毅：《杜鲁门时期的美国对台政策》，《杭州师范学院学报》1991年第2期，第39页。

实为“改造中国”之需要；两个方针：一是“以台制华”方针、二是“以台变华”方针；大致经历了三个阶段：中美关系缓和之前、中美建交前后以及后冷战时代的演化。

一、一个宗旨

美国对台政策服从于美国的对华战略需要，它可被解读为“改造中国”使命的体现。这个使命的作用延续至今，也就是长期以来，美国把台湾视为在亚太地区移植和扩展美国式民主政体和价值观念的重要一环，更是其影响中国大陆政治进程的一个重要组成部分①、或者说台湾是美国对中国大陆进行“和平演变”的工具。

新中国成立前后，杜鲁门政府曾打算在台湾问题上采取“脱身”政策，目的是保持与中国大陆的接触为“改造中国”创造条件。至朝鲜战争前夕，美国一直在试图“通过适当的政治、心理和经济手段”利用中共和苏联之间，以及中国斯大林主义者和其他分子之间的分歧，保持美国在中国的形象和影响力，意图有朝一日重新担负起“改造中国”的使命。朝鲜战争的爆发暂时中断与中国大陆的接触。在冷战对峙时期，“以台制华”、遏制中共并促使中国大陆内部崩溃，同时扶持台湾有朝一日返回大陆成为美国的政策重点；但到了20世纪50年代末，美国意识到“遏制加孤立”的政策并不能促使大陆内部发生改变，“和平方式”开始酝酿，于是，“欲改造中国，必先改造台湾”的设想被逐步提上政策议程。这时美国的做法是，继续支持国民党政权在台湾保留下来，同时开始压迫台湾当局按照美国的意愿对其“民主化改造”并以此影响中国大陆。20世纪70年代中美关系缓和之后，中美之间的直接接触虽为演变大陆创造了有利条件，但美国依然认为应该加速台湾的“民主改造”，“以台变华”的方针由此逐渐明朗化，亦即利用台湾的“民主样板”作用，促进中国大陆的“和平演变”。其结果，从20世纪七八十年代开始，台湾当局在美国的压力下进行“民主化”改革，最终形成美国式的政治运作模式，完成在美国棋盘上由“反共桥头堡”到“民

① 杨洁勉等著：《世界格局中的台湾问题：变化和挑战》，上海人民出版社，2002年版，第118页。

主楷模”的角色转换。在这种情况下，台湾的“民主”就成了美国价值观的体现，台湾也成为美国的“民主盟友”，其意义就显露出来——美国要遏制和促变中国的社会主义，“存在一个成功的改变模式对美国是有利的。‘新台湾’就是这样一个模式”。[①] 换言之，美国要促进中国大陆的“和平演变”，必然要利用台湾的所谓“民主经验”做文章，以影响大陆的政治进程。“台湾的成功，又为以下主张提供了极好的、令人鼓舞的证据，即民主与中华文化是相融的，它的范例对大陆中国未来的演进，有着重要的和长远的意义。”[②]

冷战结束后，美国对台政策中“以台变华”的方针日益明显，台湾实际上充当了美国向中国大陆推行“和平演变”的“据点”和前沿阵地。一些美国人认为：作为反对前苏联的中国牌不再需要了，现在是拿出一张新牌来打的时候了，那就是“自由中国牌”。[③] 总之，若要演化中国，台湾无疑是一张不可多得的好牌：在所有国家（地区）中，“台湾最有机会影响中国的现代化，使之沿着符合美国利益的轨道发展”。[④] 因此，美国认为，应该鼓励两岸交流，在交往中，台湾的“民主经验”和示范作用将在潜移默化中影响、演化中国大陆的政治进程。与此同时，美国为应对中国大陆的崛起不放弃“以台制华”的方针，尽管其含义已今非昔比了。由于台湾对美国在政治、军事和战略上有着特殊的重要价值。所以，“在台湾问题上，美国的政策就是把住不放。”[⑤]

从整体上而言，美国对台政策的调整与变化，主要从两个方面服从于其对华战略。

首先，是防范、制约中国。美国通过增加、提升对台出售武器装备、军

---

① Brett Lippeneott, “Taiwan should be Allowed to Join the World Community,” *Heritage Foundation Reports*, August 24, 1994, Background No. 132.

② ［美］布热津斯基，韩红译：《如何与中国共处》，《战略与管理》2000 年第 3 期，第 71 页。See also Zbigniew Brzezinski, “Living with China,” The National Interest, Spring 2000, p. 13.

③ 韦弦：《台湾的价值何在?》，参阅：http: //www. southcn. com/news/hktwma/taiwan/zhentantt/200210300674. htm。

④ 王曰痒、黄仁伟等著：《中美关系向何处去—克林顿对华政策趋势》，四川人民出版社，1993 年版，第 139 页。

⑤ 《邓小平文选》（第三卷），人民出版社，1993 年版，第 86 页。

事技术的数量和质量，向其提供“安全保证”，发展美台间的“实质关系”，达到维持两岸“不战不统”状态，以对中国国力发展和对外影响扩大，起着长久的牵制作用。防止中国强大后，向亚太地区乃至全世界扩张势力，与美国争夺势力范围，损害其政治、外交和安全利益。一言以蔽之，当美国公开敌视中国的时候，台湾可以被作为对付中国的“不沉的航空母舰”，当美国出于其全球战略的需要而不得不联合中国时，台湾就成为留在手中用于牵制中国的一张底牌，而当美国要重新开始遏制中国的强大时，台湾又成为美国对付中国的一张王牌。①

其次，更重要的是要引导中国大陆“和平演变”成为一个符合美国意愿的“民主国家”。从意识形态角度看，美国与台湾社会制度、意识形态相同。台湾可以成为美国在亚洲推行“民主制”，扩大美国价值观影响的楷模。而中国大陆与台湾不同。“美国作为一个自由国家在意识形态上同中国是天然的冤家对头”。这种意识形态、社会制度上的对立使中美关系在打开正常化大门之初就表现出极大的局限性。正如尼克松指出的：“至少在目前美国和中华人民共和国关系的发展有一个不能超越的限度。我们不是盟国。……我们是新结交的朋友，是在多年的相互敌视甚至仇恨和交战之后，冷冰冰的共同利害关系的计较使我们走到一起来了。这种利害关系可能起变化，友谊也会随之而变。在变幻不定的国际现实面前，我们之间没有什么共同的经历、斗争或理想可以使我们永不分离；除非中国发生一场大规模的政治改革运动，否则我们对于如何治理国家的基本观点仍将是针锋相对的。因此，在很大程度上，这一颇有发展前途的关系仍受制于双方都无法完全控制的各种事件。”这种美中意识形态上的对立和分歧自然加重了台湾在美国促进中国大陆演化的“样板”和“桥头堡”的作用。② 所以，美国要通过支持一个已经具备“民主化经验”的台湾，来影响、引导、甚至规范中国大陆政治改革进程，以期使其成为“民主国家”阵营中的一员。

总之，在美国决策者心目中，台湾位于中国东南沿海和西太平洋第一岛

---

① 赵大兴：《美国对台政策与中美关系》，《海峡评论》1997 年 2 月号，第 74 期。http：//www. taihaicenter. com/production/lw/waijiao/wd/003528. htm。

② 刘丽华、刘爱华：《论 70 年代以来美国对台湾政策的变动性与稳定性》，《内蒙古师大学报（哲学社会科学版）》1999 年第 6 期，第 8 页。

链的中央，扼海上交通要冲，具有持久的地缘战略价值；美国还认为，台湾通过改革移植了美国的政治模式，已变为“亚洲地区国家的民主楷模”，是中国大陆政治改革应当仿效的榜样。①质言之，继续把台湾置于美国的实际控制之下，阻挠其与大陆实现统一，可使台湾成为美国为主宰亚太而构筑的西太平洋防线的关键环节，成为美国在国际大棋局中阻遏中国迅速崛起，维护其“一超”领导地位的一颗无可替代的“棋子”，成为美国对中国推行“西化”、“分化”② 战略的桥头堡。

二、两个方针

回顾美国对台政策的演变历史，以台制华、以台变华贯穿于其中，是两个主要的对台方针。前者在冷战前期表现为试图通过遏制中共政权促其崩溃，中美关系正常化之后则表现为利用两岸的分裂状态来牵制大陆的发展；后者大概经过三个阶段的变化（详见本节的第三部分)，与美国对华战略的演化有关，但贯彻始终，根源在于“改变中国”的战略需要。

方针一，利用台湾问题制衡中国，即所谓的以台制华。

冷战时期，出于“遏制”中国的战略需要，美国努力将台湾打造成“不沉的航空母舰”，台湾成为美国遏制中国的重要棋子和亚太战略布局的桥头堡。为此，美国在政治、经济、军事和安全等方面全力扶植台湾当局。朝鲜战争期间，杜鲁门抛出“台湾地位未定论”，派第七舰队进驻台湾海峡，阻挠中国统一。1954 年 12 月，美国又与台湾当局签订《美台共同防御条约》，正式将台湾纳入美国的远东军事同盟体系。中美建交后，美国没有放弃打“台湾牌”，继续依靠对台军售，牵制大陆。冷战结束后，苏联因素的消失使美国更加注重利用台湾来牵制中国，再次打起“以台制华”的战

① 参阅［美］吉姆·赫尔姆斯、詹姆斯·普里斯特主编，张林宏等译：《外交与威慑：美国对华战略》，新华出版社，1998 年版，第 107 – 123 页。

② 这里所说的“西化”，就是指西方国家企图用他们的社会制度、意识形态和价值观念来改造中国、和平演变中国；“分化”，就是指通过培植、鼓动与支持政治的、民族的、宗教的各类分裂势力，企图将中国分而治之。在中国学术界，不少人认为，“西化”和“分化”相互联系、互为表里，自鸦片战争以来就是美国对华政策的本质，只是在不同时期、不同环境、不同条件下，交替使用或综合使用政治、军事、外交、经济和文化手段。参阅张林宏：《21 世纪的中美关系：对抗还是合作?》，《战略与管理》1997 年第 3 期，第 25 页。

略牌。美国全球战略追求的重要目标之一，就是防止一个能对美国的国际地位形成挑战的大国的出现。在美国看来，中国很有可能成为打破现状的力量，对美国的地位形成挑战。因此，阻滞中国的崛起就成为美国对华战略的基本着眼点，而阻挠中国实现统一则是阻延中国崛起的重要一环。正是从全球战略和对华战略出发，美国把台湾作为一枚重要棋子加以利用。美国认为，台湾问题对牵制中国具有独特价值，只要中国没有实现真正的统一，两岸“不统不独”的现状继续下去，中国相当多的一部分力量和资源增长就会被消耗在台湾问题上，中国的崛起就会在某种程度上受到抑制。与此同时，在对华遏制与接触的两手中，加强了遏制的一手。正是在这样的背景下，美国加强了“以台制华”的力度，使美台关系得到了提升，这在小布什执政初期表现得尤其明显。

简言之，美国是台湾问题的始作俑者，“以台制华”是美国长期推行的战略。从美国第七舰队进入台湾海峡开始，台湾即成为美国遏制中国的一个“棋子”。随着美国全球战略的调整变化，台海政策也相应地进行策略调整，台湾的“价值”时起时落，但不变的是，台湾始终是美国手中遏制中国的一张牌。冷战结束后，随着世界格局趋向多极化，美国左右全球事务的能力已明显削弱。美国不可能像当年对付苏联那样召集盟国对中国进行联合一致的遏制。在这种情形下，利用台湾来牵制、分化中国就成为美国的最佳选择，美国朝野鼓吹对中国打“台湾牌”的呼声愈来愈高。实际上，这凸显了美国的战略意图，即美国不希望两岸在短期内统一或独立，这样美国依然可以发挥其在台海问题上的主导权，美国依然可以以台湾来制约中国大陆。

方针二，利用台湾的“民主经验”、“民主成就”向大陆展示西方“民主”，以影响中国大陆的变化，即所谓的以台变华。

冷战结束以后，美国为了推进海外民主，把台湾鼓吹成美国在亚太地区推进“美式民主”的“榜样”。“在美国的施压和推动下，台湾通过‘宪政改革’基本确立了美国式的民主模式，实现了‘总统直选’，政治体制开始在民主的程序下运作，台湾也因此成为美国在亚洲推展‘民主的样板’，成为美国‘具有相同价值观念的盟友’。”① 这样，可以利用台湾的“民主经验”、“民主成就”向大陆展示所谓西方“民主”，以影响中国大陆的变化。这就是美国所强调的台湾所拥有的“民主价值”。② 事实上，美国把台湾当做对华推行“民主”价值观念的前沿阵地由来已久，只是由于在冷战时期从遏制中国的现实需要，美国政府并没有真正利用美援杠杆来推动台湾的政治改革进程。随着中美关系、两岸关系的逐步改善，进入20世纪80年代后，一方面，美国不断敦促台湾当局推行美国式的政治制度，要求国民党解除戒严，开放党禁，实行“多元政治”、“多党竞争”、“共管台湾”，美国认为“民主的反共政权”比“集权的反共政权”更符合美国的需要，并以此作为继续支持台湾当局偏安局面的条件。另一方面，由于台湾与中国大陆具有特殊的渊源，比远隔重洋的美国更具有直接影响力。因而，美国希望通过加强与台湾当局的合作来影响中国大陆，达到推行“和平演变”的政治目的。正是出于上述考虑，后冷战时代美国对台政策更加突出了“台湾经验”的作用，使之成为对华“和平演变”的前沿阵地。

从美国对华战略来看，它具有两面性：一方面对中国进行防范和遏制，另一方面又与中国保持合作和接触。中美建交以来，美国对中国一直是两手并用，尽管有时强硬（遏制）的一手相对突出，有时候合作（接触）的一手较为突出，但是美国从来没有只使用一手，而完全放弃另一手。在未来较长时期内，这种状态很可能将持续下去。随着中国继续走向强大，这将使美国更加担心中国的强大会引起亚太地区力量对比的变化，动摇美国在本地区的主导权。因此，美国会继续推行“以台制华”方针，利用台湾问题来牵制中国的发展和对外影响的扩大。与此同时，由于“改变中国”是美国长期不变的对华战略目标，台湾作为与中国大陆仅一道海峡之隔的所谓“民主化”地区，以其特殊的地理位置和政治地位，当然地担负起了促使中国大陆转变的重任。因而，美国将不遗余力地推行“以台变华”的方针，力图以台湾的所谓“民主经验”来影响大陆的政治进程。美国的意图是，利

① 刘佳雁、潘飞：《浅析美国对台政策的“民主困境”》，《台湾研究》2007年第5期，第50页。

② 戚兴元：《中美在台利益博弈对中美关系的影响》，《山西社会主义学院学报》2007年第4期，第27页。

用台湾与大陆日益紧密的经济联系和人员往来，借助台湾与大陆毗邻的地缘环境，以“台湾经验”来影响大陆的改革方向，从而达到“和平演变”中国的目的。

三、三个阶段

由于本书的研究焦点，下面重点按照“以台变华”的发展历程来划分美国对台政策的演化过程，主要分为三个阶段。

1. 中美关系缓和之前的美国对台政策：“以台变华”从酝酿到确立

（1）新中国成立前后。新中国成立之前，美国的对台政策经历了一个复杂的演变过程，即从二战后期美国对台不介入到中国内战期间美国对台的积极干预：一、二战后期美国对台不介入政策。1945 年 10 月台湾回归中国后，美国政府基本上采取了不介入政策，直到 1947 年末。美国之所以力主将台湾归还中国，主要出于其自身利益的考虑。首先，借此拉拢中国特别是蒋介石抗日；其次，削弱日本，防止战后的日本作为军事强国而东山再起；再次，出于其亚洲战略构想的需要。美国早已设想把中国纳入其势力范围，必要时可随时在中国特别是台湾建立军事基地。因此，二战后期美国确立了拉拢、扶植、控制蒋介石，大力提升中国国际地位，把以中国为轴心的亚洲纳入其势力范围的亚洲战略。二、中国内战期间美国对台干预政策。日本投降后，蒋介石再次挑起了内战。与此前不同的是，此时这场继续进行的内战已被纳入美苏冷战体系，成为美苏全球对抗的一个组成部分。但中国的战局超出了美国的预想，针对中国人民解放战争在大陆的节节胜利和国民党统治导致的台湾社会矛盾的激化，到 1948 年底，美国终于认识到，国民党政府在军事上的垮台已经开始，美国不情愿在一场失败了的事业上再投入更大的资本，于是，美国实施对台干预政策。美国阴谋分离台湾，“通过政治和经济手段，阻止共产党统治台湾。”为此，美国寻找、扶植替代势力，设法阻止蒋介石赴台。然而，美国先后试图扶植的魏道明、陈诚、孙立人等人都不得要领，1949 年 5 月底蒋介石来到台湾。此后，美国又先后推出了联合国“托管”和“驱蒋出台”的方案，但都因缺乏现实的基础而趋向流产。新中国成立后至朝鲜战争爆发前，由于美国决策层认为可以通过在台湾问题上的让步来达到离间、分裂中苏关系的目的。因此，美国一直采取模糊不定的

"弃台"政策。随着朝鲜战争的爆发，美国终于未能从中国内战"脱身"。如此一来，从1948年底以来，美国在台湾问题上反复研究，设计了种种方案，试图与国民党政权这艘"沉船"拉开距离，最大限度地维护美国在西太平洋地区的战略利益。但是，此时的杜鲁门政府奉行的是一套互为矛盾的对华政策，所有对台湾政策的考虑只不过是权宜之计，其最后的结果只能是与国民党重新结合在一起。及至朝鲜战争爆发，美国的政策也最终明朗化。

（2）三次台海危机期间。艾森豪威尔政府1953年上台以后，随着对于"解放"政策的鼓吹，美国政府制定了所谓"放蒋出笼"的政策，取消台湾海峡"中立化"的做法，并签署《美台共同防御条约》。艾森豪威尔政府对台湾问题的种种考虑与立场都为后来的肯尼迪政府、约翰逊政府所继承。20世纪50、60年代这几届美国政府对台湾政策的基本考虑是：①扶持国民党蒋介石政权，承认它为中国的合法代表，支持其在联合国的代表资格；②支持所谓"自由中国"台湾，宣称要使其成为全中国人民及海外侨胞向往的自由与民主的圣地；③武装台湾以取得军事、战略上的好处，强调台湾作为岛屿防御链索中一环的重要性。[①] 这一时期中，于1954、1958和1962年发生的三次台海危机清楚地说明，以上美国对台湾政策的基本考虑包含着极其深刻的逻辑和现实矛盾。这种种矛盾决定了美国对台政策不可能走得太久，必须在适当的时候加以改变。随着中国国际地位不断提高、国际影响日益扩大，美国于60年代初开始不得不逐渐调整其对台政策。

概括来说，这一时期美国的对华、对台政策处在深刻的矛盾之中。就中美关系而言，一方面美国将中国视为最危险的敌人，认为在越南问题上中国可能比苏联对美国的利益和安全威胁更甚。另一方面，现实环境逼迫美国决策者必须正视中国不断崛起的事实。从美国对台政策来看，台湾仍然具有"冷战棋子"的功用，美国同中国打交道时可以不断打出"台湾牌"，但美国决策者又不能让台湾的举动导致与中国直接对抗，打乱美国的全球战略部署。这些矛盾的存在与发展，对美国对华政策及对台湾问题态度的调整和走向具有深远影响。[②] 从1965年7月起美国结束对台湾的经济援助，同时大

① 王勇：《浅析美国的台湾政策》，《世界经济与政治》1989年第6期，第28页。
② 双惊华：《约翰逊时期美国对台政策的转变》，《史林》2005年第2期，第117页。

幅度地削减了对台湾的军事援助。到了1968年下半年，由于美国深陷越战难以自拔，再加上中苏分裂的加剧，美国国内出现了要求制定新的对华政策的趋势，中美关系一度透露出某种缓和的迹象。然而，因为约翰逊即将离任，再加上越战的失败致使其声名狼藉，所以约翰逊政府无力也不可能在改善中美关系、调整美国的对台政策方面采取重大举措。这样的历史重任落到了当选总统尼克松的身上。

这一时期美国对台政策发生重大的变化，那就是“以台变华”的方针经历了从酝酿到确立的过程。虽然台湾对美国具有如此重要的战略价值，但却始终因为岛内的政治问题而无法发挥更大的作用。长期以来，台湾在蒋介石的统治下，政治上一直处于集权专制状态，与美国的经济、政治制度不相符，也与美国民主、自由的观念相悖，从而使美国在很大程度上无法与台湾建立起“正常的”、符合美国习惯的沟通渠道。蒋介石的专制统治和其不按美国规则行事的做法也时常破坏美国的设想，以至于美国无法在更大程度上控制和利用台湾。这在一定程度上严重影响了台湾战略价值的发挥，从而影响了美国的利益。在杜鲁门、艾森豪威尔政府任内，由于反共重于一切，虽然美方对国民党统治集团一党专政的独裁统治不满，但出于维护台湾当局民心士气的需要，美国并未利用美援作为杠杆，向其施加太大的压力，要求其进行政治改革。在20世纪50年代后期的艾森豪威尔时代，美国决策层部分人士，特别是军方决策机构，如参谋长联席会议，对国民党当局仍然寄予一定的期望，仍然认为国民党当局有可能真的有朝一日重返大陆，推翻共产党政权，恢复对大陆的统治。此时美国决策层眼中的台湾只是美国在远东战略同盟体系的重要环节，是美国为首的西方阵营遏制中国大陆的重要基地，而对台湾未来走向的定位则无清晰认识。①

进入肯尼迪时期，决策层对台湾和国民党当局的定位开始发生变化。一个突出的特征就是，此时的决策层多数人不再认为国民党当局能够收拾人心，重回大陆，取代共产党的统治，而是认为国民党偏安台湾的状态已经难

① *US Policy Toward Taiwan and The Government of the Republic of China* (NSC5723), Statement of Policy by National Security Council, Issue Date: October 4th, 1957, CK3100246217, *Declassified Documents Reference System*, Gale Group Inc., 2006, pp. 1-4. 忻华著：《羁绊与扶持的困境：论肯尼迪与约翰逊时期的美国对台政策（1961—1968）》，上海人民出版社，2008年版，第489页。

以改变了。相反，塑造一个所谓“政治民主、经济自由”的新台湾，逐步被提上议事日程。早在1961年10月26日，国务院政策规划委员会出台的对华政策研究报告，在谈到美国对中共周边国家的政策时，就在其第F章单列一条，即F章第33条，讲述美国对台湾政治走向的目标，这一条谈到，行政当局要“继续运用美国的影响力和援助影响台湾，不仅要通过与国民党政府的联盟保护台湾的安全，而且要适时地推动台湾出现一个以大众支持为基础的政府，并将我们对于国民党政府目前之结构与行动的过度认同减少到最小限度”。可见促使台湾实现“民主化”是肯尼迪当局上台时既已确立的目标。民主化从此成为美国关于岛内演变的重要目标。肯尼迪时期的三份主要的国家安全基本政策文件，即1962年3月26日的完整版，1962年8月2日的简化版和1963年3月25日的国防部修改版，都谈到“我们要运用我们的影响力和援助，推动台湾以大众支持为基础的政治进程”。[①] 1964年9月11日国务院政策规划委员会出台的对台政策报告更是对“民主化”的目标进行了详细论述。这份报告一方面谈到对台湾实现民主化的期待，另一方面，这份报告还谈到美国政府为实现台湾“民主化”的目标可以采取的手段等作出了最详尽的论述与设想。[②] 随着这份文件经由国务卿腊斯克的批准而生效，美国对台政策中的“以台变华”方针正式得以确立。

2. 中美建交前后的美国对台政策：“以台变华”从付诸实施到明朗化

尼克松总统上台后，针对国际格局的变化和美国力量的相对减弱，开始对其全球战略进行调整，决定从亚洲收缩力量，改善同中国的关系以抗衡苏联的攻势。1972年2月，尼克松总统访华，中美关系得以改善。1979年1月中美两国经过艰苦的谈判，完成了历时多年的关系正常化过程，正式承认对方，建立了外交关系。美国在履行中国提出的建交三原则的同时，又通过了《与台湾关系法》，它规定了中美建交后美国政府对台政策的范围与内

① *FRUS*, 1961—1963, Vol. XXII: China, Japan, Korea, Document 76. 忻华著：《羁绊与扶持的困境：论肯尼迪与约翰逊时期的美国对台政策（1961—1968）》，上海人民出版社，2008年版，第508页。

② *FRUS*, 1964—1968, Vol. XXX: China, Document 48, pp. 86 – 94. 忻华著：《羁绊与扶持的困境：论肯尼迪与约翰逊时期的美国对台政策（1961—1968）》，上海人民出版社，2008年版，第508 – 510页。

容。《与台湾关系法》明确了美国对台政策中的“联系”原则，即所谓的对台军售与和平解决联系，同时又声称推行不介入中国统一的政策。这就是所谓的美国政府对台“三位一体”的政策，它构成中美建交后美国对台政策的主干。这种政策仍然带有防御与维持现状的性质。多年来，美国的对台政策在外交上和战略考虑上已发生很大变化，但美国准备用武力保卫台湾的安全这一义务实质上并未改变。这一时期美国虽然在国际法的意义上承认中华人民共和国是中国唯一合法的政府，但实际上仍与台湾保持有多方面的密切关系。例如，虽然美国断绝了与台湾的官方关系，但是保留了除此以外的一切联系，美国与台湾在对方所设的办事机构（台湾的“北美协调委员会”、美国的“在台协会”）都享有外交豁免权。又如，里根政府虽然在 1982 年与中国签署《八·一七公报》，却在此之前对台湾作出所谓的“六项保证”①，从而不断在对台军售问题上制造麻烦。

概括地说，这个时期美国的对台政策：一方面对中国保持友好，用经济、贸易、军事、科技等利益保持与中国较亲近的关系；另一方面又在台湾问题上保持不确定性和灵活性。“凭借着三个《联合公报》和一个《与台湾关系法》，美国在中、美、台三方之间建立了一个虽不尽满意但大致可接受的运作架构，从而维持一种平衡微妙的关系。”② 虽然美国承认无论从历史还是法律角度考虑，台湾都是中国领土不可分割的一部分，但美国企图通过其惯用的两手办法，既想保持同台湾一定距离以谋取与中国的合作关系，又想将台湾置于自己的控制之下。

与此同时，20 世纪 70 年代随着中美关系的改善，美国的国际战略发生了重大变化，美国意识到“宁可要一个‘民主’、‘自由’的台湾影响中国大陆，而不需要一个专制独裁的台湾刺激、对抗大陆。”美国的对台政策也由此发生了相应的调整，由“支持台湾国民党以武力对抗大陆，转变为支

---

① 美国政府在公报签订之前，于 1982 年 7 月 14 日向台湾当局进行了通报，并作了六点“保证”：（1）美方未同意对台军售上，设定结束期限；（2）美方未接受在武器售台前与中国政府相商的要求；（3）美方无意扮演任何在大陆与台湾间进行调解的角色；（4）美方不拟修改《与台湾关系法》；（5）美方未改变其对台湾“主权”的一贯立场；（6）美方无意施加压力，促使台湾与大陆进行谈判。

② 陈毓钧著：《一个中国与北京—华府—台北》，（台北）环宇出版社，1996 年版，第 96 页。

持台湾当局用资本主义的自由化和多元化影响和牵制大陆"①。换句话说，一个亲美独裁的台湾政权已经不再符合美国的亚太战略利益。此时的美国需要能够体现其民主自由价值观念的样板政权来显示它在意识形态上对全世界的影响力。独裁的国民党政权不仅引起了岛内民众对当局的强烈怨恨，而且破坏了美国的形象。随着对中国大陆的战略利益倾斜，美国无法再继续容忍国民党的集权统治，开始调整其对台政策，于是改变台湾政权的专制独裁性质成为美国对台政策的重要目标。由于美国在台湾推行"民主、人权"战略成功与否，不仅关系到美国外交中"理想主义"目标在台湾的实现程度，也关系到美国在亚洲推行"民主、人权"战略的前途，因而美国十分重视台湾的"民主化"进程。80 年代，美国开始不断增加对国民党当局的压力，敦促其进行政治改革。② 简言之，从 20 世纪 70 年代开始，美国持续不断地要求台湾当局进行"民主化"改革，以便把台湾塑造成"民主的范本"，成为中国大陆学习的榜样。因此，美国在相当程度上赋予了台湾推动大陆"民主化"的任务。在这个过程中，美国对台政策中"以台变华"方针实现了从付诸实施到不断明朗化的转变。美国认为加强与"自由、民主"的台湾的关系，进而通过台湾"民主的橱窗"的辐射作用，以"新台湾"为和平演变中国提供了一个"成功"的改革模式。

3. 后冷战时代美国的对台政策："以台变华"全面推行

从里根到老布什，美国政府在对台政策方面愈来愈崇尚一种务实风格。那就是美国从其国家利益出发，认为"维持现状"是美国对两岸关系所有政策中的上选。一方面，美国不希望两岸关系因大的变动而出现严重对抗，从而使美国卷入其中；另一方面，美国也不愿看到两岸和平地顺利统一，因为这将加强中国的力量。所以，美国在表示不介入两岸沟通与谈判的同时，又不断用"台湾牌"来对付中国，从中坐收渔人之利。③ 在克林顿任职初期，迫于国会和各方面的压力，克林顿政府开始重新审查美国的对台政策。

---

① 姜南扬著：《台湾政治转型之迷》，文津出版社，1993 年版，第 195 页。

② 杨永斌：《冷战后美国在台湾的意识形态战略利益》，《当代亚太》2001 年第 9 期，第 15－16 页。

③ 肖元恺著：《百年之结：美国和中国台湾地区关系的历史透视》，人民出版社，2001 年版，第 237 页。

这是自1979年中美关系正常化以来美国政府第一次对台湾政策的审议。1994年9月，克林顿政府终于宣布了对台政策的调整，其目的是在保持一个中国政策和与台湾的非官方关系的同时，更好地服务于美国在台湾变得更加广泛和复杂的利益。克林顿政府对台政策的调整虽然不是美国政策的根本性调整，但它却鼓励了李登辉为突破防线、访问美国作出更大的努力。这直接导致1995年6月李登辉访美、1996年春台海危机的出现。经过1993年到1994年的对台政策审议，经过李登辉访美这个回合，到1996年初，台湾问题已经引起了克林顿政府的严重关切。由于意识到台湾问题的敏感性，克林顿政府开始对台湾问题采取更加谨慎的态度，在此后数年中采取了极力维持现状的政策。在中美关系改善的大背景下，克林顿政府在其对台政策上作出了“三不”表态。当1999年7月李登辉抛出“两国论”时，克林顿政府则明确地予以反对。克林顿本人甚至一再强调美国对两岸关系的三个重要支柱，即“一个中国”政策、两岸对话及以和平方式解决分歧。总之，在克林顿政府的后几年里，维护台海局势的稳定成为美国对台政策的主要方向。

在小布什总统任期内，美国对台政策有过两次大的调整。第一次是小布什刻意使美国对台政策“清晰化”，声称美国将使用“一切手段”帮助“台湾自卫”，“不惜一切代价保卫台湾”。这样的表态否定了自1979年以来美国政府在台湾问题上的“模糊战略”，有意回避克林顿总统1998年提出的对台问题“三不政策”，公然超越中美双方长期遵守的战略底线。这一调整对于海峡两岸关系影响甚大，以至2002年8月陈水扁抛出“一边一国论”，直接挑战美国的“一个中国”政策。此后台湾局势的发展越来越不利于美国的利益，那就是陈水扁为了“公投制宪”已经到了不顾一切的地步，从而导致美国政府不得不再一次调整其台海政策。一段时间里，从小布什到美国各级官员，都一再强调美国不支持“台独”，反对单方面改变台海现状，小布什甚至在公开场合几近点名地警告陈水扁的“台独”挑衅行为。2003年12月，小布什总统作出了反对单方面改变台海局势现状的表态。① 从那时起，小布什政府的对台政策就是维护台海地区的现状，反对“台独”。由

① Richard Bush, *Untying the Knot: Making Peace in the Taiwan Strait*, Washington D. C.: The Brookings Institution Press, 2005, p. 2.

此开始，中美关系得到了稳步的推进，再也看不到将中国视为美国“战略对手”的说法，取而代之的是强调美国寻求与中国“发展建设性关系”。直至小布什卸任时，曾经豪迈地宣称：中美关系进入了历史上最好的时期。① 然而，也必须看到，小布什政府对台湾问题的战略思路并没有发生根本改变，仍是试图维持台海地区“不统、不独、不战、不和”的局面，例如，美国并没有放慢对台军售的步伐。总之，正如美国一些战略家们认为，打“台湾牌”还是遏制中国最合适不过的手段。将台湾海峡的紧张局势控制在一定的水平上，不仅不会给美国带来任何实际利益损失，反而可以利用台湾海峡紧张局势来遏制中国，从战略上破坏中国进行现代化建设的国际环境，减缓中国崛起的速度。台湾问题成了美国推行对华遏制政策的重要工具。②

在后冷战时代，当美国在台海问题上采取“维持现状”甚至是反对“台独”的立场的同时，美国对台政策中“以台变华”方针也在全面推行。美国自上个世纪80年代末90年代初以来，始终把“和平演变”中国、实现资本主义在全球的胜利作为对华的战略目标。为了实现这一战略目标，美国除利用人权、宗教等各种途径和方式对华施加影响和压力之外，通过台湾对大陆“渗透”被美国视作“和平演变”中国的重要途径之一。台湾自1987年解除“戒严”后，岛内所谓的“民主化”运动发展迅速，继实行省市长直接选举之后，又进行“总统”直接选举，并顺利地实现了政党轮替。这些做法与美国在全球范围内推进“民主化”相吻合，受到美国的欣赏和支持，台湾也被描绘成美国民主在亚洲的象征。例如，在美国遭受“9·11”恐怖袭击、组建反恐联盟、开辟反恐战争前线得到中国大力支持之时，小布什不但在日本国会发表演说时表示“美国会记得对台湾人民的承诺”，而且在随后的访华行程中，小布什始终都强调《与台湾关系法》，没有亲口重申坚持一个中国政策，他只说“美国政府在这个问题上立场多年来没有改变，我们相信台湾问题应该以和平的方式来解决，我们也敦促双方互不挑衅，美国将继续支持《与台湾关系法》。”小布什还念念不忘呼吁“不要打

① 任晶晶：《美国的外交与中国的对策》，http：//www.zaobao.com/yl/yl100212_001.shtml。

② 杨红：《从冷战后美台关系演变看美对台政策实质》，《国际关系学院学报》2003年第5期，第23页。

压台湾的民主”。像小布什这样到中国访问期间仍然强调《与台湾关系法》，在反恐战争之时仍然关注台湾“民主进程”的总统，在美国历史上是绝无仅有的。①

总而言之，从20世纪50年代初至70年代末美国利用台湾当局来遏制“共产主义在亚洲的扩张”，到90年代开始从军事和政治上鼓励和维护台湾地区“民主制度”，并发挥“民主台湾”的“榜样”作用，以牵制中国并伺机促使中国出现转型，我们可以看出美台“集体身份”认同也相应发生了转变，即由一开始的“反共”盟友转变为“民主”伙伴，其认同基础也从冷战时期的“反共”意识形态，转变为冷战后对彼此同为“民主国家”的认同。② 由于台湾紧靠大陆，在语言、种族、亲缘等方面都有许多便利的条件，比远隔重洋的美国更具有直接影响力。因而，美国希望通过全面推行“以台变华”的方针，影响中国大陆，达到“和平演变”大陆、改变中国的目的。

综上所述，美国对台政策经过三个阶段的调整与变化，呈现出一幅历时六十余年演化的完整画面。下面的章节将按照上述框架来具体分析美国对台政策的演变情况。如图4所示。

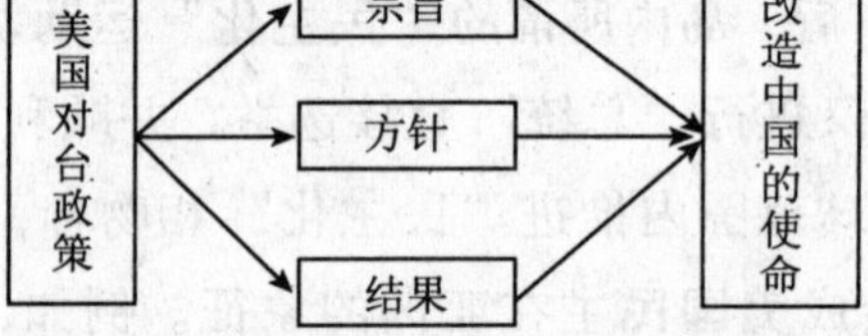

图4　美国对台政策演化的分析框架

资料来源：作者自制

第二节　新中国成立前后美国的对台政策

二战结束后初期，美国希望中国作为亲美大国和亚洲警察而崛起，这是

① 刘力、邱伟：《布什政府台湾政策变化轨迹》，《学习月刊》2006年第6期（上），第44页。

② 信强、倪世雄：《行为体“身份”与对外政策：美台关系的建构主义分析》，《世界经济与政治》2006年第1期，第28页。

同美国对中国国内政治的设想紧密相关的：中国要担当这样的角色，应该建成一个“真正自由民主的国家”——当然是按照美国的定义。例如在1947年7月5日，美国驻华使馆在公使衔参赞巴特沃思主持下，提出了一份详尽的对中国形势的全面估计和对美国各种政策选择的利弊得失的分析报告。结论是，美国既不宜全力以赴地公开支持蒋介石，也不宜完全撤出，而应执行一项“合理的、协调得当的、有条件的援助计划”，努力培植一个“朝着合乎美国政治观念的方向发展”的政府。① 赫尔利（Patrick Jay Hurley）② 调停和马歇尔使华，都宣称其目的是通过建立联合政府促进中国的民主。随着美国官员以欧美国家的模式改造中国政治的幻想破灭，他们退而求其次，致力于国民党内部的“改革”这一努力无望时，他们的最后一着是换马，劝蒋下台。当阻止中共夺取全国政权的努力归于失败后，美国国务院在一段时间内确曾希望与新中国政府建立某种正常接触，但没有证据表明，美国政府的最高层领导认真考虑过在国民党政府灭亡之前就与其断绝关系。

一、宗　旨

从1948年底到1949年初，随着国民党政权在大陆的失势，杜鲁门政府开始把台湾作为一个特殊的问题提到了议事日程。在美国军方和国务院之间的争论中，国务院和国务卿艾奇逊本人的意见最终占了上风。艾奇逊认为如果对蒋介石政权采取军事援助虽然可以推迟台湾被解放的时间，但这样做所付的代价太大：一是会受到中国人民一致攻击；二是会在联合国安理会上受苏联责难；三是认为台湾并非是美国的真正防线。③ 国务院甚至有意贬低台湾的重要性：“台湾在政治上、地理上和战略上，仍是中国的一部分，在任何方面都不特别卓越或重要。”④ 在这种背景下，1950年1月5日杜鲁门正式发表了关于台湾问题的声明，它表明了美国政府已做好了丢掉国民党这个包袱的心理准备。同月12日，艾奇逊宣布了不包括台湾在内的西太平洋防线。杜鲁门的声明及艾奇逊关于美国国防线的划分表明了美国政府决心要从

① 李庆余主编：《11个美国人与现代中国》，安徽大学出版社，1998年版，第157页。
② 帕特里克·杰伊·赫尔利（1883—1963），美国军人，政治家，外交家。
③ *FRUS*, 1949, Vol. 9, pp. 465 – 467.
④ 陈志奇著：《美国对华政策三十年》，（台北）中华日报社，1980年版，第37页。

中国的内战中脱身。特别是1950年春，中国人民解放军相继解放了海南和舟山群岛，这等于割断了台湾的手足，以致当年5月17日美国驻台代办报告国务院，台湾命运已尽，建议撤侨及美国在台的领事馆。美国之所以在对台政策上持这样的态度，主要是由于中国人民解放战争的客观进程所迫使然，同时也是为了服从于美国对华长期不变的战略目标。

当时美国为了能够保留与北京建立外交关系和美国影响中国事态发展的前景，曾将台湾作为拉拢中共的筹码，幻想与中共“合作”。1949年7月，刘少奇代表党中央秘密访问苏联表明中国共产党在对外关系中“一边倒”的政策已经确立，但美国仍然企图拉拢中国共产党，并将台湾和蒋氏父子作为最有分量的筹码。1949年12月23日，美国国务院发表《关于台湾政策宣传指示》称：“台湾在政治上、地理上和战略上都是中国的一部分，它一点也不特别出色或者重要，虽然它被日本统治了50年，然而从历史上看，它是中国的。”① 这显然是向中共发出的交易信号。即使在1950年2月中苏签署了《中苏友好同盟互助条约》之后，美国还没有完全放弃拉拢中国，还表示对台湾是中国领土不可分割的一部分没有异议，在国民党及其残余军队退守台湾以后，美国也无意承担帮助国民党政府防守台湾的义务。国务卿艾奇逊在1950年3月15日发表的关于亚洲问题的演说中甚至还表示美国愿意援助中国。② 此外，“开放与中共的对外关系也可以促进中国的铁托主义或至少可以加强中国共产党内的温和分子。承认以及它不言而喻将带来的正常交往，会产生发展贸易和美国工商业者在中国市场中继续发挥作用的期望。传教士同样预见到，一旦正常的关系使中美两国之间的紧张状况有所缓和，传教的活动就有可能继续下去。”总之，如果台湾陷落及尘埃终于落定，就会有充裕的时间同中国共产党人联系并说服美国人民面对现实。③

可以说，此时的国民党已不再是美国实现其远东战略的工具，反而成了食之无味、弃之可惜的“鸡肋”。美国决策者开始采取新的对华政策，力图

---

① 李健编著：《台海两岸战事回顾》，华文出版社，1996年版，第72页。

② 参阅中华人民共和国外交部、中共中央文献研究室编：《周恩来外交文选》，中央文献出版社，1990年版，第8－9页。

③ ［美］唐耐心著，朱立人等译：《艰难的抉择——美国在承认新中国问题上的争论（1949—1950年）》，复旦大学出版社，2000年版，第211页。

从中国内战脱身，与国民党这艘沉船拉开距离，以最大限度地保持美国的在华利益。① 然而，“想用现实的办法来调整美国对华政策的艾奇逊等人，并不真正理解中国的现实。他们想用美国式的价值观和标准来衡量和要求新中国的一举一动。”② 换句话说，艾奇逊等人关于承认新中国的设想仍摆脱不了美国所习惯于运用的“恩威并施”的思想。他们认为中国一经美国承认，就可提高国际威望，因此是对中国的一种“恩惠”，不能轻易“给予”，而要以此来换取中国令美国满意的“表现”；另一方面，企图使用贸易限制等经济手段给新中国政权制造困难，以冀中国在压力下对美国的态度软化。当时美国外交官中主张承认新中国者，也摆脱不了这种居高临下的心理状态，常常提到要对中国共产党进行“教育”或“惩罚”。另外，美国政府考虑与新中国保持某种联系的出发点是为了保留在中国的势力，最低限度也要扩大美国在中国的思想影响。美国在对华关系上所表现出的种种不切实际的想法自然得不到新中国的领导人和中国人民的响应。

随着朝鲜战争的爆发，美国的对台政策发生了完全的改变。从历史角度考察，朝鲜战争是美台关系的一个分水岭，从很大程度上改变了美国对台政策的方向和内容。如果说朝鲜战争爆发前的一段时期里，美国把国民党退守台湾看作中国的内政事务，美国还在等待“尘埃落定”的话，③ 那么朝鲜战争的爆发使得美国军方“扶蒋反共”一派的观点最终占据上风，并且左右了美国的对台政策，改变了其原先对台湾国民党的“撒手政策”，开始恢复扶植蒋介石，给面临垂败的国民党政权“输血打气”。随着朝鲜战争的持续，美国的对台政策终于“尘埃落定”。美国通过与日本、韩国、菲律宾等国签订军事条约，在西太平洋地区构筑了一道环形防线。台湾则是这道防线中不可或缺的一环。“维持一个反共的台湾政权，可以从外部向中国共产党

---

① 赵学功著：《巨大的转变：战后美国对东亚的政策》，天津人民出版社，2002 年版，第 9 页。

② 袁明：《新中国成立前后的美国对华政策观》，载袁明、［美］哈里·哈丁主编：《中美关系史上沉重的一页》，北京大学出版社，1989 年版，第 221 页。

③ “等待尘埃落定”是艾奇逊 1949 年 2 月对一批国会议员介绍中国局势时所讲的一句话，原话是“森林中一棵大树倒下时，直到尘埃落定，人们才能看清它破坏的后果。”这句话后来被报界用来形容政府的对华政策处于犹豫观望中。参阅［美］唐耐心著，朱立人等译：《艰难的抉择：美国在承认新中国问题上的争论（1949—1950）》，上海人民出版社，2000 年版，主编前言第 1 页。

施加压力和进行挑战，以促使大陆内部的变化。”①

二、方　针

对杜鲁门政府的台湾政策，曾任美国驻台“大使”的兰金（Karl L. Rankin）在其回忆录中有过这样一段描述，他说：“美国对福摩萨政策的大致轮廓并不是个秘密。第二次世界大战前，大战期间和大战结束以来，这个海岛在战略上和其他方面，都一直被认为具有无可置疑的重要性。分歧的意见只在于它重要到何种程度和我们应该如何对待它。”“……必要时不惜动用美国海、空力量确保福摩萨不落入共产党之手……这个政策早就存在，只是未经言明而已。不管怎样，倘在朝鲜战争爆发之前就部署美国军队来保卫福摩萨，那在国内势必招致严重的反对；而在朝鲜战争爆发以后，这就被认为几乎是理所当然的了。”② 兰金这段不打自招的表白，从一个侧面对杜鲁门政府的台湾政策作了注解。

1948 年底到 1949 年初，随着国民党在大陆的溃败，“台湾及周围岛屿对美国的安全至关重要，美国不能让其落入共产党人手中”的政策思想在美国决策层中占了主导地位。1948 年 11 月 24 日，参谋长联席会议的讨论结果是：“如果能通过外交与经济手段阻止中国共产党人占领台湾将是最符合美国国家安全的。”1949 年 2 月 10 日，参谋长联席会议再次重申：“台湾的战略地位非常重要，美国继续运用外交与经济手段来支持那里的非共产党政权。”③ 随着中美两国在朝鲜军事对抗的展开，美国对中国的遏制政策，包括对台湾的政策逐渐成形。1951 年 5 月 17 日，题为《美国在亚洲的目标、政策和行动方针》的 NSC48/5 文件出台，其中关于对台政策的规定是：继续第七舰队的任务，向台湾提供经济和军事援助，“阻止台湾陷落”；提高国民党的威望和影响。④ 有的台湾学者指出，自此，美国“决策者才开始

---

① 胡礼忠等著：《从望厦条约到克林顿访华：中美关系（1944—1996）》，福建人民出版社，1996 年版，第 327 页。

② ［美］卡尔·洛特·兰金著，海英译：《兰金回忆录》，上海人民出版社，1975 年版，第 122 页。

③ 袁明：《新中国成立前后的美国对华政策观》，载袁明、［美］哈里·哈丁主编：《中美关系史上沉重的一页》，北京大学出版社，1989 年版，第 216 页。

④ *FRUS*, 1951, Vol. 6, p. 38.

认为可能将台湾从美国的政治负担变成政治资产，并逐渐放弃其消极地期望'中共别在韩战期间攻占台湾'的念头，开始探讨积极保全该岛的可能性。"① 总之，朝鲜战争的爆发对中美关系都产生了深远的影响。美国政府决策人更加确信中苏关系是"铁板一块"，不再相信能用拉拢中国的方法分裂中苏同盟。而新中国入朝参战的决定，则使新中国成为美国的现实敌人。自此以后，美国政府开始调整其"观望"政策，转而谋求利用台湾作为牵制中国的工具。

在利用台湾遏制新中国的同时，美国很多官员把台湾当做他们的孩子加以"抚养"和援助②，妄图以其吹嘘的"自由中国"取代之。在他们看来，台湾不仅是遏制新中国的棋子，还是和平演化大陆的"橱窗"。早在1948年10月，司徒雷登致信美国国务院说："美国自始至终都反对共产主义，共产主义的毒害主要在道德方面或政治方面，而不是军事方面，美国必须用教育和其他部分加以援助，然后非共产主义的地区才能够表现出真正民主制度的优越性，不然的话，军事上的收获最终会自行消失。"他建议通过军事以外的援助方式打败共产主义，这和美国后来对新中国发动的思想文化攻势如出一辙，与和平演变政策殊途同归。③ 同样的，艾奇逊在哀叹美国对中国事态发展无能为力又无可奈何之后，心里又极不甘心，于是便提出了"和平演变"的新招。他在1949年7月给杜鲁门的信最后献策说："中国的悠久文明和民主的个人主义终将再度胜利，中国将推翻外来的制度。我认为我们应当在中国鼓励现在或将来能促进上述目标的一切发展。"④ 到了1950年1月9日，共和党参议员亚历山大·史密斯在参议院全体会议上提出的关于对台政策的方案中，明确主张"征服"中国应以思想渗透为主，强调台湾作为反共思想基地的重要性，其目的是"在美国帮助下把台湾建成中国

① 张淑雅：《美国对台政策转变的考察（1950年12月—1951年5月）》，（台北）《"中央研究院"近代史研究所集刊》1990年第19期，第471页。

② ［美］博克、丁伯成著：《大洋彼岸的中国幻梦：美国"精英"的中国观》，外文出版社，2000年版，第69页。

③ 温强著：《肯尼迪政府与中国：美国对华"遏制但不孤立"政策缘起》，天津古籍出版社，2005年版，第196页。

④ 柳静编著：《西方对外战略策略资料》（第一辑），当代中国出版社，1992年版，第6页。

'民主'的'试验场'和'橱窗'"。[①] 如此等等，不一而足。

如上所述，不言而喻，美国对台政策中"以台变华"的设想由来已久。朝鲜战争爆发后，美国开始大力支持台湾国民党当局。与此同时又不断促使其进行政治和经济等方面的改革，迫使它向自由资本主义的方向发展。"其实，这一政策在杜鲁门政府对台湾的有限支持时即已提出。杜鲁门政府保证台湾作为一个'独立实体'生存的承诺有一个条件，即台湾必须进行内部改革，实行'自救'。此后，美国援台官员的到达，都不断促使国民党当局实行重大的经济和社会改革。"[②] 然而，由于当时反共重于一切，加上台湾当局的顽强抗拒，美国政府并没有真正利用美援杠杆来推动台湾的政治改革进程。"1950 年 8 月，兰金被任命为美国驻台北'大使'。从那时起，国务院采取一项政策，向台湾派遣国民党喜欢的'使节'。该'使节'必须避免给人们造成这种印象：美国鼓励在国民党内部实行改革、鼓励给台湾人更多的政治权力、或支持台湾的资产阶级民主运动。"[③] 总之，"美国在军事、政治和经济上都施加影响，提供经费，鼓励改革，偶尔也支持某些人对国民党的僵硬统治提出挑战。然而，美国太重视台湾潜在的战略重要性，不想为了要台湾接受美国原则和理论上所要求的那种自由，而冒彼此信任受损害的风险。然而多数美国官员当时相信，反共是美国外交政策成功的关键，他们也就愿意支持世界各地保守的政府，不论它们是如何黑暗和压迫成性。所以，蒋介石和他的同党才能够操纵美国，实行维新以巩固他们的权力，同时又避开那种有可能危及他们的控制权的变革。"[④] 在这样的背景之下，即使存在"以台变华"的方针，也不可能被付诸实施。

三、结 果

从 1949 年起到 1950 年 6 月朝鲜战争爆发前，美国对华政策有两个问题

---

① 资中筠著：《追根溯源——战后美国对华政策的缘起与发展（1945—1950）》，上海人民出版社，2000 年版，第 285 - 286 页。

② 姜南扬著：《台湾政治转型之迷》，文津出版社，1993 年版，第 44 - 45 页。

③ ［美］韦艾德、葛苏珊编著，张苾芜译：《台湾政治经济理论研究》，鹭江出版社，1992 年版，第 181 页。

④ ［美］唐耐心著：《不确定的友情：台湾、香港与美国，1945 至 1992)》，新新闻编译小组，（台北县）新新闻文化事业股份有限公司，1995 年版，第 148 页。

在不断讨论，一是对未来新中国政权的方针，一是阻止台湾落入中共手里。美国所关心的是如何尽可能阻止中国人民革命在全中国取得胜利，而不是寻求妥协、和解、承认新中国。相反，它得出的结论是不能承认新中国，并且还要劝说西方盟国和亚洲国家与美国一起组成一个不承认新中国的“联合阵线”。美国官方文件显示，从1949年初到朝鲜战争爆发前，美国不仅坚持其孤立、不承认新中国的方针，而且对中国采取了敌视立场，这表现在早在朝鲜战争爆发前一年半，杜鲁门政府在1949年1月即已开始策划分离中国领土台湾，实际上开始搞“两个中国”，对台湾也改称为福摩萨。1949年1月14日，代理国务卿洛维特（Robert Lovett）在致总统的备忘录中说：“国务院同意参谋长联席会议所做的结论，即不让福摩萨落入共产党手里是符合我们的战略利益的”，“国务院充分认为，美国在某个阶段可能需要采取军事行动，如果要使福摩萨不落入共产党手里”。“这涉及要促进一个福摩萨自治运动，如果岛上的中央政权明显地不能阻止这个岛屿落入共产党手中，这个自治运动就能充分行动起来。”洛维特提醒说，“美国应当避免粗暴地单方面干涉”，美国可以要求联合国进行干涉。他建议“联合干涉可以由澳大利亚或菲律宾政府提出，这需要安排福摩萨人民公决来决定他们的愿望。”① 五天后的1月19日，美国国家安全委员会第37/1号文件《美国对福摩萨的立场》分析了美国对台湾与澎湖可以采取的四种政策选择：“（1）占领台湾与澎湖；（2）通过与国民党政府谈判，美国取得在岛上建立基地的权利；（3）支持岛上国民党政府；（4）支持福摩萨当地的非共产党中国人统治。”文件建议采取第四种方案，即“支持当地非共产党中国人政权”。与此同时，文件提出，“美国应当与潜在的当地福摩萨人领袖保持接触，以便将来有一天能利用福摩萨自治运动”。文件还说，台湾当地人“有强烈的地区自治感”，“既反对中国人，也反对日本人，欢迎在美国或联合国保护下获得独立。”② 该文件清楚的说明，杜鲁门政府内部此时已开始策划台湾“独立”，即所谓的“福摩萨自治”。③

① *FRUS* 1949，Ⅸ，pp. 265 – 267.

② *FRUS* 1949，Ⅸ，pp. 270 – 275.

③ 参阅霍世亮：《论五十年代美国的对华政策》，《美国研究》1993年第4期，第85页。

朝鲜战争的爆发再次改变了台湾的命运。由于杜鲁门政府忽视新中国的警告，令美军越过38度线并逼近鸭绿江边，中共因而出兵朝鲜，与美国兵戎相见。此一形势使台湾再获得进一步的安全保障，美国开始军事援助台湾，艾奇逊也转变态度，宣示反对中共进入联合国。然而，于杜鲁门任内，美国对国民党的援助是有限的，因为美国政府不愿将朝鲜战争扩大到朝鲜半岛以外的地区，尤其是中国大陆，所以要等到艾森豪威尔总统就任之后，美国对国民党的安全承诺才正式确定下来。

第三节　三次台海危机与美国的对台政策

二十世纪五六十年代，国共两党隔海军事对峙，打打停停，美国也频频插手台湾问题，干涉中国内政，使局势变得更加复杂。此时期，两国（中国、美国）三方（中国共产党、国民党和美国）围绕台湾问题先后进行了三次惊心动魄的军事斗争，史学界通常称之为三次“台海危机”。[①] 在美国与苏联两大阵营对峙的东西方冷战格局之下，台湾当局的“反攻复国”政策，适应了美国在东方遏制共产主义势力发展的需要。新中国成立后，美国将其远东政策的重点置于对付亚洲共产主义对美国在亚太地区安全利益的威胁上，这就导致美国不可避免地要对台湾国民党政权加以扶持和利用。基于上述原因，从20世纪50年代至60年代初，美国政府一直采取支援蒋介石集团为反攻大陆而采取的小规模突袭性反攻活动的政策，从而引发了1954年、1958年、1962年三次台海危机。

一、宗　旨

1953年朝鲜战争结束之后，艾森豪威尔政府不仅继续反对同中国缓和紧张的关系。相反，又制定出了新的、更大的遏制中国的方案。1954年9月第一次台海危机期间，杜勒斯一手造就了东南亚条约组织。东南亚条约组织是由美国发起组织的一个地区性防御同盟和反共集团，其成员是中国周围的一些反共国家。1954年12月，美国和台湾达成《共同防御条约》。这项

① 朱鑫、王甬：《三次“台海危机”始末》，《党史文苑》1997年第3期，第44页。

条约保证：美国将支持台湾抗击任何来自中国大陆的威胁。1958 年 8 月，第二次台海危机发生，艾森豪威尔政府援引美台《共同防御条约》，迅速在台海集结庞大海空军力量，并正式展开海上护航行动。与此同时，艾森豪威尔政府亦迅速表达与中共和谈的意愿，双方因而于 10 月初在华沙进行大使级谈判。谈判虽未达成任何协议，但却使紧张局势逐步缓和下来。经过这次危机，中美双方的台湾政策都已基本上定型，并且为对方所逐步了解。美国的台湾政策的基本目标是：保证台湾和澎湖的安全；继续支持国民党政权，保持其在联合国和其他国际机构中作为中国的合法代表的地位，在政治上造成对中国大陆的压力，希望造成大陆的内乱，最终以“自由中国”代替共产主义中国；发展国民党军队的军事潜力，使之能够分担保卫台澎的一部分责任和守卫沿海岛屿的全部责任；按照美台共同防御条约的规定，在台海地区运用美国军队为美国的国家安全政策服务；帮助发展台湾经济；促进台湾与其他非共产党国家发展关系；争取海外华人（尤其是在东南亚的华人）在政治上认同台湾当局，以抵消中国在东南亚的影响。为了达到上述目标，美国在第二次台海危机期间奉行的方针是：遵循《美台共同防御条约》，在台湾和澎湖水域集结大量海空部队，采取一切必要的措施向中国发出武力威胁，保障台湾和澎湖不受武装攻击。通过联合国和其他谈判机制寻求维持沿海岛屿的现状。在是否动用美国军队援助台湾当局守卫沿海岛屿问题上保持政策的灵活性，将最终决定权集中于总统手中。继续支持国民党表达的反攻大陆的愿望，但不支持其采取实际的冒险性行动，避免对此做出任何承担义务的保证或暗示。①

如上所述，经历了朝鲜战争后，艾森豪威尔政府的敌视中国政策进一步加强，通过美蒋《共同防御条约》的签订，美国政府分离台湾，将台湾置于美国军事控制之下，并将其纳入美国西太平洋岛链防线体系之内的目标得以初步实现。美国艾森豪威尔政府、两党决策层在 20 世纪 50 年代实行敌视中国政策是与以下几个主要因素分不开的：美国认为美国的价值观、自由民主制度具有世界普遍意义，应在全世界推行；美国认为，信仰马克思主义、

---

① 郑永平：《第二次台湾海峡危机期间美国的台湾政策》，《美国研究》1992 年第 3 期，第 94－95 页。

无神论的共产党及其建立的政权是美国及西方资本主义文明和国家安全的敌人；苏联和各国共产党是铁板一块，各国共产党是苏联的傀儡和工具，不代表本国人民的利益和愿望，其建立的政权“不是长久现象”，将“会自行消逝”；美国在世界各地包括中国有美国的利益；美国有一些人认为与中国有“特殊友谊”、“特殊关系”，美国的“使命”是引导中国等一些国家走上美国和西方文明的发展道路。① 由此可见，即使在中美关系十分紧张的情况下，美国人仍然念念不忘其在华“使命”。

第三次危机虽然不像前两次危机那样以双方炮战和海空力量直接交锋为特征，但同样造成了台湾海峡地区局势的紧张，它也是对美国肯尼迪政府的对华政策的一次探测。事实表明，在台湾和沿海岛屿的问题上，美国民主党和共和党政府的政策并无多大区别，他们都不肯放弃台湾，但也不支持蒋介石反攻大陆。② 虽然肯尼迪执政时期不长，但处于承前启后阶段，这期间的一些变化对以后美国的对台政策影响颇大，主要体现在某些决策观念和宏观的思路上。③ 20 世纪 60 年代，新中国的地位和影响日益得到了国际社会包括美国盟国在内的许多国家的认可。在这种背景下，肯尼迪政府在制定对华政策时确立的一个基本前提是承认新中国政权的“永久存在、不能以外力推翻”，这也是 1962 年底它提出的所谓“微开门”政策中的主要思想。可见，肯尼迪政府的“限蒋出笼”政策，是因应当时美国对华政策的整体需要，也是肯尼迪政府区别 50 年代美国对华政策的显著之点，它还表明美国对 50 年代以来一直实施的“遏制并孤立”中国政策已没有足够的信心。④ 因而，肯尼迪政府基本上放弃了艾奇逊和杜勒斯所奉行的“加速中华人民共和国消逝”的政策，同时认识到台蒋当局“反攻大陆”的可能性几乎等于零。约翰逊总统上台后，美国对华、对台政策有所改变，其重要的特点是提出了对华“遏制而未必孤立”政策，在美台关系上开始疏远台湾，在台

① 霍世亮：《论五十年代美国的对华政策》，《美国研究》1993 年第 4 期，第 100－101 页。

② 郑又平：《台湾海峡危机期间的美台关系》，载资中筠、何迪编：《美台关系四十年（1949—1989）》，人民出版社，1991 年版，第 160 页。

③ 肖元恺著：《百年之结：美国和中国台湾地区关系的历史透视》，人民出版社，2001 年版，第 110 页。

④ 唐小松：《肯尼迪政府的“限蒋出笼”政策（1961—1963）》，《当代中国史研究》2003 年第 3 期，第 79 页。

湾反攻大陆的问题上，则继续持反对态度，并最终将“拖延”政策转变为“终结”策略。

总之，经过三次台海危机，美国得出两个基本判断：一是国民党返回大陆无望。早在1955年，中央情报局就曾得出结论，“除非中共和美国之间发生大规模战争，蒋介石重返大陆的可能性几乎没有。而且如果蒋介石还死抱着反攻大陆的幻想，台湾的局势将越来越糟。”① 虽然蒋介石还是不愿接受长期困守台湾的现实，但美国人已经得出结论，国民党无法重返大陆战胜共产党，所以应该发展和巩固现有的地盘。蒋介石慢慢地也得出同样的结论。二是以“遏制加孤立”的政策无法促使大陆从内部崩溃，应该采取和平的、与新中国直接接触的方式促进大陆的变化。到肯尼迪当政期间，美国已基本放弃了中国大陆政权是“过眼云烟”的看法，转而加强对华实施非战争方式的“和平演变”。如果说美国执行“遏制与孤立”政策的目的是为了以压促变（垮），通过遏制与孤立促使新中国的红色政权自行崩溃，那么执行“遏制但不孤立”政策的最终目的则是以触谋变，通过接触使中国的红色政权发生有利于美国的变化，或者说改变颜色，走上美国所希望的轨道。② 在促使中国大陆发生演变的过程之中，台湾可以发挥重要的作用。“保存台湾，发展台湾，使之成为所有热爱自由的中国人的集结点，这是最终能将整个中国从共产党统治下解放出来的大有可为的一步。”③ 从中可见，尽管反共的现实需要使美台走到一起，但美国还有自己的打算，那就是通过军事扶持、经济援助等方式，以美式价值观和制度来影响和改造台湾。“事实上，美国的一切经济、军事、情报以及文化计划普遍的目的，即使是间接的，当然是要吸引（在台湾的）中国人更广泛地接受和了解美国的方式和理想。……在协助台湾进行土地改革、工业以提高生活水平和协助教育事业等方

① 郝雨凡著：《白宫决策：从杜鲁门到克林顿的对华政策内幕》，东方出版社，2002年版，第275页。

② 朱明权主编：《约翰逊时期的美国对华政策：1964—1968》，上海人民出版社，2009年版，第31页。

③ ［美］卡尔·洛特·兰金著，海英译：《兰金回忆录》，上海人民出版社，1975年版，第116页。

面，美国都间接地对真正的民主作出了贡献。”① 而美国改造台湾的最终目标是美国人仍然念兹在兹的对华“使命”，也就是说，美国人试图通过“民主改造台湾”的推行及其对中国大陆产生的示范效应，最终促使整个中国朝着符合美国意愿的方向演进。

二、方 针

经历了在朝鲜战场上的激烈对抗之后，美国政府对新中国政府的敌意进一步加深，也因此更加看重台湾在遏制新中国方面的重要性。出于这个原因，在艾森豪威尔政府时期，美台关系得到了进一步的加强，美国对台援助全面恢复。以1954年美台签订《共同防御条约》为标志，双方进入正式结盟时期。美国通过与日本、韩国、菲律宾以及尔后的新西兰、澳大利亚等国签订军事同盟条约，在西太平洋区域构建了一条环形防线，作为其安全保障。台湾的战略地位，决定了它是这道防线中不可或缺的重要环节，是美国实现其远东政策的一个战略据点。只有保住台湾于自己控制之中，美国在西太平洋从阿留申群岛到菲律宾群岛这道“沿海岛屿链”才能首尾相连，构成为一体。因此，维持一个反共的台湾政权，对于美国的战略利益极为有利。另外，美国出于战略全局的考量，虽然并不同意，也不支持蒋介石当局全面“反攻大陆”，但蒋介石“反攻大陆”的准备和对大陆的“有限反攻”行动，既可振作台湾的士气和民心，又可从外部对中共政权施加压力，促使大陆内部发生变乱，这符合美国政府所企求，因而竭力予以支持。究其原因，美国领导人一直对中国政府垮台这一前景保持着迷恋。正如杜勒斯所言：“孤立它（中国大陆），减少它对外部的影响。防备它，遏制它，威胁它，向它的邻国增加援助，并不停地向它施加外部压力”，“最终使它崩溃”②。此外，杜勒斯还在一次演讲中明确提出：“我们确信，强求一致的国际共产主义的统治在中国和在其他地方一样，是一种要消逝的、而不是一种永久性的现象。”他宣称，美国应该尽其所能来加速中国政府的“垮台”。

---

① ［美］卡尔·洛特·兰金著，海英译：《兰金回忆录》，上海人民出版社，1975年版，第277页。

② 美国国务院新闻稿（Press Release），Series No. 58，June 28，1958.

如上所及，在整个20世纪50年代，美国政府曾精心策划了各种各样的行动方案，以期促成中国政府垮台，或使其改变方向，成为一个美国所需要的、“符合美国利益”的中国。[①] 于是，美国千方百计地想利用台湾来遏制、孤立直至颠覆新中国政权。肯尼迪、约翰逊政府时期，美国继续以台湾遏制中国大陆的发展。但是，当美国人把蒋介石和国民党这样一个镇压性的独裁政权作为反共斗争的一部分而对它提供支持的时候，他们中的许多人对美国同那个政权保持关系感到不舒服。这是因为，“美国不满足于把自己的角色限定为‘打击共产主义’。”于是，“随着时间的推移，美国成为一个推动力，为台湾创造了有利的国际安全环境，向它提供了大量经济、技术援助和政治‘忠告’。”这一切做法的目的是，按照美国的利益与价值观把台湾从一个反共堡垒与象征演变成为一个经济、政治开放的模式，为与美国人一起奔向共同的目标打下了一个更加坚实的基础。[②] 从以后的历史事实来看，这个所谓的“共同的目标”正是美国期望通过对台湾的“民主化改造”来促进中国大陆迈向“民主化”。

二战结束后，崛起的美国秉持“美国例外论”的文化意识形态向全球开始扩张。从1949年1月20日杜鲁门提出的“第四点”援外计划到美国和平队的全球活动，不仅从经济、技术上控制了第三世界国家，而且开始了以美国价值观、民主观为蓝本的文化及意识形态的全球改造。从政治现代化理论看，现代化体现着传统性和现代性之间互相消长的关系。在台湾政治文化变迁中，民主、自由价值观在传统与现代两种政治文化的激荡中成为台湾人政治信仰的主要选择，而美国的制度和价值观念又在台湾人的心理层面上加强了西方民主的示范效应。此外，为在亚太地区进行战略扩张，美国以民主、自由的意识形态建构美台间的同盟身份，尤其是冷战时期的美台《共同防御条约》，为美国向台湾传输资本主义制度和民主自由观念提供了法律性平台。然而，美国主政者的意图则是在台湾建立美式自由民主模式，以用

① 赵学功著：《巨大的转变：战后美国对东亚的政策》，天津人民出版社，2002年版，第115页。

② ［美］容安澜著，贾宗宜等译：《悬崖勒马：美国对台政策与中美关系》，新华出版社，2007年版，第11、172、174页。

于和平演变中国大陆。① “台湾所拥有的资源可以使其成为一个‘花园之地’，一座‘自由中国发展的灯塔’，一个面向中国大陆和亚洲其他国家的‘橱窗’……一个可以替代大陆的自由、繁荣和富有活力的发展模式。”②但在杜鲁门、艾森豪威尔政府任内，虽然美方对国民党统治集团一党专政的独裁统治不满，但出于维护台湾当局民心士气的需要，美国并未利用美援作为杠杆，向其施加太大的压力，要求其进行政治改革。“蒋介石政权钳制言论自由、封杀民主政治的举措，华府虽有微词，但未敢大声谴责，在山姆大叔的眼中，反共重于一切，独裁专制尚可容忍。”③

从20世纪50年代到60年代，美国决策层对台湾社会未来发展趋势的认知经历了一个逐步发展和调整的过程。在20世纪50年代后期的艾森豪威尔时代，美国决策层部分人士，特别是军方决策机构，如参谋长联席会议，对国民党当局仍然寄予一定的期望，仍然认为国民党当局有可能真的有朝一日重返大陆，推翻共产党政权，恢复对大陆的统治。此时美国决策层眼中的台湾只是美国在远东战略同盟体系的重要环节，是美国为首的西方阵营遏制中国大陆的重要基地，而对台湾未来走向的定位则无清晰认识。1957年10月4日美国国家安全委员会批准的NSC5723号文件，是对艾森豪威尔时期对台政策的系统归纳，是当时对台政策的纲领性文件。这份文件表示“要促使‘中华民国’政府的效率不断提高，成为负责任的有代表性的政府，能够使中国大陆和台湾的人民对它的效忠度与支持率不断提高，使其成为能够替代共产主义的自由中国人的关注焦点”。这份NSC5723号文件还特别强调：“要确保那些仍然认同自己为中国人的海外华人，将‘中华民国’视作中国社会与文化价值观念的庇护所，视作真正代表中国人民利益和理想的政府”。从这份论述可以看出，当时美国决策层部分人士对国民党大局存有不切实际的幻想，认为它仍有相当强的代表性，仍有可能重新赢得大陆民心，

---

① 刘国深、李炜：《影响台湾地区政治文化变迁的外部因素分析》，《台湾研究集刊》2007年第3期，第6页。

② *FRUS*, 1964—1968, Vol. XXX: China, Document 83, pp. 160 - 164. 载忻华著：《羁绊与扶持的困境：论肯尼迪与约翰逊时期的美国对台政策（1961—1968）》，上海人民出版社，2008年版，第478页。

③ ［美］唐耐心著：《不确定的友情：台湾、香港与美国，1945至1992)》，新新闻编译小组，（台北县）新新闻文化事业股份有限公司，1995年版，第15页。

进而重返大陆，取代共产党政权。而对于台湾岛内未来走向的定位，NSC5723 号文件则语焉不详。这份文件虽然表示未经总统批准不赞同国民党当局进攻大陆，但另一方面又明确表示要支援国民党以台湾为基地驻守沿海岛屿的行动，“要维持沿海岛屿之现状”，并继续“以台湾为基地（与国民党一起）对大陆实施心理战”。这份文件开篇就提到“维护台澎作为西太平洋离岸岛链一部分的安全，对美国安全而言是必不可缺的”。另外还提到“要将‘中华民国’政府包括在美国的西太平洋集体防卫安排之中。这样的安排还将包括美国、菲律宾、日本、韩国，且这些国家最终将与马尼拉条约和美澳新条约的各方联系起来”。可见，此时的美国决策层仅仅将台湾视作美国实施地缘遏制战略的整体布局中的重要一环，但对台湾社会未来的走向并无深入思考。①

进入肯尼迪时期，决策层对台湾和国民党当局的定位开始发生变化。一个突出的特征就是，此时的决策层多数人不再认为国民党当局能够收拾人心，重回大陆，取代共产党的统治，而是认为国民党偏安台湾的状态已经难以改变了。此时决策层开始致力于维持台海分裂局面，阻止中华人民共和国控制台湾。② 与此同时，肯尼迪和约翰逊当局对台政策的一个基本目标就是，以各种手段促使国民党当局实现民主化和本土化。早在 1961 年 10 月 26 日，国务院政策规划委员会出台的对华政策研究报告，在谈到美国对中共周边国家的政策时，就在其第 F 章单列一条，即 F 章第 33 条，讲述美国对台湾政治走向的目标，这一条谈到，行政当局要“继续运用美国的影响力和援助影响台湾，不仅要通过与国民党政府的联盟保护台湾的安全，而且要适时地推动台湾出现一个以大众支持为基础的政府，并将我们对于国民党政府目前之结构与行动的过度认同减少到最小限度”。可见促使台湾实现“民主化”是肯尼迪当局上台时既已确立的目标。民主化从此成为美国关于

① *US Policy Toward Taiwan and The Government of the Republic of China*（NSC5723）, Statement of Policy by National Security Council, Issue Date：October 4th, 1957, CK3100246217, *Declassified Documents Reference System*, Gale Group Inc., 2006, pp. 1－4. 参阅忻华著：《羁绊与扶持的困境：论肯尼迪与约翰逊时期的美国对台政策（1961—1968）》，上海人民出版社，2008 年版，第 489－490 页。

② 忻华著：《羁绊与扶持的困境：论肯尼迪与约翰逊时期的美国对台政策（1961—1968）》，上海人民出版社，2008 年版，第 491 页。

岛内演变的重要目标。肯尼迪时期的三份主要的国家安全基本政策文件，即1962年3月26日的完整版，1962年8月2日的简化版和1963年3月25日的国防部修改版，都谈到“我们要运用我们的影响力和援助，推动台湾以大众支持为基础的政治进程”。[①] 在这个过程中，美国政府应该“努力向台湾民众解释和宣传美国社会，为的是教育台湾人什么是真正的‘自由世界’”[②]。总之，美国对台湾的大量经济援助和文化影响，就是想促进台湾成为美式“民主政治”的样品。

1964年9月11日国务院政策规划委员会出台的对台政策报告则对“民主化”的目标进行了详细论述。这份报告一方面谈到对台湾实现民主化的期待：美国期望台湾社会的“政治稳定得以延续”，同时国民党当局将“在党的框架内给予更多的政治活动的自由，台湾人将在各级政府和党的委员会中发挥更大的作用。一个独立的反对党将得以组织和运作。同时新闻媒体将更加自由并更有责任感……在台湾，政治的控制会逐渐放松，公民的权利会受到更多的尊重，包括给予工会像民主国家那样的行动自由和功能，并且越来越多的台湾人将会进入政府各级负责的部门”，而且国民党会“放松政治控制，允许更多的反对派活动”。这份报告认为“这些将是政治稳定的必要条件”。另一方面，这份报告还谈到美国政府为实现台湾“民主化”的目标可以采取的两项手段。首先就是由美国政府直接向国民党当局施压，即“在任何时候，如果我们感到国民党对于政治和公民权利不够尊重，则我们要让国民党知道我们的观点”；其次是利用国际人权组织和美国在台民间组织向国民党当局施压，即“应该充分利用在台湾政府以外的民间机构任职的那些以同情国民党而知名的杰出的美国人（来影响国民党政府）。在必要的时候，应该利用像国际劳工组织（ILO）、国际自由工会组织（ICFTU）这样的国际组织来提醒国民党政府注意违反政治与公民权利的事情”，可以“称颂国民党在尊重公民权利方面采取的建设性措施，从而促使其推进人

---

① *FRUS*, 1961—1963, Vol. XXII: China, Japan, Korea, Document 76. 参阅忻华著：《羁绊与扶持的困境：论肯尼迪与约翰逊时期的美国对台政策（1961—1968）》，上海人民出版社，2008年版，第508页。

② 郝雨凡著：《白宫决策：从杜鲁门到克林顿的对华政策内幕》，东方出版社，2002年版，第281页。

权”。再次是利用美国在台企业推进台湾的人权，即“在台的公共与私人美国雇主应该承认和接触其中国雇员组成的工会，从而在尊重劳工权利方面作出表率”。这份报告也认识到台湾的形势非常微妙，因而强调推进台湾之“民主化”切忌操之过急而导致台湾社会的正常秩序受到严重破坏：“我们推动国民党进行政治与公民权利改革的活动应该主要是低调和在幕后进行的，既不能让台湾人和其他反对派产生不切实际的野心，也不能吓坏了国民党政府从而使其领导人采取更加严厉和压迫性的政策。”1964 年 9 月 11 日国务院出台并经腊斯克审议批准的这份研究报告，对实现台湾“民主化”之目标作出了最详尽的论述与设想。① 一言以蔽之，“在过去的 10 年里，美国对台政策的基点是通过保护台湾免受大陆的军事压力，并协助台湾发展本土经济，以确保台湾的政治稳定……但在未来几年里，美国更应该致力于台湾的政治改革。”② 以上述文件的出台为标志，美国对台政策中“以台变华”方针最终实现了从酝酿到确立的转变。

三、结　果

1954 年、1958 年、1962 年台湾海峡曾发生了三次大的军事斗争，西方舆论称之为“台海危机”，一度使台湾海峡成为中美交锋的场所和世界舆论关注的焦点，并使海峡两岸和美国之间的关系发生了微妙的变化。尤其是经过三次台湾海峡危机，现存的台湾海峡两岸双方相互对峙的格局基本定型。中、美、台两国三方对彼此在中国统一问题上的立场、政策乃至具体的策略手法都有了逐步的了解。美国的政策的基本目标是：既要确保台湾掌握在国民党手中，不使中共得到台湾，又要避免直接卷入沿海岛屿的防务。其政策也始终在这两者之间摇摆，试图找到一个平衡点。③ 杜勒斯于整个五十年代对中国持有的观点，与腊斯克于 1951 年发表的观点相似。朝鲜战争爆发后

---

① *FRUS*, 1964—1968, Vol. XXX: China, Document48, pp. 86 - 94. 参阅忻华著：《羁绊与扶持的困境：论肯尼迪与约翰逊时期的美国对台政策（1961—1968）》，上海人民出版社，2008 年版，第 508 - 510 页。

② 胡礼忠：《一份图谋使台湾和大陆永久分离的美国档案》，《世纪》2002 年第 2 期，第 30 页。

③ 郑又平：《台湾海峡危机期间的美台关系》，载资中筠、何迪编：《美台关系四十年（1949—1989）》，人民出版社，1991 年版，第 161 页。

之后，共和党和民主党之间在中国问题上并无多少分歧。如杜勒斯一位助手所说，杜勒斯仍念念不忘其“重启中国内战的空想”。他深信，中华人民共和国是一个“不信神”的、非法的政权，这一政权“与文明国家的惯例不符”。他坚决主张，美国应该永远拒绝承认北京或与它进行贸易。相反，必须创造导致推翻这个政权的条件。1957 年，杜勒斯宣布：“我们将做我们所能做的一切，来为推翻这一政权出份力。这是我们对我们自己、对我们的盟友和对中国人民应尽的义务。”① 约翰逊在肯尼迪遇刺后继任美国总统。在其任内，约翰逊对美国的对外政策并没有进行大的改变。在对华政策上，“约翰逊本人对中美关系并没有什么建树，他只是继承了其前任，包括肯尼迪和艾森豪威尔时期遗留下的遗产。”②

但是，这种继承并不意味着美国的对台政策不会发生大的改变。相反，20 世纪 60 年代以来台湾内部以及美台关系出现的一些新变化要求约翰逊政府必须适时地调整对台政策。美台关系从一开始就体现为“援助”与“被援助”的关系。从五十年代开始，美国制定了一系列的援台计划，这些援助除了直接的资金注入和经济合作以外，还涵盖了社会生活的各个领域。进入六十年代以后，台湾得益于美国的援助进入了所谓的“异化嬗变期”，其基本趋向是：权威政治体制逐渐被纳入西方资本主义世界体系，农业型社会结构已向工商业型社会结构嬗变；经济制度迅速工业化、商业化、法制化，而政治体制开始异化出党内多元模式；文化机制体系呈现出以传统为主，包容西方理念的复杂变化等。③ 针对台湾从六十年代开始发生的上述变化，约翰逊政府在对台政策构思时特别注重了通过推动台湾内部的本土化变革和民主化进程，其核心是政治改革，台湾政治在七十年代开始的一系列变化证明，“民主改造”台湾的政策正在显现其深远的影响和作用。

---

① ［美］迈克尔·谢勒著，徐泽荣译：《二十世纪的美国与中国》，北京三联书店，1985 年版，第 198 页。

② 苏格著：《美国对华政策与台湾问题》，世界知识出版社，1998 年版，第 337 页。

③ 辛旗：《近四十年台湾社会结构变迁与文化价值体系的调适》，《台湾研究》1990 年第 4 期，第 75 页。

第四节　小　结

自 1948 年秋冬之际美国开始考虑从中国大陆“脱身”起，便已将“不使台、澎落入共产党手中”① 定为美国对台政策的基本目标。蒋介石退踞台湾后，面对急剧变化的东亚局势，美国一度有过放弃台湾的打算，然而朝鲜战争的爆发很快拉开了中美激烈对抗的序幕，三次台海危机又使中美之间水火不容。“鹬蚌相争、渔翁得利”，在中美之间剑拔弩张之时，台湾成了美国在战略上和外交上孤立围堵中国的工具和棋子，美台关系在二十世纪五十年代也经历了可称为“蜜月关系”的时期。而与此同时中美关系则进入了对峙阶段。到六十年代，中美之间虽然仍然充满着猜疑和敌视，但改善关系的暗流已在坚冰之下涌动。这股暗流虽然未能冲破坚冰的阻隔，但已经为七十年代尼克松的“破冰之旅”创造了条件。

在美国酝酿对华政策从“遏制并孤立”向“遏制而不孤立”转变之时，美国对台政策以及美台关系也出现了微妙而又极其重要的变化。约翰逊执政时期正是美国政府的对台政策酝酿调整和变化的时期。比如 1964 年 3 月 5 日，美国参议院外交委员会主席富布赖特（J. William Fubright）在参议院发表题为《旧神话与新现实》的讲话，抨击美国现行的对外政策僵化，与国际政治的现实脱节。他在讲话中指出，不排除美国与中国的关系在未来的时期里有所改变，美国的对华政策应该具有灵活性，以适应变化的现实。特别值得指出的是，他在谈到中国的现实时说：“最重要的是，实际上并没有‘两个中国’，而是只有一个，那就是大陆中国，它是在中共的统治之下，并且很可能无限期地统治下去。”② 富布赖特的讲话实际上否定了美国对华政策长期以来赖以支撑的那个完全是虚幻的依据，即中国大陆的共产党政权不会长期存在下去。

就在美国政府酝酿改变对中国大陆政策的同时，美国的对台政策也经历了重大的转变。从控制台湾岛内政治社会生活发展的角度来看，虽然如上文

---

① *FRUS*, 1949, Vol. Ⅸ, p. 265.

② 苏格著：《美国对华政策与台湾问题》，世界知识出版社，1998 年版，第 338 页。

所述，美国政府在实践中并未利用美援杠杆向台湾施加过大的压力，但这并不代表这种思想在美国不存在。早在1948年5月，司徒雷登就企图“利用美援为工具对蒋委员长施加压力，促使他任用适当的人担任关键职务，并执行改革的方案。”在致马歇尔的公文中，他还主张：“美国应利用双边谈判援助协定的时机，压迫中国政府（指当时的‘国民政府’）采取某些自助的措施。”① 50年代中后期，美国对台湾当局封杀《自由中国》、镇压雷震等人组建“中国民主党”的行动，也颇多微词；从60年代开始，美国则强力要求台湾当局推行“本土化”政策，以图打破国民党一党专权的统治模式。然而，由于当时台湾岛内并不存在能够全面取代国民党集团的政治势力，同时维持台湾岛内形势的稳定与维持美国在西太平洋的反共防线具有密不可分的联系，因此美国政府没有、也不能施加强大的压力，迫使国民党集团进行政治改革。② 简言之，美国政府在杜鲁门、艾森豪威尔乃至肯尼迪任内都没有要利用美援作为施压的杠杆，并非没有这样的想法，只不过当时的条件不允许而已。以1964年9月11日国务院政策规划委员会出台的对台政策报告作为标志，“民主改造台湾”的设想最终被提上议事日程，“以台变华”的方针也得以最终确立。

综上所述，美国对台政策的调整，是根据中美关系的变化来定位的，而不是对华关系以对台关系为转移。这是由美国长期以来的对华战略所决定的。美国人对中国一直存有“传教士心态”，幻想按照美国的意愿改造中国。在中国内战最终爆发之前，不少美国官员都在某种程度上将国共两党之争同美国的两党政治相类比。在他们看来，中国的两大政党也应该以美国的政府形式互相制衡，但由美国人高高在上担任仲裁人；美国应向国民党施加压力，再通过国民党向共产党施加压力，促成一个美国人认为将向民主化发展的两党政治体制。阻止中共夺取全国政权的努力归于失败后，美国国务院在一段时间内确曾希望与新中国政府建立某种正常接触，以便保留在大陆的立足点，逐渐恢复美国影响，离间中苏关系。也就是

① ［美］邹谠著，王宁、周先进译：《美国在中国的失败》，上海人民出版社，1997年版，第417－418页。

② 参阅李洪波：《美台矛盾研究（1949—2000）》，解放军外国语学院博士论文，2006年，第318页。

说，以艾奇逊为首的国务院官员是看到同北京建交的好处的。“承认将使美国能够维持一个‘国内的立足点’，保留与北京建立外交关系和美国影响中国事态发展的前景。”但却没有证据表明，美国政府的决策者认真考虑过在国民党政权灭亡之前就与其断绝联系。“杜鲁门政府的不同结论并非来自对中国历史和社会的高超认识，也非来自对中国共产主义的更深刻把握。相反，它出于艾奇逊那种很大程度上归因于意识形态限制的‘现实主义’。”“承认不是被看做鼓励同俄国冲突的一个手段，而是被看做倘若发生这样的决裂将给予的一项报酬。与此同时，考虑到美国的一项流行假设，即中国共产党人同中国人民格格不入，要求中共政权须享有中国人民的认可则无异于确立一条北京实际上不可能达到的承认标准。在所有这些方面，只有符合中国共产党人大大修改自己的行为这一条件，承认对艾奇逊来说才是可接受的，而这条件实际上就是要求他们不是中国共产党人。这并不是说，在此种现实主义当中实用主义不起作用。伴随着艾奇逊的是这么一种决心：避免同蒋介石有那种更为直截了当的反共主义的密切联系。然而，这种实用主义与英国决策者在人民共和国初创阶段的实用主义根本不同，也与现实主义学者摩根索（Hans J. Morgenthau）的实用主义根本不同。”① 以上文字表明，负责美国对华关系的人缺乏对中国民族权益的起码尊重，他们始终以“救世主”自居，企图按照自己的理想和面貌来“教育”、改造中国，把中国置于美国保护之下。这反映出美国人不熟悉中国的历史、不尊重中国人的尊严和价值观以及一个多世纪以来中国人对现代化和国家统一的追求。

具体在台湾问题上，美国以阻止台湾落入“敌对势力的控制之下”、使台湾成为“取代共产党中国”的决定性力量作为长期的政策目标。该政策的核心是建立和加强与台湾当局的政治军事关系，把台湾当做在亚洲抵抗“共产主义扩张”的重要环节，并企图通过遏制与孤立的途径搞垮新中国政权，最终促使中国大陆朝美国所希望的方向演变。艾森豪威尔上台后，继续执行杜鲁门政府的对华政策，并在台湾问题上采取更为强硬的立场，积极支

① ［美］戴维·麦克林，时殷弘译：《艾奇逊、摩根索与美国拒不承认新中国》，《美国研究》2000 年第 1 期，第 130 – 131 页。

持国民党对中国大陆的各种军事行动，其目的就是遏制和削弱中国在亚洲地区的地位和力量的发展，最终达到“消除共产党在中国大陆的统治”的目的。概括而言，“出于遏制中国的目的，台湾国民党政权已经成为美国在亚洲反共联盟中的重要组成部分，台湾的地理位置、‘政府’的亲美态度和反共意识形态，都使台湾成为美国防御体系中遏制中国在亚洲扩散共产主义的主力。所以，美国必须保持对台湾国民党政权强有力的支持。为了这个目的，美国不得不向台湾提供大量援助，同时坚持台湾‘地位未定论’。这也是美国从1950—1972年对华对台政策的基本态度。”①

但到了20世纪50年代末，美国意识到“遏制加孤立”的政策并不能促使大陆内部发生改变，开始酝酿“和平方式”，于是，“民主化改造台湾”的设计被逐步提上政策议程。美国的意图是利用对台湾的“民主化改造”以此来影响和演变中国大陆，最终达成改变中国之目标。例如，肯尼迪政府就曾试图把台湾作为与大陆对比的民主橱窗，以推行其对华和平演变的政策。肯尼迪于1962年6月20日在接见美国赴台志愿工作人员的讲话中说：“在某种意义上，我认为我们当中的每个人都渴望促进美国的国家利益，以及美国的民主理想。对其他国家而言，我们拥有相同的民主愿望。在中国（指台湾），我们就有一群非常优秀的榜样，他们不分昼夜地外出扫盲，促进卫生事业，修筑大坝等，目的就是为了建设一个更加美好的民主国家。”②肯尼迪相信，以美国为代表的西方民主事业必将在台湾发扬光大。“总之，（在台湾的）中国民族主义者保持了自己的传统文化，并且以此去建设、完善整个岛屿。台湾现在已经是自由亚洲的橱窗，高水准的生活、个人的尊严、浓厚的民族自豪感在整个岛内四处辐射，所有这些均令在共产主义统治

---

① 郝雨凡著：《白宫决策：从杜鲁门到克林顿的对华政策内幕》，东方出版社，2002年版，第87页。

② “Remarks of Welcome to Participants in the Summer Inter Program for College Students, June 20, 1962,” in *Public Papers of the President of the United States*: *John F. Kennedy* 1962, p. 500. 参阅温强著：《肯尼迪政府与中国：美国对华“遏制但不孤立”政策缘起》，天津古籍出版社，2005年版，第128页。

下的中国人羡慕不已。”① 与中国大陆的“一团糟”相比，台湾提供了一个繁荣的生动对照。这将有助于美国“以台变华”方针的推行，即利用台湾的“民主经验”对中国大陆进行和平演变。

① Earl Swisher, *Today's World in Focus*: *China*, Boston: Ginn & Company, 1964, p. 100. 参阅温强著：《肯尼迪政府与中国：美国对华“遏制但不孤立”政策缘起》，天津古籍出版社，2005 年版，第 128 页。

第五章　中美建交前后美国的对台政策

新中国成立至20世纪60年代末，中美关系处于对立、对抗阶段。主要表现为：美国对新中国实行“封锁、禁运、孤立”的敌对政策，进行侵朝战争和侵越战争；由于两大阵营的对峙，美国在政治、经济、军事上一直支持台湾与大陆对抗，企图阻挠中国统一。随着国际形势的变化以及中国国际地位和威望的提升，美国政府迫于现实，逐渐改善与中国的关系，中美关系处于突破的前夕。

第一节　中美关系的改善

20世纪60年代末尼克松上台时，不但在国内面临着二战结束以来最大的政治、经济、社会压力，而且美国在国际上的领导地位也遭到了盟国、第三世界，特别是苏联咄咄逼人的挑战，而美国却深陷越战的“泥潭”不能自拔。为了从越南“光荣撤退”以应对苏联的挑战，尼克松政府被迫在亚洲实行战略收缩，逐渐形成了“联华抗苏”和越南战争“越南化”的战略。①

一、中美关系改善的主要因素

美国同中国在70年代初实现和解并非偶然，而是当时国际形势和美国国内政治发展的必然结果。

首先，中苏关系的破裂是这一时期美国官方改变其对中国态度的重要因

① 参阅吕桂霞著：《遏制与对抗——越南战争期间的中美关系（1961—1973）》，社会科学文献出版社，2007年版，第258－287页。

素。在美国决策者看来，中苏关系的破裂，说明了社会主义阵营的脆弱，也令美国的决策者们产生了可以利用中国来对抗苏联的想法。当20世纪60年代快要终结的时候，不管中美关系多么紧张、多么敌对，美国和中国都认为它们同苏联的关系更加具有威胁性。它们都认为，如果共同对付苏联，那会带来战略上的好处。它们也都觉察到有这样做的机会。双方领导人都认为，他们那种几乎完全疏远的状态是有害的。虽然可以预料，纠正这种局面在各自的国内会引起某些政治势力的强烈反对，但他们都认为，还是值得这样做。一方面，这是一项惊天动地的巨大举措；另一方面，为了克服过去20年来的敌意，又必须进行许多令人厌烦、令人沮丧的艰苦细致工作。但是，这项工作毕竟开始了，尽管是初步的，双方都抱着自己的目的和愿望。于是，1970年初的华沙会谈上通情达理的、建设性的调子占了上风，在两年多的首轮正式会谈的过程中，双方摸索着试图建立一种以共同战略目标为基础的新型关系。①

其次，尼克松1969年初入主白宫后，面对美国国内和国际纷乱复杂的局势，很快就意识到利用中国作为一个“棋子”来盘活整个美国外交的僵局的重要性。由于“文化大革命”和极左思潮导致中国经济发展速度放缓，尼克松也不再认为中国对于美国来说会构成最大的威胁，中国的发展道路也不是第三世界社会发展的样板。他认为中国所面临的困难似乎不允许中国对外“扩张”，因而极有可能再次打开中国的大门，那么“美国对亚洲的任何政策都必须着力面对中国这个现实。……我们显然不能把中国永远留在世界各国的大家庭之外”。② 除此之外，在尼克松的意识中还有另外一个隐忧，那就是他认为中国的孤立与衰弱只是暂时的，在不久的将来，中国将不受外界控制而真正崛起。因此，他在1967年的《外交事务》上发表文章，呼吁让中国“作为一个前进中的大国，而不是作为世界革命的中心”，重新进入国际社会。他反复强调，使中国继续处于孤立状态是危险的，因为10年之内，中国将发展成为一个核大国，到那个时候，美国将别无选择，所以，他

---

① ［美］容安澜著，贾宗宜等译：《悬崖勒马：美国对台政策与中美关系》，新华出版社，2007年版，第4页。

② http：//www. state. gov/r/pa/ho/frus/nixon/i/20700. htm，Document 3.

认为，美国必须及早与中国交往，发展与中国的关系。①

再次，尼克松决定打开与中国关系主要是从战略角度，也就是地缘政治的角度考虑的，暂时把意识形态放在一边。冷战早期，美国人是通过意识形态的标准来识别敌友，国际关系是一场一边是好人、一边是坏人的斗争。共产主义被认为是美国价值的“天然敌人”。而尼克松和基辛格则认为，传统的是非标准应该检讨。所有国家都有生存和拥有合法权益的权利，一个国家不能把国与国之间的利害关系，说成是代表善与恶的斗争。美国应该学会与其他国家合作解决分歧，与制度不同的国家共存。尼克松解释道：“今天，‘主义’已经失去活力……我们是目标是要清除掉外交政策中所有敏感的、情绪化的东西。”“意识形态冲突的国家，在特定的条件和形势下，可能会有共同的目标，而意识形态相同的国家，也可能是彼此敌对的。”基辛格也主张：“我们没有永久的敌人，我们判断别的国家，尤其是共产党国家，特别是中华人民共和国，是依据他们的行为，而不是该国的意识形态。”由于美国政策导向的变化，美国政府实际上已经开启了与共产党国家的合作来遏制另外共产党国家的可能性。基于此，美国决策层对中国产生了新观念，即把中国视为一个潜在的“朋友”，而不是敌人或起码可以是一个非敌意的对手，这样可以最终减少潜在的、需要遏制的敌人的数量。②

最后，美国改善对华关系，也是为其“和平演变”社会主义中国，颠覆共产党政权这个长远目标服务的，是1949年艾奇逊和平演变人民中国、杜勒斯从铁幕裂缝中培养自由种子以及尼克松以接触求演变思想的具体体现。一些美国人认为，美国可以利用投资、资助、技术、双边贸易和互派科学家、学者、尤其是管理人员的计划来帮助中国。这样做的结果，“可能有朝一日甚至会使中国人不仅放弃毛泽东主义，而且也放弃马列主义。”这就是说，美国企图利用改善中美关系的做法，以便起到“和平演变”中国大陆的作用。③

随着“尼克松主义”的出台和中国国际威望的提升，尼克松政府被迫

---

① Richard Nixon, “Asia after VietNam,” *Foreign Affairs*, Oct. 1967, pp. 111 – 125.

② 冈栋俊、陈友著：《美国对华政策50年》，广东人民出版社，2001年版，第149页。

③ 参阅梁云彤、辛仲勤等著：《美国和平演变战略》，吉林人民出版社，1992年版，第90－91页。

接受现实，主张改善与中国的关系。不管是尼克松总统还是基辛格都认为，随着中国在国际战略格局中分量的增强，中国在国际社会中将发挥越来越重要的作用。如果打开通向中国的道路，美国就可能迫使苏联在越南问题上提供短期的帮助，帮助美国从越南撤军，而这在尼克松的日程表上是头等重要的；同时，结束中国的孤立状态还可以消除对美国的一个巨大威胁，为维护世界和平提供巨大的战略机遇；第三，可以使美国从中苏敌对中得到对苏、对华外交政策上的好处，尤其是可以将中国作为美国向苏联施加压力的砝码；等等。总之，“只要有利于加强对抗苏联的全球战略，美国就会毫无例外地支持任何政权。”基于对国际形势的冷静和客观分析，尼克松政府在巴黎与越南和谈的同时，也开始着手改善与中国的关系。①

二、美国的战略调整：联华抗苏

到20世纪60年代后期，中美双方均渴求缓和。在反帝反修的斗争中，1968年苏联入侵捷克斯洛伐克和1969年中苏边境战争，使中国认识到最直接的威胁来自苏联，而不是美国。因此，中国寻求与美国缓和以减轻两边对抗的压力。不仅如此，中国期望与美国联合共同对付苏联。就美国而言，面对强大的国内政治压力，尼克松政府迫切需要体面地摆脱东南亚泥潭。更为重要的是，美国认识到无力同时执行“两个半战争”的战略，即同时与苏联、中国和越南作战；与中国的缓和使美国的战略变成“一个半战争”。此外，尼克松和基辛格期望美国削减其在东南亚驻军后，中国能在亚洲起稳定作用。换言之，60年代后期，苏联利用美国陷在越南不能自拔的有利时机，大力扩充军备，并展开了咄咄逼人的攻势，使美苏力量对比发生了不利于美国的变化。此时，美国政府开始改变把中国当做“最大威胁”的方针，确定苏联是主要竞争对手，在全球范围内构成了对美国的严重威胁，并把中国看作“是解决俄国问题和其他问题的关键”。通过改善同中国的关系，可以大大增加美国对付苏联的资本。尼克松、基辛格等认为，中苏公开分裂以及两者之间的边界冲突，为他们提供了可以利用的绝好机会。美国可以打

---

① 吕桂霞著：《遏制与对抗——越南战争期间的中美关系（1961—1973）》，社会科学文献出版社，2007年版，第287－288页。

"中国牌"，利用中苏分歧来遏制苏联的扩张势头，保持美国的主动，最大限度地维护美国的全球利益。

尼克松后来在其回忆录中指出，使美中两国走到一起的关键因素"是我们对苏联的威胁的共同担忧和我们的下述认识，即如果我们在北京和华盛顿之间用合作来取代敌视的话，我们就能更好地遏制那种威胁"。① 到70年代初，在美国实力地位严重削弱和在与苏联争夺世界霸权处于不利状态的情况下，尼克松政府认识到两国间存在着重大的、可以导致双方关系改善、实现战略合作的共同利益，这就是反对苏联对两国安全的共同威胁。自那以后，"联华抗苏"一直被美国视为中美关系中最优先的课题。中美在其他领域里的分歧，如制度差别、意识形态不同、经济贸易摩擦、台湾等问题上的矛盾，都从属于这一"共同的战略利益"。

由此可见，从60年代后期到70年代，中美关系发展的战略基础是共同对付苏联的威胁。从美国方面看，当时美国与苏联的战略态势出现了苏攻美守的局面，并且美国深深地陷入了越战。尼克松政府在其战略调整中逐渐认识到，美国应该"抓住中国的现实"，尽快调整对华政策，即由过去的敌视、孤立、包围中国，改为利用中苏矛盾，缓和中美关系，以便抗衡苏联和从越南脱身。尼克松入主白宫后即向基辛格表示"应该鼓励政府探索与中国人改善关系的可能性"，基辛格则主持美国政府智囊班子起草文件，为美国调整对华政策提供建议。1969年8月，中苏边界发生的新的流血冲突则加速了美国"联华抗苏"战略构想的成型。② 总之，在60年代末以后，中美关系最大的基础不但是美苏对抗、争夺世界，而且主要的是苏联的军事力量和外交政策对美国和中国的国家安全都构成了严重威胁，尽管对美国和中国来说，这种威胁的性质和形式并不完全相同。对美国而言，苏联是通过与美国的大规模军备竞赛，与美国争夺世界，并对之形成威胁；对中国，苏联是通过在中苏边界陈兵百万，搞反华包围圈等形式造成对中国国家安全的严重威胁。认识苏联是对各自国家安全的主要威胁是七八十年代中美两国的战

① 赵学功著:《巨大的转变:战后美国对东亚的政策》，天津人民出版社，2002年版，第240－241页。

② 薄燕:《中美关系的战略基础之演变》，《国际观察》2000年第3期，第10页。

略共识，把对付这种威胁作为各自国家战略的重点是当时中美关系的战略基础。与苏联威胁相比，当时中美在意识形态、民主、人权、台湾、贸易等方面的矛盾分歧就成为次要的问题，双方为对方苏联威胁和为了两国间的共同利益，可以容忍和管理两国在其他方面的分歧，包括意识形态、人权和台湾等方面的严重分歧。对主要威胁的共识、对方主要威胁的共同利益等形成了七八十年代中美关系的战略基础，也决定了当时中美两国关系“战略合作”的性质。①

三、中美关系改善的实现

肯尼迪、约翰逊政府时期，美国已经开始考虑从台湾海峡脱身，以缓和同中国大陆的关系，这一考虑使美国进一步坚定了反对台湾在台湾海峡乃至中美之间再挑事端的决心。美国对台政策的一系列调整对围绕台湾海峡所形成的中美台三角关系产生了重大而深远的影响。约翰逊政府的对台政策在总体思路上继承了肯尼迪时期的对台政策，同时在具体政策上，约翰逊政府开始了实质性的调整，这些积极的调整对后来美国对台政策的走向有着深远的影响。这一时期，美国结束了与台湾关系的“蜜月期”，台湾在美国国际战略中的作用不断降低，美台关系渐行渐远。随着疏远台湾政策的制定，美国不再直接卷入台湾海峡的军事对峙，并继续对台湾当局施加压力，反对其反攻大陆，希望以此保持台海相对稳定的局面。另一方面，约翰逊政府并不想放弃台湾的战略作用。为了同时解决对华、对台两个问题，美国推行了“两个中国”的政策，但结果是遭到两岸的一致反对。而且，虽然约翰逊政府停止了经援，却没有停止军援，美国坚持对台军售为日后中美之间不断产生的争端埋下了祸根。美国对台政策的调整也直接影响了台湾的国际地位。长期以来，美国一直把台湾看成是美国在远东乃至东南亚的一枚棋子，认为台湾是其在太平洋上的“不沉的航空母舰”。在美国的对华战略中，打台湾牌也是其常用的手段之一，由此可以看出台湾的重要性。但是，随着约翰逊政府对华政策的调整，美国开始逐渐疏远台湾，这直接导致了台湾国际地位的下降，一些西方国家和第三世界国家对台湾态度也发生变化，台湾在外交

① 楚树龙著：《冷战后中美关系的走向》，中国社会科学出版社，2001 年版，第 4－5 页。

上越来越被动，到中华人民共和国进入联合国，台湾驻联合国代表被迫退出后，台湾最终失去了其在国际关系中的“合法”地位。

事实上，台湾海峡相对平静的局面的确为日后中美关系的和解提供了一定的条件。约翰逊政府时期，美国对华政策发生了明显的转向。种种迹象表明美国将改善对华政策，与此相应地，美国对台政策也发生了重大变化，台湾逐渐失去了其在美国全球战略中的重要的地位，美台关系开始疏远。美台关系的疏远既是中美关系即将改善的一个信号，也是中美关系改善的关键一步。20世纪60年代中期，中华人民共和国的不断强大已引起了美国的注意和初步承认，美国越来越感觉到改善美中关系势在必行，而在美中关系中最敏感、最重要的问题就是台湾问题，因此低调处理美台关系，逐步疏远台湾就是不得不做的事情了。约翰逊政府时期，美国改变了长期的对华政策，提出了“遏制而未必孤立”的政策，从政策层面上看，美国已经作好了解决中美关系的准备。美国对台政策的一系列微妙而复杂的变化显示了美中关系的逐渐松动，这为后来尼克松打开中美关系之门创造了条件。到了1968年下半年，由于美国深陷越战难以自拔，再加上中苏分裂的加剧，美国国内出现了要求制定新的对华政策的趋势。

尼克松上台以后，随着中国国际地位的提高和政治影响的扩大，美国一些人士和广大人民要求政府改变对华政策的呼声愈来愈高。在这种背景下，美国政府不顾台湾当局的一再反对，采取了一系列缓和中美关系的行动：1969年7月下旬，美国放宽了对美国人来华旅行和贸易交流的限制；1969年冬减少第七舰队在台湾海峡的定期巡逻；1970年宣布若不驱逐“中华民国”，美将不反对中华人民共和国进入联合国；同年12月提出希望同中国方面举行高级会谈，讨论包括台湾问题在内的各种问题；经过中美双方的努力，1971年7月，基辛格首次访华，揭开了中美关系的新一页。1971年7月上旬，尼克送总统特使、美国国家安全事务顾问基辛格乘赴越南南方执行调查任务之便，从巴基斯坦秘密飞往北京，与周恩来等中国政府领导人在3天中进行了长达17个小时的会晤，双方就共同关心的台湾、印度支那、美苏关系以及建立中美直接联系渠道等问题，进行了认真、坦率的会谈。经过反复磋商，双方商定尼克松总统将与1972年春访问中国。1972年2月21日，尼克松总统首次访华，经过多次会谈，2月28日中美双方在上海发表联合公报，从而为中美关系正常化奠定了基础。《上海公报》阐明了中美双方各自的立场：中美两国的社会制度和对外政策有着本质的区别，但双方同意，各国不论社会制度如何，都应根据和平共处五项原则来处理国与国之间的关系。美国承认台湾是中国的一部分，并撤出全部武装力量和军事设施。双方同意，在科学、技术、文化、体育等方面进行人民之间的联系与交流，同意为逐步发展两国的贸易提供便利。中美《上海公报》的发表，使两国关系中的最大障碍得以突破，从而结束了两国多年的敌对关系，中美关系开始走向正常化，为以后中美关系的进一步改善和发展打下了基础。

美国调整对华对台政策有多项原因，其中最主要的，是美国对苏政策中对抗的因素上升了，美国在全球战略中需要借助中国，尤其是在东北亚这块美苏争夺"战略包围"的要害之地，美国政府通过与中国关系正常化和处理好台湾问题，换取中国在维持朝鲜半岛局势的稳定上发挥影响，抵御苏联势力的南下。总而言之，随着国际局势的变化和中华人民共和国的逐步壮大，中、美、苏"大三角"架构已初见端倪。美国为了在与苏联的较量中保持优势，出于"联华抗苏"的战略考虑，主动寻求对华关系的改善。《上海公报》、《建交公报》、《八·一七公报》的发表显示出这一阶段中美关系的逐步缓和。

第二节　尼克松、卡特时期美国的对台政策

进入20世纪70年代，中美关系逐渐得到改善。1971年联合国恢复了中国的合法席位；1972年尼克松总统访问中国；1979年，中美两国实现了关系正常化。顺应这些变动，美国政府改变了原有的对台政策：不再支持国民党以"反攻大陆"为理由维持独裁统治，而是推行以"民主、人权"取代"反共"的"冷战新思维"，敦促国民党"实现台湾的民主化"。独裁的国民党政权不仅引起了岛内民众对当局的强烈怨恨，而且破坏了美国的形象。因此，改变台湾政权的专制独裁性质成为美国对台政策的重要目标。在这样的背景之下，70年代以来，被"抛弃"了的台湾政府迫于形势开始对政治制度进行较彻底的改革，使台湾至少从形式上开始逐步向西方民主制度

靠近。

一、宗 旨

台湾问题一直是阻挠中美关系正常化的关键问题。从20世纪50年代中美大使级会谈以来，美国一直要求中国政府承诺放弃对台湾使用武力。美国坚持“任何要求美国政府放弃它对台湾的安全承诺的想法都是不能被接受，和根本不能谈判的。”美国还坚持“任何关于台湾的最终解决办法，不管是什么情况，都必须得到台湾政府和人民的同意，因为他们的利益直接受到影响。”① 尼克松在1972年2月访问中国之前，在对国会的年度外交政策报告中又向国会保证：“我们与中华人民共和国的对话不会牺牲我们朋友的利益”，对台湾，“美国将保持我们的友谊，我们的外交纽带，信守我们的防御承诺”。一句话，美国不会抛弃“老朋友”。② 尼克松离开北京几天之后，3月3日，助理国务卿马歇尔·格林（Marshall Green）即奉命飞抵台湾，向台湾当局送上尼克松的亲笔信，向蒋介石保证，“忠实地履行我们对台湾问题所有承诺和义务是美国政策的基石”。3月6日，尼克松接见台湾“大使”沈剑虹，表示“美国决心遵守对中华民国的承诺”。他还说：“《上海公报》不是一项条约，仅是一项共同声明，双方就各项问题表示本身的立场，并未试图达成协议。”美国政府对台湾的一贯立场是，这个问题应用和平手段解决，美国无意干涉，也不会敦促任何一方进行谈判或提供建议，美国不愿介入此事。他要求台湾不要再怀疑美国信守对台湾的承诺的决心。谈话的第二天，沈剑虹立即飞回台湾向蒋介石汇报。③ 据统计，从1972年2月尼克松访华到他1974年8月辞去总统职务为止，尼克松政府在不同场合保证美国继续履行其对台湾的安全义务共达52次之多。④ 要言之，美国在解决台湾问题上总是脚踩两只船，不肯丢弃所谓“老朋友”。尼克松从决心打开中国

---

① 郝雨凡著：《白宫决策：从杜鲁门到克林顿的对华政策内幕》，东方出版社，2002年版，第283页。

② “The Annul Report to the Congress on the United States Foreign Policy,” *Public Papers*: *Nixon*, 1972, p. 219.

③ 沈剑虹著：《使美八年纪要——沈剑虹回忆录》，（台北）台湾联经出版事业公司，1982年版，第9－10、95－98页。

④ 郝雨凡著：《美国对华政策内幕》，台海出版社，1998年版，第136－137页。

大门起，便声称“美国谋求同中华人民共和国建立新的关系的行动不会以牺牲我们老朋友的利益为代价”。① 一方面，中美关系要服从美苏关系，中美关系正常化也就只能降到次要地位；一方面又要时时记得“不损害”台湾的利益，没有决心排除正常化的主要障碍。1977 年卡特政府上台时的对华对台政策就是这样举棋不定的。当卡特在决定与中国建交时，仍坚持美国不可放弃对台湾的利益所负的义务。② 1979 年 4 月 10 日，卡特签署了《与台湾关系法》，对台政策的调整基本完成。这项法案的根本目的是要“保证美国同台湾的关系在实质上没有发生变化的情况下继续保持下去”③，它成为此后美国对台政策的基础。

如上所述，尼克松政府曾打算用“双轨制”的方法来分别处理同中华人民共和国和同“中华民国”的关系，这显然是在推行“两个中国”的模式，因此遭到中国的反对而未能奏效。卡特政府上台后改换了手段，一方面在外交上正式承认中华人民共和国而同台湾“断交”，另一方面却不顾中国的抗议，与台湾建立起以《与台湾关系法》为指导的实质性关系。《与台湾关系法》第四条款规定：“举凡美国法律提到或涉及外国的国家、民族、政权、政府、或类似实体时，此一名词包括台湾，此等法律也可用于台湾”。同条 B 款规定：“美国同台湾之间的计划、交往或其他关系类同于其他国家与美国之间的交往等关系。”这样，在美国政府接受建交三原则后，又在实际上予以部分抵消，推行实质上的“一中一台”政策。④ 美国著名学者罗伯特·萨特（Robert Sutter）曾经一针见血地指出，这个台湾关系法“清楚地暗示美国希望台湾在可见的将来继续保持与大陆分离并置于美国的保护之下”⑤，从而埋下了以后中美关系中的许多矛盾和摩擦的祸根，成为中美两

---

① 冬梅编：《中美关系资料选编》，时事出版社，1982 年版，第 82 页。

② 现代国际关系研究所选编：《美中建交前后——卡特、布热津斯基和万斯的回忆》，时事出版社，1984 年版，第 5 页。

③ 庄去病等：《评美国的〈与台湾关系法〉》，载资中筠、何迪编：《美台关系四十年（1949—1989）》，人民出版社，1991 年版，第 200 页。

④ 姚一平、张景旭：《美国对台政策与台湾之前途》，《政治学研究》1985 年第 4 期，第 26 页。

⑤ ［美］罗伯特·萨特：《台湾：正在形成的关系》，载中国社会科学院美国研究所编译组：《美中关系未来十年——美国大西洋理事会对华政策文集》（1983—1993），中国社会科学出版社，1984 年版，第 329 页。

国进一步发展关系的主要制约和严重障碍。

从60年代中后期以来，美国对华对台政策的制定中一直存在着两股相互矛盾的力量，一方面美国希望与中国改善关系，另一方面又不愿放弃它在台湾的利益。到70年代初，美国对华对台政策中这一矛盾更为突出，而这是导致中美建交和接踵而来的《与台湾关系法》的最基本原因。① 台湾对美国来说具有政治、意识形态上的意义，并没有因为美国同中华人民共和国建交而失去。对于那些反共亲台的右翼势力来说，社会主义的中国依然是可恶可怕的，而台湾却被誉为“进步与自由的城堡”。他们甚至继续鼓吹帮助台湾当局夺回大陆。这种极端主义主张当然影响十分有限。能产生广泛影响的是台湾自身发展状况所具有的宣传作用。1978年5月20日，17位众议员联名写信给卡特总统，指出“中华民国”是“当今世界上最成功的非共产党国家之一”。台湾的成就可以被用来证明“在发达的资本主义民主国家帮助下”，不发达的国家只要进入“国际市场体系”就能取得国力发展、政局稳定和分配公允；也可用来证明马克思主义关于资本主义和帝国主义的论断是错误的。由于台湾成了宣传美国对外援助和资本主义制度的一面样板，美国政府自然要格外加以爱护。②

总之，到了70年代，美国继续其对台湾当局的“外交”承认，但随着《上海公报》的发表，中美关系的大门得以打开。然而，此后的美国对华政策，始终追求的目的就是同中华人民共和国关系“正常化”，但不牺牲美国在台湾的利益。“就政治和战略利益来说，支持国民党的台湾，将其作为自由世界的一部分，已成为美国国内政治中一个不可动摇的信念，尤其在美国对全球共产主义实行扼制的冷战时期。从经济上讲，经过20多年的投资，美国在台湾的商业利益也已经太大，使之难以忽视。没有人敢建议改变这一对台政策。任何试图改变现行政策的努力，都被认为是美国政治上的自杀之

---

① 郝雨凡著：《白宫决策：从杜鲁门到克林顿的对华政策内幕》，东方出版社，2002年版，第723页。

② 参阅熊志勇：《艰难的抉择——中美关系正常化对美台关系的影响》，载资中筠、何迪编：《美台关系四十年（1949—1989）》，人民出版社，1991年版，第187－188页。

举。"[1] 美国人自身将这种由来已久的政策称为所谓"双轨"政策。中美建交之后，美国对华政策的重心转移到了中国大陆一侧。但是，美国在台湾问题上对中国内政的干涉，却一直都没有停止。究其缘由，美国在台湾问题上的政策立场和走向服从于美国的对华战略需要，改变中国是其不变的宗旨。

二、方　针

自20世纪50年代以来，由于台湾所处的战略位置，它被美国视为西太平洋防御圈的一个环节，用于阻止在苏联指挥下，由"红色中国"在东亚和东南亚推行的"共产主义扩张"。然而，60年代末的国际形势却使得台湾的这个作用大大削弱。中美关系解冻之前，美国的台湾政策是视台湾为遏制政策中战略联系的关键，是艘对付中国的"不沉的航空母舰"，是受美台共同防御条约保护的对象。与改善中美关系的考虑相联系，美国的政策目标有两：一是减少在台湾地区军事冲突的危险，避免美国因条约义务而卷入又一场战争（此时越南战争尚未结束）；二则鼓励台湾维持一个独立的政治实体所需的环境，除非并直到它选择同大陆和平统一。[2] 因此，20世纪70年代初，美国表面上放弃"两个中国"和"台湾地位未定"的谬论，认识到只有一个中国，但却不指明是"哪一个中国"。70年代末，美国出于"联华抗苏"的需要，承认只有一个中国，承认中华人民共和国是中国唯一合法政府，但实际上仍坚持"一中一台"的政策，中美之间的台湾问题并没有完全解决，美国的武器售台和《与台湾关系法》对中美关系的发展投下了阴影。事实上，自1972年尼克松访华以来，美国所推行的"一个中国"政策，其实质就是利用台湾问题限华防华。如尼克松本人所说："我们必须明确一点，在与大陆的中国人建立友谊的同时，我们不会牺牲在台湾的中国朋友。……放弃过去一直支持的事业，终结对立有誓言的同盟所应尽的义务，这种做法常常是必要和合法的。但是，抛弃处于危难之中的朋友却总是错误的。我们也许不得不置他们的利益于不顾，但至少应该千方百计地挽救他们

---

① 郝雨凡著：《白宫决策：从杜鲁门到克林顿的对华政策内幕》，东方出版社，2002年版，第486页。

② 潘锐：《美国的对台政策：历史与现实》，《国际商务研究》1999年第6期，第53页。

的生命。”① 这表明，中美两国虽然在一定条件下可以改善关系，但由于美国在涉及中国的国家主权原则这样重大的问题上从未放弃其制造争端的立场，因此，中美关系的发展始终受到制约。

另一方面，早在70年代，中美关系对抗的时代过去后，美国就在积极开展“联华制苏”战略的同时，积极地推行“民主、人权”外交，积极推动台湾的“民主化”进程。为此，美国的对台政策由容忍、默认国民党当局的独裁统治，逐步转向促使其向“民主和自由”方向发展。1971年6月美国中央情报局提出了一份对台政策报告，认为：“台湾的政治体制应当是建立一个‘由台湾人控制的代议制政府’，一旦政权‘掌握在台湾人手里’，美国就可以‘设法就台湾的最终法律地位与中国对话’，或者是‘台湾人接受在中国范围内某种形式的同治地位’，或者是‘造成一种政治局势，使中国人同意一个友好的台湾‘独立’’”②。此报告开始突出了“政权台湾化”、“两岸分离化”的策略构想。70年代后美国对台政策就是按照这一构想制定和实施的，并且突出地表现在两个方面。一是美国积极扶植国民党内的技术官僚和庇护台湾的反对派势力，二是压国民党当局实行政治自由化和“民主化”的改革。③

概而言之，从20世纪70年代起，美国逐渐把用其价值观念来影响和改变台湾的政策付诸实施。在这一政策中，美国力图以自己的“自由、民主”观念为标准，通过各种手段，使台湾具有与其一致的民主观念。也就是说，改造出一个“民主”的台湾是美国对台政策的重点。这一政策从20世纪70年代起一直持续到后冷战时代。美国对台湾的改造政策以促进台湾的民主化进程为主要内容，包括促进台湾的人权发展、政党制度、选举制度、台湾政权的本土化等。美国试图通过促使台湾社会民主制度的建设来发展台湾的民主政治，并使台湾社会形成美式民主的观念。其根本目的在于维护美国的利益，实现美国的对华战略。也就是说，美国试图将台湾树立为一个“和平演变”的样板，“台湾向全世界证明了一党独大政治制度的思想社会，也可

① ［美］理查德·尼克松著，杨鲁军等译：《1999：不战而胜》，上海三联书店，1989年版，第253页。

② 《台湾淡人“后蒋经国时代”》，（香港）《明报月刊》1988年1月号，第16页。

③ 参阅姜南扬著：《台湾政治转型之迷》，文津出版社，1993年版，第195—196页。

以进化发展成为活泼的多党政治”①，以所谓“台湾经验”引导中国大陆走向资本主义。

三、结　果

1979 年，在美国国会通过的《与台湾关系法》中规定，作为美国公开承担保卫台湾的所谓“主权”、安定和繁荣的条件，台湾必须实施“人权”，必须沿美国式的民主轨道前进。之后，美国国会又陆续通过了所谓“台湾民主修正案”、“台湾问题解决案”等法案，宣称“维护并促进全体台湾人民的人权是美国的目标”，要求台湾当局“加快实现完全民主的政体过程”，“迅速采取行动结束戒严状态”，“取消关于禁止建立新党的决定”。② 同时要求台湾当局放弃一党专制和政治高压统治，进行政治革新，开放党禁和报禁，解除戒严，推行政党政治。总之，20 世纪 70 年代后，随着中美关系的改善，美国的国际战略发生了重大变化，美国的对台政策也由此发生了相应的调整，由支持台湾国民党以武力对抗大陆，变为支持台湾当局用资本主义的自由化和多元化影响和牵制大陆。美国对台政策的变化极大地影响和促进了台湾的“民主化”进程。由于台湾在很大程度上已接受了美国的政治模式和价值观念并在经济上取得了较大的成功，美国认为：“台湾作为世界大棋局中的一颗重要的棋子，尤其是台湾的意识形态、价值观念以及近年来的政治‘民主化’，完全符合美国的利益。”③ 美国希望通过扶持台湾的“民主化”进程，以台湾推行民主化的经验来影响大陆的改革方向，达到“以台制华”、“和平演变”中国大陆的政治目的。由此可见，台湾的“民主化”进程是台湾岛内各种政治力量相互作用的结果，也是国际形势发展变化影响的结果，更是美国加紧推行“台湾民主化”、企图将其塑造成亚洲“由独裁转为民主政治的样板”这一政策的必然结果。④

---

① 纽约外交关系协会：《处理台湾问题——改善中美关系之道》研究报告，转引自《编译参考》1996 年第 4 期。

② 中国社会科学院台湾研究所编：《台湾总览》，中国友谊出版公司，1991 年版，第 90 页。

③ 于江欣：《两难：美国在台海问题上》，《世界知识》2000 年第 6 期，第 13 页。

④ 杨永斌：《冷战后美国在在台湾的意识形态战略利益》，《当代亚太》2001 年第 9 期，第 13 页。

第三节 里根时期美国的对台政策

里根在任美国总统期间，其对华政策存在两面性：一方面中美关系有突破性发展；另一方面，在意识形态上又有明显的反共亲台的特点。美国是一个突出意识形态理念的国家，其浓厚的意识形态色彩主要表现为强烈的“民族优越感”和传统具有的反共意识：美国负有领导世界致力于“道义复兴”的特殊责任，美国的利益就是“人类的利益”。美国从里根时期起，就非常重视对社会主义国家的“和平演变”，确定“中烈度的攻心战略”（或叫“民主化工程”），认为“在与共产主义的斗争中，‘精神力量’与经济、军事力量同等重要”。① 里根保守主义反共本质体现在，作为其外交政策基石的“里根主义”的核心就是反对共产主义。里根认为当今世界的罪恶之源就是共产主义。他的名言是：“朝自由民主迈进，会将马列主义埋葬在历史的尘埃之中”。他不止一次称苏联为“邪恶帝国”，认为只要有共产主义存在，世界就不得安宁。② 在对华外交上，里根政府试图强化台湾作为其“西化”中国的样板。20世纪七八十年代开始，台湾国民党当局在美国的压力下，进行“民主化”改革，逐步形成美国式的政治运作模式，完成了在美国棋盘上由“反共桥头堡”到“民主楷模”的角色转化。美国认为加强与“自由、民主”的台湾的关系，进而通过台湾“民主的橱窗”的辐射作用，以“和平演变”中国。

一、宗 旨

美国认为，台湾的政治改革是美国对台政策的成功。早在1979年美国国会通过的《与台湾关系法》就包含两个原则，即美国公开承认保卫台湾的安全和繁荣的义务；作为条件，台湾必须实施“人权”，沿美国式民主化发展。这符合美国一贯的外交战略，即其外交政策既要反映美国的国家利

① 戴德铮等著：《当代世界格局与国际关系》，武汉大学出版社，1999年版，第184页。

② 严波：《美国国内政治生态与台湾问题上的“双轨政策”》，《台湾研究集刊》2006年第2期，第25页。

益，也要体现美国的价值观念，并把维护其价值观所认同的正义、民主、人权作为对外政策的主要目标。基辛格就曾指出：“理想主义者认为，美国具有无与伦比的本质。这表现在其无与匹敌的道义和实力上。美国对它的力量和目标的正义性是如此自信，以至于不惜为它的道义在全球一战。”① 在这种思想倾向下，美国很容易对台湾发生的多党选举等“民主化演变”产生认同，并把台湾作为西方和平演变中国的工具。因为台湾与大陆血脉相连，它的民主化对大陆更有说服力和促进性。美国为加速台湾的“民主化”步伐，不断对台军售，以加强台湾的防御能力，保护台湾的安全。

到了80年代，一方面由于台湾当局在80年代初对美国具有较强的依赖性，另一方面由于中美关系正常化后，台湾当局在美国的亚洲“反共事业”中重要性降低，同时，也由于经过30多年的建设，国民党在台湾岛内的统治地位日益稳定，承受外来压力的能力增强，因此美国政府开始施加强大的压力，要求台湾当局进行以“民主化”为标志的政治改革。美国之所以热衷于关心台湾岛内政治的发展，是由其价值观和利益决定的。从美国的价值观来说，在美利坚民族形成之初，美国人就从其经历之中，深深体会到人权对个人的重要性。美国传统的“天定命运”（Manifest Destiny）的思想，促使他们到处推进人权发展。二战结束后，美国的国力得到了极大的发展，跃居世界巅峰，更加剧了美国人干涉世界事务、领导世界的野心。然而，进入七十年代以后，由于美国国力的衰落，加之军事干预往往会带来难以预料的后果，美国越来越倾向于以“人权”为幌子干涉他国内政。卡特政府提出的“人权外交”便是这种干涉手段登峰造极的发展。再加上如前所述，国民党在岛内实行独裁统治，压制民主，践踏人权，引起岛内各阶层人民不满，留下社会动乱的隐患，不仅威胁到国民党的统治，也危及美国在台湾的利益。在1982年关于台湾戒严法的听证会上，索拉兹就表示，如果戒严法不废除，可能引起岛内“纷争和无政府状态”，从而引起“中共干预”。② 美国政府干预台湾政治的发展，也不乏制造“两个中国”、“一中一台”的

---

① Managing the Taiwan Issue: Key is Better Relations with China, *Report of an Independent Task Force*, New York: Council on Foreign Relations, 1995, p. 11.

② 林正义：《1988年至1989年中美政治、军事关系演变》，载林正义主编：《中美关系报告：1988—1989》，（台北）“中央研究院”美国文化研究所，1991年版，第7页。

险恶用心。上述美国对台政治发展各个方面的干预，有着紧密的内在联系。美国关注台湾的“人权状况”，就是为了鼓励台湾“反对运动”的发展。在这些“反对运动”中，又不乏要求“台湾独立”、“台湾人民自决”的势力。美国鼓励台湾的“本土化进程”，更是为了削弱国民党大陆籍人士的势力，欲借此割断台湾领导层的“大陆情结”，培养“台湾意识”。至于影响台湾政治体制的变化，则是为了使台湾实行与美国认同的资本主义制度，同大陆的社会主义制度对抗。两地社会制度的差异越大，统一的难度也就越大。美国还要通过这些影响，使台湾成为做给大陆人民看的“民主的样板”，从而为美国“和平演变”大陆的战略服务。①

二、方　针

里根时期，美国向台湾当局施加强大的压力，要求台湾采取措施，促进“政治民主化”的发展。美台“断交”以后，美台政治上的联系，并没有由于双方关系的“非官方”性质而终止。相反，进入80年代，美国开始利用台湾对其依赖程度的加深，从各个方面不断施加影响，力图让台湾岛内政治发展朝着美国期望的方向变化。在对国民党当局施压方面，美国国会议员充当了急先锋。他们组织“台湾民主促进会”，在国会发声，要求台湾不要拖延民主政治的推行；一些议员还以《与台湾关系法》中的“人权条款”②为依据，以尊重台湾人人权为借口，反对国民党的威权统治，支持“台湾独立”，如参议员克莱恩·佩尔（Claiborne DeBorda Pell）曾表示，“台湾应

---

① 参阅李洪波：《美台矛盾研究（1949—2000）》，解放军外国语学院博士论文，2006年，第233-234页。

② 《与台湾关系法》第二条C项规定，“本法中任何规定，在人权方面都不能与美国的利益相抵触，特别是有关大约一千八百万台湾居民（inhabitants）的人权方面。本法案特重申维护与提高台湾所有人民的人权，为美国的目标（objectives of the United States）”，这条规定是经过彭明敏等“台独分子”积极游说后，由亲“台独”的美国议员加上的。该条款为美国时刻干涉、关注台湾人权状况的发展，提供了法律依据。正是有了该条款，“美国国会才有正当理由举行听证会和通过决议来扩大台湾的政治发展。自1979年以来，几乎所有关于台湾的听证会都聚集于岛内的政治发展上”。同时，把对它国或地区人权状况的关注写进本国法律的作法，也是史无前例的。参阅［日］若林正丈著，赖香吟译：《蒋经国与李登辉》，（台北）远流出版公司，1998年版，第154页；Cheng-yi Lin, “The U. S. Factor in Taiwan's Political Development, 1979—1989”, *Sino-American Relations*, Vol. XVIII, No. 4, Winter 1992, p. 37.

成为一个由台人自治的自由和独立的国家。这虽非美国政府现行政策，但我希望最终会成为美国的官方政策"①，这种言论使国民党忧心忡忡，担心若再坚持一党专政，美国人有可能会考虑"换马"；1982年，参议员肯尼迪等三十余位国会议员签署了声明，要求国民党尽快解除"戒严令"；1981年"陈文成事件"，1984年"江南事件"，1985年台湾情治单位拘留美国洛杉矶华文报《国际日报》发行人李亚频，这些事件引起美国国会的强烈反应，众议院外交委员会就这些案件举行听证会，推动形成决议，并用"停止军售"做威胁，迫使台湾当局接受美国的要求。特别是"江南事件"之后，美国众议院外交委员会亚太问题小委员会召开公听会，讨论是否发动"美国武器输出统制法修正条项"，使国民党大为紧张。与此同时，美国媒体指出"江南事件"的幕后与蒋经国的次子蒋孝武有关，这迫使蒋经国不得不在1985年两次发表声明，保证蒋家人不会再当"总统"，并在1986年2月把蒋孝武外放为新加坡商务代表团副代表，以使美国人放心蒋经国不会在台湾搞"家天下"；1985年9月，美国众议院以口头表决通过"223号提案"，要求台湾取消"戒严令"、开放党禁。美国国会对国民党的批评，形成了要求台湾"解除戒严"的压力，令国民党"极为难堪"。② 1986年8月1日，美国众议院外交委员会以压倒性多数票通过"233号决议"，其中最重要的一点就是敦促国民党开放党禁。1986年9月13日，美国又派官员向国民党建言：因为恐惧共产主义威胁而不敢实施民主政治是错误的，很多国家都证明实施民主政治才能防止共产主义。③ 国民党在政治、军事或经济上都必须依赖美国，必须尽力对美国朝野推销台湾比中国内地更为"自由"、"进步"的形象，因此，迫于美国压力，蒋经国不得不多次宣称要推动台湾的民主化

---

① U. S. Congress, Senate, Committee on Foreign Relations, *U. S. Policy Toward China and Taiwan, Hearing*, 97th *Congress*, 2dSession, Washington, D. C.: Government Printing Office, 1982, p. 18.

② 郝柏村认为，"美国的压力当然是有，比方美众议院亚太小组主席索拉兹他要求我们要解除戒严……"参阅郝柏村著：《郝总长日记中的经国先生晚年》，（台北）天下文化出版股份有限公司，1995年版，第334页；漆高儒著：《广角镜下的蒋经国》，（台北）黎明文化事业股份有限公司，2001年版，第269页。

③ 孙庆余著：《民进党现象》，（台北）日知堂文化事业有限公司，1992年版，第46－48页。

进程。①

综上所述，进入20世纪80年代后，美国不断敦促台湾当局进行政治革新，走向“政治民主化”。对台湾的“政治革新”，美国最关心的就是废除“戒严法”。“戒严法”制订于1934年1月，并于1948和1949年两次修订。它压制了台湾的民主运动，引起了美国的极大不满。在80年代，美国国会多次召开听证会，讨论台湾“戒严法”的废除问题。1982年5月，众议院外交委员会亚太小组主席索拉兹（Stephen Solarz）召开听证会，认为实施戒严法同台湾当局宣称的实行民主不相称，是台湾政治发展的障碍，也是台湾当局骚扰华裔美国人的根源。他同时认为，美国不应支援一个压制民主的“国家”。戒严法的存在，将会严重阻碍美台关系的发展。1984年5月，美国会众议院又召开了名为“台湾政治发展”的听证会。会后，亚太小组通过一项决议称：国会认为，若台湾当局继续并加速全面民主的脚步，那将最好不过；特别希望能借终止戒严及其他紧急条款，释放政治犯，来保障所有台湾人民的权利。② 从行政当局方面来说，美国务院认为“戒严法”及其他紧急处分条款是台湾政治发展的障碍。美国发布的人权报告认为“戒严”使国民党当局“控制新闻媒体、审查信件、禁止罢工、无拘票搜查、登记财产及禁止集会”。尽管国民党当局后来采取了一些措施，力图改善人权记录以取悦美国，但该报告仍坚持认为，“台湾政治虽有进展，但赶不上经济的增长；公开表明尊重人权，实际上施行不彻底。”③ 1987年台湾当局宣布解除戒严令后，美国政府大加赞赏。在当年的台湾人权报告中，美国指出，台湾的政治改革得到广泛的赞许，解除戒严是台湾走向政治多元化的一大步。④ 与此相呼应，当时的台湾当局认为：“‘中华民国’已在台湾创造了基于三民主义思想成功的经验，这种‘台湾经验’不仅对中共政权构成了严重

---

① 参阅林震：《试论台湾民主化的动因》，《河海大学学报》（哲学社会科学版）2005年第2期，第58页。

② John F. Copper, *China Diplomacy: The Washington-Taipei-Beijing Triangle*, Colo.: Westview Press Inc., 1992, p. 7.

③ 林正义：《1988年至1989年中美政治、军事关系演变》，载林正义主编：《中美关系报告：1988—1989》，（台北）“中央研究院”美国文化研究所，1991年版，第5页。

④ 王昭麟：《台湾人权报告——美国观点的重要指标》，（台湾）《美国月刊》1989年第4卷第6期，第75页。

冲击，也成了大陆迈向民主自由的催化剂。”基于这种认识，台湾当局提出“政治反攻大陆”，企图以推广“台湾经验”来达成影响大陆的目的。①

总之，美国对台湾政治转型的推动并非是为了台湾的民主和自由，而是为了用一个“民主”、“自由”的台湾影响、演变中国大陆，以及通过“自由化”和“民主化”扶助一个台湾人的“政府”，造成海峡的事实分裂或永久分裂，以牵制和削弱中国的力量。② 具体而言，台湾在美国眼中的战略价值始终未变，美国从未放弃将台湾作为其势力范围的企图。“以台制华”，分裂中国，是美国在两岸关系问题上的基本利益。除此之外，美国认为“民主”是其在台湾的又一重要利益。1986 年 10 月 15 日，蒋经国亲自主持下的国民党中常会宣布将解除国民党在台实施 38 年之久的“戒严令”和“党禁”，并宣称这是为使持“不同政治立场”的“政治团体”在“政党体制”下，以“平等地位，理性政见从事政治竞赛。”以此为标志，台湾逐渐进入了多党制的政治体制。美国认为台湾的政治改革符合美国的自由、民主观念，并且认为台湾在人权问题上的“进步”堪称东亚的模范。因而借“台湾民主化”扩展美国的民主观念，并影响大陆的政治制度便成为台湾的又一重要“价值”。③

从以上的讨论中，可以看出在中美建交前后，伴随美国实行“联华抗苏”的战略，台湾在遏制中国大陆方面的价值有所下降，这使台湾在反对美国要求其“民主化”的阻力减小，美国对台政策中“以台变华”方针得以从付诸实施到逐渐明朗化。例如，美国人毫不讳言台湾就是中国社会能够成为政治上以及经济上的榜样。“在理想的状况下，台湾的民主建设将如同经济成就一样，对大陆产生示范作效果，促成大陆的变革。”“台湾作为民主的模范将会吸引中共在未来朝着政治改革转型。只要台湾存在且不意图走向独立，同时海峡两岸的冲突能通过和平手段来解决，中共在最后必然要面临民主的挑战。实则，对中共民主的促进也合乎美国利益。”④

---

① 常燕生、辛旗主编：《转型期的台湾政治》，华艺出版社，1990 年版，第 198、201 页。

② 姜南扬著：《台湾政治转型之迷》，文津出版社，1993 年版，第 201 页。

③ 严军：《冷战后美国对台政策调整的内外动因》，《安徽师范大学学报》（人文社会科学版）1999 年第 4 期，第 453 页。

④ 《美国对海峡两岸政策之分析》，http：//lw. china-b. com/zxsh/20090224/324356_ 1. html。

三、结　果

进入20世纪70年代至80年代中期后，台湾政治文化开始进入异化嬗变期。国民党威权政治文化体系开始无奈地接受西方政治文化的挑战，政治文化结构出现多元化趋势，尽管仍勉强地维持着国民党传统政治文化的特征，但美国式自由、民主、公平、正义等价值体系逐渐取得台湾政治文化的道德制高点。台湾作为美国宣讲民主的“窗口”，从不同渠道接受民主、自由观念的洗礼。①

首先，台湾留美学生成为美国政治文化在台传播的主要载体。台湾人面对美国的民主自由，社会多元化，公民参政议政的巨大吸引力，产生了“向往美国”的心理，这使得传统政治信仰在美式民主自由观的冲击下失去了竞争力，进而民主自由观念成为大部分台湾人的心理主流。台湾前《中国论坛》编辑林瑞对这一现象有过深入的分析，他指出：“台湾在政治经济等方面长期依赖美、日等工业国家，连带在学术上亦复如此，留学美国成了台湾新兴知识分子领袖群体必须经过的‘通过仪式’”，“重要大学的教授，其硕士、博士阶段主要是在美国所养成，更是不争的事实”，“他们在许多看法及思考方式上，受美国的影响较深”，“美国的帝国主义文化对于战后台湾的支配，举凡政治、军事、文化、教育等，无不有深刻影响”。②

其次，当代台湾政治精英唯美国马首是瞻。当代台湾崛起的一大批政治精英，如：李登辉、连战、宋楚瑜、马英九等大多是20世纪80年代前后返台的留美学生。80年代中后期，这些人成为台湾政界的领导人物，他们对美国的信仰与膜拜推动了美式民主自由制度在台湾的传播，久而久之台湾社会形成了“唯美国是尊”的氛围。李登辉曾自豪地讲：“依据政党的说法，我们朝向一个更自由，更民主的社会迈进，已经使世人对我们十分赞许，尤其民主先进国家的人士，以他们的标准来衡量，更是如此。”③ 台湾前“行

---

① 参阅刘国深、李炜：《影响台湾地区政治文化变迁的外部因素分析》，《台湾研究集刊》2007年第3期，第2、6－7页。

② 参阅台湾《中国论坛》，1990年10月10日，第361期，第11页。

③ 澄社著：《台湾民主自由的曲折历程——纪念雷震案三十周年学术研讨会论文集》，（台北）自立晚报社文化出版部，1992年版，第169页。

政院长”郝柏村也曾毫不掩饰地承认：“我们确实是亲美。”① 最终，台湾人的政治信仰主体由“三民主义”转变为美国的自由民主思想。

孙中山的“三民主义”以中国传统政治文化的积淀为基础，兼收了西方政治思想的精髓，在“政治革新”前成为台湾人传统的政治信仰。但国民党对台湾的威权统治扭曲了“三民主义”的真谛，选举权、罢免权、地方自治权等公民权利在台湾都未得到真正落实，这为美式自由民主思想在台湾的传播提供了可操作性空间。20 世纪 50 年代的“自由中国”事件，60 和 70 年代的《文星》、《大学》等杂志推动了西方民主思想在岛内的早期传播。70 年代中后期，“中坜事件”和“美丽岛事件”适应了台湾人日益增强的政治参与的客观需求，充当了台湾民主化运动爆发的“导火线”，使西方自由民主思想在台湾获得再发展。80 年代，台湾的民主运动进入规模化、组织化、长期化的阶段。此时，美式政党政治的标准成为党外人士批判国民党政权最有力的武器。在巨大的社会压力下，1986 年 3 月国民党当局不得不宣布“政治革新”，随后解除“戒严”，开放“党禁、报禁”等。随后，台湾当局抓住“台湾人高度认可民主、自由”的心理，将自己定位为信奉自由民主的西方社会的一员。以多党竞争、普选制度、言论自由为主要形式的台湾政治民主一度成为“民主”的楷模，被西方各国盛赞。至今，美国仍把台湾的经济发展看作接受美援成功“毕业”的典范，把现在台湾的政治制度看作是在美国影响下“民主化”的成果。“在经历了国民党凭借军事管制法进行的 40 年统治后，自 80 年代末以来，台湾演变成了一个羽翼丰满的民主制社会。如果没有大量政治精英在美国接受高度教育（在某种程度上他们在美国吸取了美国的价值观），这几乎不可能发生。”② 相应的，美国甚至台湾的政界和学界均广泛认为台湾的民主对大陆会产生一种“灯塔效应”，为中国大陆的民主发展照亮道路。

---

① 转引自王晓波著：《统派观点》，（台北）台湾海峡出版社，1997 年版，第 9 页。

② ［美］李侃如著，胡国成、赵梅译：《治理中国：从革命到改革》，中国社会科学出版社，2010 年版，第 347 页。

第四节　小　结

20世纪70年代以来，美国的国家安全利益受到苏联的威胁越来越大，美不得不在台湾问题上做出让步，放弃“台湾地位未定论”，以实现“联华抗苏”的战略需求。于是美在1972年2月28日中美《上海公报》中首次承认了“一个中国”的原则，明确了台湾是中国的一部分。1978年底，卡特总统决定和中国正式建立外交关系，断绝了同台湾的“外交关系”。中美建交以后，美台关系也有所发展，但是更多地受制于中美之间的三个联合公报。台湾问题没有对这一时期中美关系的发展构成重大影响。尽管如此，中美建交以来，美国一方面声称坚持“一个中国”的原则，另一方面又以《与台湾关系法》为依据，以保持台湾海峡局势稳定为借口，向台湾提供变相的安全保护，实际上就是企图长久维持海峡两岸的“和而不统”的局面，即两岸关系相对缓和，但又继续维持着分裂的局面。美国认为，这种局面既最符合它的近期利益，又符合它的长远利益：首先，坚持“一个中国”的政策，能使美国同中国继续保持符合其国家利益的战略合作；其次，继续与台湾保持各种利益合作，并在战略上利用台湾牵制中国。①

这一时期，从尼克松访华到中美达成三个联合公报，美国政府基本上完成了对台湾问题的政策调整：一方面是中美之间在三个联合公报的基础上发展关系；另一方面是美国在《与台湾关系法》的基础上保持与台湾的关系。这是美国的“双轨政策”。具体而言，自1979年中美关系正常化以来，历届美国政府都实行“双轨政策”，在海峡两岸之间保持脆弱的平衡。一方面，美国承认“一个中国”政策，承认中华人民共和国是在国际上代表中国的唯一合法政府，台湾是中国的一部分，美国无意推行“两个中国”和“一中一台”，这是中美三个联合公报的基本立场。另一方面，又以作为国内法的《与台湾关系法》为依据，同台湾保持实质上的准官方关系，坚持对台军售和对台湾安全承担义务。美国历届政府总是把台湾问题置于“基

① 孙建社：《影响中美关系的四大因素》，《当代世界社会主义问题》2001年第2期，第84页。

于三个联合公报和《与台湾关系法》”的“一个中国”政策的框架下，利用美国对台政策的内在矛盾性来达到其对台政策的两面性，试图营造一个更为宽广的空间以便主导两岸关系，为美国谋求最大化的利益。总之，美国对台的政策受美国对华战略意图的影响，“双轨”政策不仅是过去和现在，而且也是将来一段时期内美国对台政策的基调。美国对台的“双轨”政策是由美国的国家利益决定的。一方面，中美两国具有许多共同利益，美国在许多方面需要中国的合作，客观上要求两国进一步稳定和改善关系。另一方面，美国需要利用台湾制约中国，成为其控制亚太、影响全球的重要战略基地；而且可以利用台湾对进口美国先进武器装备的严重依赖获取巨大的经济利益。因此，无论从战略还是经济利益考虑，美国都要保持与台海两岸的平行政策。美国既不想使自己失去一张重要的牵制中国的“台湾牌”，也不愿看到“台独”导致台海战争的爆发，美国的如意算盘是“不战不和”，从中渔利。①

与此同时，美国的民主自由价值观压力从外部推动了20世纪70年代以来的台湾“民主化运动”，除在民主理念上的引导外，在政策方面也给予“台湾民主化运动”以高度赞赏与肯定。1979年美国的《与台湾关系法》包含两个原则：美国公开承担保卫台湾的安全和繁荣；作为条件，台湾必须实施“人权”，沿美国式民主前进。美国的要求已为台湾当局所接受并得到忠实履行。美国负责亚太事务的前助理国务卿西古尔曾经称赞蒋经国允诺解除“戒严”，开放“党禁”和允许反对党成立，代表台湾政治制度的大幅演进，赞许蒋经国促成这项进展的远见和决断。1986年5月，美国少数议员成立了“台湾民主促进委员会”。同年9月28日，民进党宣布成立。美国政府要求台湾当局不得对民进党成立一事做出过度反应。② 正是在美国的推动下，台湾自1980年代开放“党禁”以来，“政治民主化”进程加快。美国人认为，一方面，“台湾的政治民主化成绩很大”，加强与台湾的政治合作符合美国的价值观和意识形态标准；另一方面，台湾所发生的“奇迹般”

① 云莉、孟萌：《冷战时期与冷战后美国对台政策比较》，《内蒙古师范大学学报》（哲学社会科学版）2008年第6期，第50页。

② 唐正瑞著：《中美棋局中的“台湾问题”》，上海人民出版社，2000年版，第299页。

变化使得“台湾经验光芒照人”，对中国大陆具有特殊重要意义。也就是说，美国希望通过加强与台湾的“政治”合作，影响中国大陆，达到推行“和平演变”的政治目的。总之，“民主化”对台湾当局意义重大，改善了其在国际上形象，有利于其拓展“国际活动空间”的努力。通过建立市场经济体制、价值多元化的社会文化和代议制民主，台湾与美国实现了价值的认同。美国认为台湾目前的政党政治制度贴近美国的价值观念和意识形态，维持台湾的政治制度符合美国的利益。与此同时，这也是使台湾问题成为美国国内政治中的一个因素的重要原因。对美国来说，“台湾已成为一个全面的‘价值’问题，而非国家安全问题。”① 对此，有美国学者指出，“美国在台湾最重要的利益不是贸易、投资和文化交流，而是政治考虑，即台湾出现的自由民主政治不能被中共所扼杀。”② 同时，美国视台湾的民主过程为美国式民主在亚洲的胜利，台湾已成为自由主义的“橱窗”和民主的“桥头堡”，是亚洲民主的榜样。台湾可以向大陆展示所谓“西方民主”，成为影响中国大陆变化的重要工具。

概括起来，中美建交前后的时期，从推进台湾政权的本土化、敦促国民党当局尊重人权到或明或暗地支持主张“独立”的民进党，美国的着力点都在于按照美国的标准和模式改造台湾，使台湾不仅进一步融入西方社会，成为美国主导的西方社会的一员，而且企图通过这种“改造”来证明，“台湾显示的自由和民主的价值观是适合中国文明的”③，以此影响中国大陆的政治发展过程。从这一意义上讲，20 世纪 70 至 80 年代美国的对台政策是五六十年代美国对台政策的延续，所不同的是，这一时期美国对台政策中“以台变华”方针已经付诸实施，并逐步明朗化了。

---

① Robert L. Suettinger, *Beyond Tiananmen: The Politics of U. S.-China Relations, 1989—2000*, Washington, D. C.: The Brookings Institution, 2003, p. 437.

② John W. Garver, *Face Off: China, the United States, and Taiwan's Democratization*, Seattle and London: University of Washington Press, 1997, p. 164.

③ ［美］吉姆·赫尔姆斯、詹姆斯·普里斯特主编，张林宏等译：《外交与威慑：美国对华战略》，新华出版社，1998 年版，第 154 页。

第六章　后冷战时代美国的对台政策

冷战结束后，建立新的国际秩序已成为各国共同关心的问题。美国关于世界新秩序构想的基本内容之一，便是“向全世界推广美国的价值观念、意识形态和政治经济模式，推进全球资本主义化”。① 为了建立“美国民主治下的世界秩序”，后冷战时代美国历届政府都竭力向全世界输出“美国式”的民主，宣扬美国的生活方式和价值观。这一时期，美国的对台海政策一直在调整变化，主要表现在提升美台实质关系，在高层官员互访和对台出售武器问题上逐步突破中美三个公报的界限。只是在不同时期调整的幅度和方向有所不同。从以往的经验看，美国的政策调整基本上取决于两个因素：其一是中美关系的状况和美国政府的对华政策；其二是两岸关系的状况和美国对台海局势的基本估计。② 这两个因素同样也是分析后冷战时代美国政府对台政策的两个基本参数。

第一节　老布什时期美国的对台政策

冷战的结束，使自1972年尼克松访华以来，美国对华政策的两大支柱不复存在。其一，“为阻止苏联在亚洲和其他地区扩张而结成心照不宣的联盟，先由于苏联在戈尔巴乔夫领导下改变对外政策而遭到破坏，后来又由于东欧共产主义的垮台及随之而来的苏联解体而被彻底摧毁”。其二，“美国参与中国的经济发展与政治改革也由于两国在双边贸易和投资问题上发生争执而受到削弱，由于中国在‘人权’和武器销售方面的记录而进一步受到

① 《人民日报》(海外版)，1991年7月30日。
② 牛军：《布什政府台海政策透视》，《国际经济评论》2001年第1－2月期，第27页。

削弱，随后又由于1989年的‘天安门危机’而遭到彻底破坏”。[1] 这种看法，在相当一段时间内是美国政治和学术界具有代表性的看法，今天仍有人乐论此而不疲。就是说，冷战时期的中、美、苏“大三角”关系不复存在，中国在美国全球战略中易位。

一、冷战的结束与美国对外战略的变化

后冷战时代像冷战时期那样明确的以一个特定国家为主要敌手、以他国对待这个国家的态度作为划分敌我友为主要标准、以维护国家军事安全为最重要战略目标的时代，已经成为历史。这使美国不得不对其在冷战时期制定的、以遏制苏联来保证美国安全为中心的“遏制战略”，进行必要的调整。经过老布什在冷战后初期提出的“超越遏制战略”、建立“世界新秩序”的战略构想，美国的全球战略最终定名于“参与和扩展战略”。在苏联东欧剧变之际，1990年1月31日，老布什政府在国情咨文中就强调：40多年来，美国和它的盟国一直在遏制共产主义，以确保民主继续存在。今天，由于共产主义开始崩溃，我们的目标必须是确保民主向前发展，在缔造和平与自由的最大希望——一个伟大的并且不断扩大的自由国家联邦方面走在前面。[2] 1990年9月11日，老布什正式提出了构建“世界新秩序”的美国全球战略构想，强调在世界范围内推行美国的价值观和思想体系，以期最终建立“一个政治和经济自由、人权与民主制度盛行”的国际体系，突出了“民主”和“人权”在全球战略构想中的地位。老布什在《1991年国家安全战略报告》中指出：“作为一个国家，我们的责任不仅是保护我们的公民与我们的利益，而且还要帮助创建一个新世界，使我们的理想不但能生根，而且还能开花结果。这正是我们的国家安全战略的根本所在。”[3] 1993年1月5日，老布什在西点军校再次宣称：“冷战以后，美国成了世界上唯一的超级大国，美国的职责就是运用自己的道德与物质资源，以促进民主与和平。我

① ［美］哈里·哈丁著，柯雄等译：《美中关系的现状与前景：美国和中国1972年以来的脆弱关系》，新华出版社，1993年版，第112页。

② 梅孜编译：《美国总统国情咨文选编》，时事出版社，1994年版，第773页。

③ 梅孜编译：《美国国家安全战略报告汇编》，时事出版社，1996年版，第8页。

们有责任、也有机会进行领导。没有其他国家能担当这一职责。”① 在推进民主方面，克林顿政府完全继承了前任政府的政策。1994 年，新政府更明确地将推进民主同维护安全和经济利益并列为国家安全战略的三大目标之一。克林顿强调，新时代国家安全战略的主要目标是，“用准备好进行战斗的军事力量，可靠地维护我国的安全。促使美国经济重新恢复活力。促使国外民主的发展。”② 1998 年 1 月 21 日克林顿在《新世纪国家安全战略》中又强调：“民主的扩大对美国价值观是一个支持，对我们的安全和繁荣是一个促进”。2000 年 12 月美国公布的《21 世纪的美国安全战略》提出：“推进民主进程和保护人权仍是美国国家安全战略的核心”。2002 年 9 月，小布什政府的《国家安全战略》报告也把在全球范围内推广美国的民主价值观作为维护美国国家利益的三个战略性任务之一。这份报告还强调美国必须将它的价值观念传播到全世界以维护美国的安全。可以看出，冷战结束后的历届美国政府都将“输出民主”作为美国重要的战略目标，使意识形态成为国家利益的重要组成部分，从而使冷战后美国的全球战略带上了浓重的意识形态色彩。

美国之所以提升推进民主的地位，是与冷战结束后美国的实力地位和全球战略调整密切相关的。苏联解体后，美国成为唯一超级大国。美国的一位战略专家这样评价美国的实力地位：“冷战结束使美国处于空前的优势地位。美国的经济比仅次于它的竞争对手大 40%，并且它的防卫开支等于紧排其后的 6 个国家的总和。这 6 个国家中的 4 个是美国的亲密盟友，所以美国的优势比上述数字所显示出来的还要大。美国在高等教育、科学研究、先进技术（特别是信息技术）方面居世界领先地位，这将使其他国家尽快赶上美国更为困难。”③ 针对这种新形势，美国及时调整了其全球战略，放弃了以对付苏联为核心目标的“遏制战略”和“超越遏制战略”，将维护、巩固、加强美国的“一超独霸”地位作为总目标。“参与和扩展战略”就是这

① ［美］理查德·哈斯著，殷雄等译：《新干涉主义》，新华出版社，2000 年版，第 215－216 页。

② 梅孜编译：《美国国家安全战略报告汇编》，时事出版社，1994 年版，第 244 页。

③ Stephen M. Walt, “Two Cheers for Clinton’s Foreign Policy,” *Foreign Affairs*, March/April 2000, p. 64.

种调整的结果，其三大支柱都是围绕着这个总目标，是为了实现这个总目标而在安全、经济、政治三个领域的展开。这里，“推进民主”的地位得到明显的提升。在冷战结束前，“推进民主”作为一个战略目标之所以不是独立的、直接的，要贯穿于其他目标之中，是因为那时美国还面临着基本安全问题，即关系到国家生死存亡的安全问题。在面临现实安全威胁的情况下，像推进民主这样的意识形态目标只能摆到从属的位置，甚至有时为了实现总的战略目标，美国还不得不暂时牺牲在“推进民主”上的利益。比如冷战期间，为了遏制苏联而扶植反苏亲美的独裁政权。冷战结束后，美国已无生死存亡性的国家安全之虞，可以将更多的注意力和资源放在推进民主上，在贯彻推进民主战略时，可以表现得更加坚定，更加无所顾忌。

二、冷战结束对美国对台政策的影响

冷战结束后，特别是1992年以来，美国对台政策的调整可归结为以下几方面：

（一）大幅度增加对台军售。继1992年美台F－16战斗机军售协议后，美国又接连在1993—1994年间向台湾出售T38教练机、E2T鹰眼预警飞机、鱼叉式导弹，以及M60A3坦克、M48H战机、改良式爱国者导弹AH－1W、超级“眼镜蛇”攻击直升机等大批先进武器和军事装备。如此大规模的武器销售，不仅为中美建交以来所未有，也为中美建交前所罕见，从而全面突破了中美《八·一七公报》中对美对台武器销售的限制。2001年4月美国答应的售台武器（4艘基德级驱逐舰、8艘柴油动力机潜艇和12架P－3C反潜巡逻机等）则是美国历来答应的售台武器中最大宗者。据统计，仅小布什任内对台售武就达近100亿美元，内容也从更新换代发展到新式前沿，从防御性扩展到进攻性，如F16战机、反潜机和爱国者反导系统等。①

（二）提升美台交往的级别和层次。除允许台驻美机构更名外，1992年11月30日，美国贸易首席代表希尔斯夫人抵台访问。这是自1979年美台断交后，美国首位部长级官员访台。此后，美台政要来往频繁、络绎不绝。

① 张智新：《奥巴马对台军售咄咄逼人 鼓励分裂》，http：//news. stnn. cc/ed_ china/201002/t20100201_ 1263491. html。

台湾军政要人"参谋总长"刘和谦、"外交部长"钱复，国民党中央秘书长许水德、"新闻局长"胡志强等相继以各种名义往访美国。同时，美国许多政界人士、高级官员、国会议员也纷纷前往台湾。1994 年 12 月，美国运输部长培尼亚访问台湾，被台湾当局称之为"十余年中（台）美高级官员互不官方接触的禁忌的突破"。2002 年 3 月，台湾的"国防部长"汤耀明前往佛罗里达参加美台"国防峰会"，这是 1979 年以来访问美国的台湾最高级别的"国防部"官员。这些突破传统双边交往层层禁忌的举动将美台交往提高到官方层次，并使之公开化，从而在事实上突破了美国在中美建交公报中只同台湾保持"非官方接触"的承诺。

（三）采取立法措施，强化美台关系。1993 年 7 月 16 日，美国国会参议院外交委员会通过一项《国务院授权法案》的修正案，声称《与台湾关系法》中有关军备供应条款的效力优于美国 1982 年与中国签署的《八·一七公报》有关文句。1994 年 4 月，美国参众两院联席会议又通过穆考斯基修正案。该修正案不仅宣称《与台湾关系法》优于中美《八·一七公报》，并要求美国总统采取步骤明确表示在双边关系和在美国是成员的多边国际组织中支持台湾，一年后的 1995 年 4 月，美国众议院又通过一项拨款法案。法案声称"《与台湾关系法》的效力优于后继的行政命令，取消对台军售的金额限制。"2000 年 2 月 1 日，美国国会众议院通过了所谓《加强台湾安全法》法案，企图为美国和台湾进行和扩大军事联系与往来、美向台出售各种先进武器装备及技术提供所谓法律依据。上述这些法案实质上是《与台湾关系法》的扩展和补充，为提升美台关系提供法律依据，旨在突破中美三个联合公报中对美台关系的限制，特别是突破对美国对台军售的限制。

（四）积极支持台湾当局推行所谓"务实外交"，提高台湾在国际上的地位。1994 年下半年，美国政府成立了一个"特别工作小组"，其任务是专门研究各个国际组织的性质和入会条件，以便帮助台湾通过各种途径参与国际组织（包括一些政府间国际组织）。与台湾当局推行的"务实外交"相呼应，美国一些政治势力也积极推波助澜，特别是集中全力为台湾"重返联合国"鸣锣开道。美国国会的一些头面人物——参议院外委会主席赫尔姆斯（Jesse Helms）、众议院程序委员会主席所罗门（Gerald Solomon）等人纷纷站出来大肆鼓噪。正是由所罗门发起，在众议院提出一项支持台湾"加入联合国”的共同决议案。另外，美国还有16个州的议会通过决议支持台湾加入联合国。2001年3月19日，美国参议院通过了支持台湾成为世界卫生组织观察员的众议院2739号法案，该法案的主要内容是授权美国国务卿于5月份世界卫生大会在日内瓦召开之时，提出计划支持台湾以观察员的身份参加为期一周的会议。2002年4月，小布什正式签署了该法案，并正式成为美国的国内法。这些举动的目的，无非是要在国际上为台湾制造一个“独立政治实体”的形象，为美国推行“两个中国”、“一中一台”乃至最终为突破“一个中国”的原则准备条件。

（五）进一步加强美台经济联系。美台经济关系一向密切。美国是台湾最大的出口市场，台湾则是美国第五大贸易伙伴。在进口美国产品方面，台湾超过中国大陆、韩国、香港等地，是进口美国产品最多的地区之一。但随着近年来海峡两岸经贸关系的发展，台湾经济对美国的依存度相对降低，而对大陆的依存度则迅速升高。有鉴于此，美国认为有加强美台经济关系的必要。美国在竭力阻挠中国恢复关贸总协定席位的同时，却积极支持台湾加入关贸总协定。1993年5月，美国助理贸易代表纽柯克率代表团赴台，与台湾当局进行非正式会谈。1994年3月，美台双方又在台北进行了关于台湾申请加入关贸总协定的第一次双边谈判。如此等等，不一而足。对于美国来说，加强同台湾的经济关系，既可以加强对中国的经济牵制，又可以捞取更多的经济实惠，一举两得。

如上可见，美国对台政策的调整涉及政治、经济、军事、外交诸方面，是全面的调整。尽管这种调整还是有一定限度的，还未公开突破“一个中国”的框架，但其向台湾倾斜的趋向已非常明显。① 那么，冷战结束后美国对台政策的调整是基于何种原因呢？前文已经说过，美国的对台政策是由美国的对华战略决定的，并且是这个战略的重要组成部分。因此，美国对台政策的调整也是根据美国对华战略的需要而进行的。

首先，冷战的结束导致中美关系的基础发生了变化。在20世纪70年代末，中美两国能够不计前嫌，建立外交关系，在很大程度上是因为他们有着

① 赵大兴：《美国对台政策与中美关系》，http://www.taihaicenter.com/production/lw/waijiao/wd/003528.htm。

共同的目标和利益——抵抗苏联在全球的霸权主义扩张。80 年代，中美关系的基础进一步扩大到政治、经济等各个领域。但从美国的角度看，中美关系基础的核心仍然是中国对美国的战略价值。当时，美国外交政策的核心目标是与苏联争霸世界，它需要利用中苏间的矛盾，作为对抗苏联的武器。因此，为了维持良好的中美关系，美国不能也不敢在台湾问题上走得太远。但是，冷战结束后中国对美国的战略价值下降了。而且，由于中国取代前苏联，成了世界上最大的社会主义国家，中美两国成为意识形态领域内的最大的对手。尽管中国多次声明坚持独立自主的和平外交政策，愿在和平共处五项原则的基础上与各国发展平等、互利、友好的关系，但是以美国为首的西方国家在看待中国时，总摘不下“意识形态”的有色眼镜，对中国采取敌视的态度，妄图“和平演变”中国的社会主义制度。冷战结束前后，意识形态在世界范围内的国际关系中的作用，与在中美两国关系中的作用，恰好呈反向运动。冷战时期，就世界范围而言，意识形态在国际关系中的影响是相当大的；而在中美关系中，则要小得多。冷战结束后，由于国际共产主义运动遭受到巨大挫折，许多社会主义国家纷纷改旗易帜，倒向资本主义制度，就世界国际关系体系而言，意识形态的地位降低了；而就中美关系而言，两国间在意识形态领域的冲突却凸显出来，制约了两国关系的顺利发展。与之相反，由于 80 年代台湾岛内政治发展的结果，资本主义制度已经完全在岛内稳住了脚跟，所谓的“民主政治”也有所发展，与美国的社会、经济、政治制度实现了认同。因此，从意识形态角度看，冷战结束后，美国倾向于采取对抗中国大陆，拉拢台湾的政策。

其次，美国外交政策重心的调整也影响到其对台政策。冷战结束后，由于缓和成为不可逆转的世界潮流，国家安全不再是美国外交工作的唯一目标，经济安全成为其外交工作的核心内容之一。尤其是在克林顿政府上台以后，更把经济安全列为美国外交工作的三大中心内容之一。从经济的角度考虑，美国在台湾有巨大的经济利益。第一、经过几十年的发展，台湾的经济实力大大增强，对美国具有不小的诱惑力。台湾岛内的需求，成为引诱美国商品的市场；台湾庞大的外汇储备，可以分担美国的经援任务。第二、在经济事务的纠纷中，台湾比中国大陆更容易“控制”。中国大陆对美国也有巨大的经济利益，但是两国在经济上的摩擦也时时存在，诸如在两国贸易中美方所谓的“巨额贸易逆差”、“知识产权的保护”，等等。在有关谈判中，大陆坚决拒绝美方的无理要求。而台湾则对美国逆来顺受，往往全盘接受美方的条件。因此，两相比较之后，美国倾向于调整其对台政策。

三、老布什政府的对台政策

冷战后的美国第一届总统老布什，是历届总统中唯一的“中国通”和少数的几位中国的“老朋友”之一，而恰恰是在老布什执政期间，美国一改建交以来把台湾问题搁置在“后炉灶”使其不成为中美关系发展障碍的政策，而使之地位逐渐上升为两国关系的核心。其间的代表性事件就是1992年美国售台150架F－16战斗机。首先，向台湾出售F－16战斗机符合美国的全球战略利益。冷战的结束和中美关系的一些变化导致一些美国人认为美国不需要中国来对抗苏联了，中国在战略上对美国已经不像以前那样重要了。在作出决策前对中国可能的反应进行了评估，最后的结论是中国不会作出强烈的反应，因为中国在政治风波后在国际上的局面还没有很大的改善。其次，老布什向台湾出售F－16战斗机的决定是在冷战结束后，美国的“使命感”复活，台湾当局接受，而中国政府拒绝美国基于“天定命运”理念所提出的要求之时做出的。根据当时的国务卿贝克的话，美国对华政策一直是在强烈的爱好和对抗之间摇摆的：“当中国人看起来要采取我们的原则——不管是宗教的还是世俗的——我们就热情欢迎他们加入到我们的行列中。但是，当一些动乱导致失望和流血时，美国人又因为遭到拒绝——改变（中国）的失败而感到愤怒。”在美国认为全世界都在学习美国模式的时候，中国政府平息政治风波的政策和此后美国认为中国放慢政治体制改革的认识使美国人感到失望。老布什所提出的冷战结束后的“新世界秩序”，就是不仅要建立“在共同的利益上，而且要建立在共同的理想上。”在美国人眼中，“中国，同亚洲其他仍然存在的共产主义国家一样，坚持抵抗民主改革。”因此老布什向台湾出售F－16战斗机的决定不仅是对台湾支持的一个象征，也是一个对中国政府拒绝美国模式惩罚的一个体现。① 美国政府的一个智库曾明言："通过对台军售有可能将中国最后拖向前苏联的命运，从而使中国不得不听命于美国。"②

（一）宗旨

冷战结束后，以美苏冷战为背景的美国国家安全战略的基础发生了动摇。1990 年 3 月，老布什向国会提交了他的第一个《国家安全战略报告》，正式提出"超越遏制"新战略。③ 而美国对苏战略的调整使得一直作为美国对华政策支柱的中国的战略地位重要性下降。美国一位参议员曾经说："冷战已经结束，当我们翻开中国牌时，却发现只是一张小二。"④ 1989 年北京"六·四"风波直接诱发中美关系的变化。当然这种变化不是突然而至的，"六·四"风波只是导火线而已。这种变化是中美交往加深而引发的深层次矛盾的表现——随着交往加深，双方在价值观、意识形态、社会制度、历史文化等方面的碰撞越来越激烈，美国对中国了解愈多，愈加使得它对中国的许多状况不满，于是美国开始对中国横加指责。⑤ 加上西方媒体的大肆渲染及美国国会通过的大量攻击中国的法案，使许多美国人对中国产生误解："中国依然存在一个'不民主'的政府，有可能'不负责任地'对内对外使用武力；中国也不接受西方的'人权'观念，是对美国价值观的挑战"，"中国政治正处于'过渡时期'，存在诸多'难以预测'的'不确定'因素，可能导致'中国回到典型的共产主义制度'，对亚洲稳定和美国的利益不利。"⑥ 中国的形象在美国也一落千丈。作为冷战结束后唯一的社会主义大国，中国无疑是美国眼中的"异类"国家，是美国推行民主人权的最大

---

① James A. Baker III, "America in Asia: Emerging Architecture for Pacific Community," *Foreign Affairs*, Winter 1991/ 1992, p. 15. 参阅张清敏：《布什政府向台湾出售 F－16 战斗机的决定》，《美国研究》2000 年第 4 期，第 116－117 页。

② 严峻文：《透视美国对台军购》，www. tailian. org. cn/taiwan/pinglundetail. asp。

③ National Security Strategy by George Bush, *U. S. Department of State Dispatch*, March 3, 1990, 1 (1).

④ Harry H. Red, "Star Rising in the East," *The Washington Post*, 1997－03－09.

⑤ James Mann, About Face: A History of America's Curious Relationship with China, from Nixon to Clinton, N. Y.: Alfred A. Knopf, Inc., 1998, pp. 140－142.

⑥ 袁明、范士明：《"冷战"后美国对中国（安全）形象的认识》，《美国研究》1995 年第 4 期，第 10 页。

障碍。因而中国自然成了美国最主要的意识形态对手，被美国视为其实现全球战略的主要“障碍”。这使以“民主、人权”为主要内容的意识形态陡然上升为影响中美关系的重要因素。

关于台湾问题，美国政府认为，打“台湾牌”是遏制中国、促使中国崩溃最合适不过的手段。通过支持“台独”挑起台海危机，可以增加东亚国家的对华恐惧心理；通过支持台湾“务实外交”和加入国际组织，可以消耗中国的精力，削弱中国在国际组织中保护自身利益的能力。将台湾海峡的紧张局势控制在一定的水平上，不仅不会给美国带来任何实际利益的损失，反而可以用来加速中国的崩溃。总之，开始于 1989 年末、最终导致冷战结束的东欧剧变和苏联的解体，使一直做为美国对华政策支柱的中国在冷战中的战略重要性贬值。曾经被美国看作是共产党世界最激进的改革者的中国一下子变成了美国人眼中“抗拒”自由市场和“民主”这一趋势的共产主义的最后堡垒。与此同时，在海峡另一岸的台湾在经历经济的快速发展后，在朝美国式的民主方向也迈出了不小的步子。台湾推行“政治民主化”的做法，赢得了美国的赞赏，迎合了美在世界促进“民主和人权”的需要，以保持台湾对大陆的影响及压力。此外，台湾经济的发展，也使台湾成为美国“西化”中国的理想角色。台湾当局认为，经济的发展最终会导致“政治民主化”，因而大力吹嘘“台湾经验”。李登辉曾经公然鼓吹，“台湾经验”就是“自由、民主、均富”，应把这种经验移植到大陆去。台湾当局的这种想法正符合美国“西化”中国的目的，因为台湾在发展中，很大程度上接受的是美国的政经模式和价值观念，所谓的“台湾经验”，可以说是“美式经验”的翻版。美国一些人支持台湾向大陆推行“台湾经验”，这是美国想利用台湾向中国进行渗透，使台湾成为“西化”大陆的跳板与前沿。① 由此可见，美国对台对华政策的调整是美国继续西化、分化中国的战略图谋的具体体现。

（二）方针

苏联解体后，美国在世界上最主要的战略对手消失了。相形之下，中国

---

① 王坚德：《冷战结束后美国对台政策的调整及其对台海局势的影响》，《福建师范大学学报》（哲学社会科学版）2001 年第 2 期，第 101－102 页。

的力量却在快速发展。1989 年中国发生“六·四”事件后，美国和西方一些人曾一度寄希望于中国发生内乱，甚至预言中国会成为第二个苏联。但事与愿违，中国不仅没有崩溃，反而迅速实现了国内政局的稳定，经济高速增长，综合国力不断增强，苏联解体和中国国力的迅速发展，尤其是后者，使中国在冷战后的国际地位陡然提高。这种状况触动了美国一些霸权主义者的敏感神经。他们在大失所望之余，对中国国力的增强深怀恐惧，担心中国有朝一日发展成为同美国“平起平坐的对手”。而 1989 年北京的政治风波又使美国通过“参与中国的经济发展和政治改革”而“和平演变”中国的战略落空。于是，“美国人对中国的看法从一贯正确变为一贯错误。”① 庶几“遏制中国”论一时甚嚣尘上。为此而献策者中，有的提出打“台湾牌”：“作为反对好战的苏联共产主义敌人筹码的‘中国牌’不再需要了……现在是拿出一张新牌来打的时候了，一张新的中国牌，‘另一个中国牌’——‘自由中国牌’。”② 有的鼓吹武装台湾：“美国继续给予台湾防卫手段是非常重要的，因为这是（台湾）海峡的稳定平衡器。”③ 有的则毫不掩饰地要重新掌控“不沉的航空母舰”：“台湾对美国具有长久的地缘战略价值，因为它地处台湾海峡和巴士海峡之间。这两个海峡是连接东北亚和东南亚及中东的两条关键海上交通要道（SLOCs）。一个强大友好的台湾政府如若帮助保持这些 SLOCs 的畅通将符合美国利益。台北已经悄悄地向美国表示，在发生重大地区危机时，向美国提供其军事设施。在失去了菲律宾的克拉克空军基地和苏比克湾的海军基地之后，台湾作为美国在西太平洋的潜在作战基地，是美国军事计划制定者所不应丢弃的战略资产。”④

以上种种论调表明，在打“人权牌”和“经贸牌”都未达到目的情况下，台湾问题就成为美国对中国施压的一张王牌。美国朝野鼓吹打“台湾牌”的论调一时甚嚣尘上。美国对台政策的调整就是在这种背景下出台的。

---

① 美国参议员佩尔（Claiborne Pell），《远东经济评论》，1993 年 9 月 23 日。

② Dana Rohrbacher, “What Cards Remaining in the China Deck? Dealing a Hand to the ROC”, The Washington Times, May 24, 1994.

③ James Lilley, “U. S. -Sino Relations and the Prospect for Polical Reform in China,” *Speech to Women's National Democratic Club*, Federal News Service, May 31, 1994.

④ Martin L. Lasater: “U. S. Interests in the New Taiwan,” *Orbis*, Spring 1993, p. 247.

将台湾海峡的紧张局势控制在一定的水平上，不仅不会给美国带来任何实际利益损失，反而可以利用台湾海峡紧张局势来遏制中国，从战略上破坏中国进行现代化建设的国际环境，减缓中国崛起的速度。台湾问题成了美国推行对华遏制政策的重要工具。

与此同时，台湾是冷战后美国对华推行“民主”价值观念的地缘战略前沿。冷战时期，美国推行“民主”价值观念的主要目标是针对苏联和东欧。在1989年春夏之交中国“六·四”事件以后，美国将矛头主要指向中国。这场政治风波对美国人心目中的中国形象以及美国对华政策产生了深刻的影响。西方媒体的大肆渲染及美国国会通过的大量攻击中国的法案，使许多美国人认为中国的政治制度是专制集权的、镇压性的政治制度。从国家利益角度出发，美国认为“民主国家不相互进行战争”，“民主国家在贸易和外交上能结成更好的伙伴”。而那些不实行“西方民主制”的国家在政治运作方面存在较大的不确定性，其对外政策的制定与实施对美国的全球战略的威胁更大。中国作为冷战结束后唯一仅存的社会主义大国，无疑是美国眼中的“异类”国家，是美国推行其“民主”价值观念的最大障碍。而台湾自上个世纪80年代开放“党禁”以来，“政治民主化”进程加快。美国希望通过加强与台湾的“政治”合作，影响中国大陆，达到推行“和平演变”的政治目的。“具有最长远意义的可能是台湾在中华人民共和国帮助培养企业家的作用。随着企业家阶级在大陆的成长，其价值观和影响力将侵蚀共产党对这个国家的经济和政治生活的控制……通过加强和‘中华民国’的接触，美国在这一过程中可发挥关键性的作用。”① 台湾紧靠大陆，在语言、种族、亲缘等方面都有许多便利的条件，自然就成了美国实施“西化”中国的理想角色，比远隔重洋的美国更具有直接影响力。正是出于地缘战略上的考虑，冷战后美国在对华关系上更加突出了台湾的作用，使之成为对华“和平演变”的地缘战略前沿。② 总而言之，冷战结束后，美国认为台湾作为美国西太平洋潜在的作战基地，是不能丢掉的战略资本。美国利用台湾问

① BrettLippeneott, “Taiwan should be Allowed to Join the World Community,” *Heritage Foundation Reports*, August 24, 1994, Background No. 132.

② 杨永斌：《冷战后台湾在美国对华关系中的地缘战略作用》，《哈尔滨学院学报》2001年第2期，第19-20页。

题不但可以困扰中国，分散中国现代化建设的注意力，减缓中国崛起的速度，还可使中国的统一问题迟迟不能解决。同时，利用台湾的“民主”进程影响大陆的政治制度，西化分化中国，向中国施压。出于以上目的，美国加大了打“台湾牌”的力度。尤其是为了对社会主义中国进行“和平演变”，美国在对华关系上更加突出台湾的“民主、人权”经验，大力推行“以台变华”方针。

（三）结果

冷战结束后，两极格局已瓦解，中美联手遏制苏联扩张的战略基础不复存在，中国的崛起和浓厚的“共产主义色彩”使之成为美国西化、分化、弱化的主要对象。一些美国人认为：作为反对苏联的中国牌不再需要了，现在是拿出一张新牌来打的时候了，那就是“自由中国牌”。进入上世纪90年代，美国人认为台湾的意识形态和美国一致，“人权记录也比大陆好”；台湾自80年代后期开放“党禁”和“报禁”以来，“政治民主化成绩很大”，加强与台湾的政治合作符合美国的价值观和意识形态标准。美国人还认为，台湾所发生的“奇迹般”变化使得“台湾经验光芒照人”，对中国具有特殊重要意义。美国人希望台湾经验能证明一党制的儒教社会可以转变为多党民主，而且也希望通过台湾来影响中国大陆。他们认为“台湾最有机会影响中国的现代化，使之沿着符合美国利益的轨道发展”，“如果大陆人民意识到存在有一个繁荣、更开放……的中国人社会，民众就可能会最终对他们的政府施压，以向同一方向演进。”① 简言之，随着东欧剧变、苏联解体，美国加紧了对中国的“和平演变”，企图将它的“自由民主”制度推向全世界，而台湾近年来所进行的“政治革新”颇合美国的心愿，“台湾的民主、富有、人权纪录与高度的西方化使得台湾对于美国人更富有极大的吸引力，特别在北京1989年天安门事件之后更甚。”② 不仅如此，“新台湾”为和平演变中国提供了一个“成功”的改革模式。“台湾的‘政治发展经验’可以用来向大陆证明，在儒家文化圈里的华人社会，发展经济最终导致政治

① 王曰痒、黄仁伟等著：《中美关系向何处去——克林顿对华政策趋势》，四川人民出版社，1993年版，第139页。

② Nancy B. Tucker, “China-Taiwan: U. S. Debates and Policy Choices,” *Survival*, Vol. 40, No. 4, Winter 1998—1999, p. 151.

民主化完全是切实可行的。因此，‘台湾经验’是美国对中国大陆推行‘民主化’的一个最有说服力的样板。”① 从这个角度讲，台湾已成为美国对付中国的最大一笔战略资产。

第二节　克林顿时期美国的对台政策

冷战结束之后美国政坛上的一个特点就是“理想主义”势力有抬头的倾向。这在克林顿政府执政初期尤为明显。克林顿政府初期的政策制定中，反映“理想主义”上升有一个“代表作”，这就是美国总统国家安全事务助理安东尼·莱克（Anthony Lake）所发表的一篇题为《从遏制到扩展》的讲话。1993 年 9 月 21 日，莱克在位于华盛顿的约翰斯·霍普金斯大学高级国际研究院发表了该篇讲话。鉴于讲话发表的时机和莱克本人的身份，讲话一经发表立即引起了广泛的注意。莱克的演说突出强调：冷战结束后美国对外政策将进行重大的调整。根据改变领导国际格局，美国将要奉行一种全新的国家对外战略，这种战略的主旨就是“扩展”（enlargement），即“扩展”市场经济制度、美国的价值观念与世界自由民主力量。讲话将世界上的国家分为四类：“民主国家”、“基本民主国家”、“转折过程国家”和“无赖国家”。美国对于不同类别的国家将采取区别对待的政策。据莱克的阐述，美国的“扩展战略”包括以下四点内容：（1）发展与巩固同已经实行市场制的民主国家的合作与协调，并以此作为推行美国战略的基础；（2）对于包括俄罗斯、中东欧和独联体各国等正在建立市场制度的国家；美国将采取大力扶植和支持的政策，促进并巩固其变化；（3）对于那些“对市场制民主国家持敌对态度的国家”，美国将对其采取从外交、经济、军事和技术上孤立的政策；（4）对于那些困难深重的发展中国家，美国将给其提供人道主义援助，同时促使其发展市场民主体制。② 克林顿本人则认为，输出民主是

① 龚开国：《浅析近期美国对台湾的政策》，《现代台湾研究》1995 年 8 月，第 11 期，第 16 页。

② Anthony Lake, “From Containment to Enlargement,” *Address at the School of Advanced International Studies*, Johns Hopkins University, Washington, DC. , U. S. Department of State Dispatch, vo. 4, No. 39, Sept 27, 1993, pp. 658 – 660, p. 662.

美国力量的源泉，它既反映美国的利益又反映美国的价值观，“美国的民主理想和价值观所产生的力量”是支撑美“领导地位”的支柱。“世界之所以期待美国的领导，并不仅因为我们的规模和实力，还因为我们所支持的和勇敢反对的东西”，美国是“自由的灯塔”和“民主的堡垒”，是世界上自由能给人们带来的前景的活生生的例证。因此，实现美国领导作用，必须借助于输出民主这一有用的工具。①

美国意欲在全球推行民主，在亚太地区包括中国在内的社会主义国家，则是美国推行和平演变政策的主要对象。事实正是如此，将演变中国、改变中国提到美国对华战略和对华外交的根本目的和目标的高度，成为克林顿政府对华外交的鲜明特征。对美国对华这一长期根本目标，克林顿政府时期的美国领导人、政府高级官员等从来没有掩饰过，反而则一直突出、强调这一根本目标。国务卿沃伦·克里斯托弗曾经宣称，美国的政策将是“谋求促进中国出现从共产主义到民主制度的广泛的、和平的演变”。1998 年 6 月奥尔布赖特国务卿在陪同克林顿访华期间也对记者说，美国在中国的目标是促使中国不断开放，朝民主和自由市场制度演变。②

一、宗　旨

克林顿在竞选期间没有过多谈及台湾问题。他表示支持《与台湾关系法》，也对老布什总统决定向台湾出售 F-16 战斗机也表示赞同。助理国务卿洛德在参议院外交委员会确认对他的任命的听证会上表示要“继续以中美之间的三个公报为指导”，大陆和台湾要“由它们自己来决定未来关系，我们所坚持的仅仅是，这个过程必须是和平的。我们将继续遵守我们的承诺，不对‘一个中国’的原则提出异议，同时继续在《与台湾关系法》的基础上建设我们与台湾的非官方关系”。③ 这似乎表明，克林顿政府不准备对台湾政策做大的改变。改变对台政策的压力来自国会。1993 年，新一届

① ［美］比尔·克林顿著，金灿荣等译：《希望与历史之间：迎接 21 世纪对美国的挑战》，海南出版社，1997 年版，第 116 页；罗艳华等著：《美国输出民主的历史与现实》，世界知识出版社，2009 年版，第 254 页。

② “Secretary Albright 6/28 Press Briefing,” *USIS Bulletin*, July 1, 1998, p. 12.

③ *U. S. Department of State Dispatch*, Vol. 4, No. 14, April 5, 1993, p. 218.

国会伊始，一些参议员和众议员就纷纷提出各种有关台湾的议案。2月，众议员克莱因提出一项议案，要求与包括台湾在内的太平洋圈国家建立自由贸易区。3月，参议员李伯曼提出一项议案，支持在联合国和其他国际组织中有台湾的代表。众议员所罗门、参议员达马托、西蒙等也提出了类似的议案。9月参议员佩尔提出一项议案，要求与台湾之间进行高层政府官员互访。而更有影响的是参议员穆考斯基提出的《与台湾关系法》的修正案。7月5日，参议院外交委员会以20对0票通过这一议案，议案称，《与台湾关系法》第三节甲、乙两款的规定"取代了"（supersede）1982年8月17日中美联合公报中有关的规定。① 1994年9月，经过长时间的酝酿准备、内部协调和精心策划，美国新的对台政策终于出笼。这是美台"断交"15年来，美国第一次正式调整对台政策，调整面如此之广、调整幅度如此之大都是历届政府少见的，它使美台实质关系明显升级。

美国此次调整对台政策的考虑主要包括：首先，冷战的结束使中美之间在冷战后期的战略合作基础不复存在，加之中国由于改革开放，国力日盛，美国政府隐隐感到潜在的威胁。为了遏制这种威胁，美国调整了对华政策，利用种种手段阻滞中国的发展。而打"台湾牌"被认为是较为有效的手段之一。美国人发现，打"台湾牌"对付中国正如当年打"中国牌"对付苏联一样有效，美国政府意识到可以用台湾问题对中国进行长期的战略牵制。其次，讲求"民主"、"人权"是冷战结束后美国亚太战略的支柱之一，美国想利用冷战结束后对美有利的国际形势，将其"自由民主"制度推向全世界，而台湾在这方面作了许多努力，自1986年解除"戒严"后，开放"党禁"、"报禁"，台湾岛内"民主化"运动发展迅速。这些作法都顺合美国的心意。美国人认为台湾是在向"西方自由"方向迈进，值得美国继续扶植与培养。另外，对美国人来说，在推进西方民主的旗号下提升美台关系，能够显示美国在亚太经济开发中对维护西方民主价值观的领导作用，从而抬高美国的地位。所以说台湾在"民主化"方面的努力也是促使美国调整对台政策的一个原因。最后，台湾可以作为"西化"大陆的跳板与前沿。苏东解体后，美国"和平演变"的下一个目标自然是仍走社会主义道路的

① 陶文钊著：《中美关系史（1972—2000）》，上海人民出版社，2004年版，第255页。

中国。台湾紧靠大陆，是美国实施“西化”中国的理想角色。由于冷战时期台湾注重经济的发展，积累了一定的经济实力，因而在经济方面对大陆有一定的吸引力。为此，台湾当局大力吹嘘什么“台湾经验”，鼓吹把“台湾经验”移植到大陆。台湾的这种想法显然与美国是同出一辙的，因为台湾在发展中很大程度上接受的是美国的政经模式、价值观念等，“台湾经验”也可说是“美式经验”，通过台湾对大陆的“渗透”是实现美国“和平演变”战略的最佳途径。从这个角度来看，冷战结束后的台湾在美国对华战略中的价值地位有所提升。① 概言之，“美国调整对台政策，是美对中国推行‘西化’和‘分化’战略的具体体现和实际步骤，意在‘一石三鸟’：阻挠中国的统一，强化牵制中国的筹码，并把台湾作为和平演变中国的样板。”②

由于存在上述认识，1995 年 5 月美国政府甚至作出了允许李登辉访美的决定。自门户开放政策以来，美国人就对中国产生了一种根深蒂固的道德上的优越感，以中国的恩人和保护人自居。因为，门户开放原则使美国将自己与欧洲列强区分开来，认为自己是唯一一个对中国没有领土和利益野心的国家。因此，虽然一方面心安理得地分享欧洲国家在中国的一切好处，另一方面却可以理直气壮地谴责列强对中国的侵略，而正是这后一点使美国以为自己完全是出于无私的、仁慈的高尚动机来保护中国人民的利益。这种恩人的感觉后来一直支配着美国对中国的政策，在蒋介石统治时期表现得尤其明显。再加上二战中，美国出于自身利益的考虑，对日本的侵略行为仅仅进行了道义上的谴责，而没有给予中国实质上的帮助，为此多多少少有点内疚，似乎为了补偿，就将在中国抗战的蒋介石吹捧为民主的象征和反法西斯的英雄。因此作为美国在二战中的盟友，蒋介石与美国之间的感情越发深厚，即使最后蒋介石逃到了台湾，美国也无论如何不肯违背自己的“道义”和“原则”抛下台湾不管，不会将台湾人民的“福祉”弃之不顾。“老朋友

① 参阅林宏宇：《冷战后美国调整对台湾政策的背景透析》，《世界经济研究》1997 年第 1 期，第 55－56 页。

② 罗开秀：《美国调整对台政策的原因及意图》，《世界经济与政治》1995 年第 2 期，第 75 页。

论”，“履行义务论”就是由此而来。[1] 而且，以民主和人权为核心的美国价值观对他们所谓的“极权的”共产党中国有着本能的恐惧，因此，一方面，他们认为“绝大多数台湾人不想成为中华人民共和国的一部分，美国当然不能想当然地把他们推入中国共产党的怀抱。”[2] 另一方面，以里根政府为例，据里根的第一任国务卿黑格（Alexander Meigs Haig, Jr.）[3] 回忆说，“台湾一直象征着一种希望（而并非一直被人看作是一种幻想），但希望却丝毫未损。里根和其他许多人一样难以领会这一事实……里根在感情上陷得很深。”[4] 然而，在美国，在感情上陷得很深的远远不止里根一人。1995 年 4 月，参议院以 97∶1，众议院以 396∶0 的绝对多数支持李登辉访美就说明了这一点。而这在另一方面又是作为对李登辉和他在台湾领导的“民主化进程”的一种人道主义支持。

从 1994 年开始，美国政府调整、提升与台湾的实质关系，直至发展到 1995 年李登辉访美，导致中美关系受到严重损害，出现了自两国建交以来从未有过的紧张和冲突，最终促使新一轮台海危机的爆发。这次台海危机使美国意识到台海的紧张局势对美国不利，加上美国的倒退政策遭到中国政府的坚决反对，美国从战略大局出发，被迫调整对华关系。1995 年 7 月 28 日，克里斯托弗在华盛顿全国新闻俱乐部发表题为“为实现一个和平与繁荣的亚太地区的美国战略”的讲话。谈到中美关系时，他强调了美中关系对美国亚太战略的重要性，强调了要从长远利益来考虑对中国的政策。他说：“美国一直没有，现在也没有谋求改变长期奉行的‘一个中国’的政策。……这是一项我们大家的最大利益的政策……从 1972 年以来，‘一个中国’的政策就是我们接触的基础。我们前后一贯地遵循在 1972 年的《上海公报》、1979 年的建交公报和 1982 年关于转让武器的公报中所确立的基本原则，根据这些文件，我们承认中华人民共和国政府是中国的唯一合法政

---

① 夏建平：《台湾问题中的中美价值观因素及其影响》，《云南行政学院学报》2002 年第 4 期，第 74 页。

② ［美］吉姆·赫尔姆斯、詹姆斯·普里斯特主编，张林宏等译：《外交与威慑：美国对华战略》，新华出版社，1998 年版，第 123 页。

③ 小亚历山大·梅格斯·黑格（1924—），美国军人、政治家，曾任美国白宫办公厅主任和美国国务卿。

④ 现代国际关系研究所选编：《黑格回忆录》，时事出版社，1985 年版，第 89－90 页。

府。我们承认中国的立场，只有一个中国，台湾是中国的一部分。我们重申，我们无意倡导或支持‘两个中国’或‘一中一台’的政策。”他还表示，“一个强大、稳定、开放和繁荣的中国可以成为美国的重要伙伴，并成为对国际社会负责任的可靠的领导者”。他在谈话中也提到了中美之间的分歧问题，如人权问题和不扩散问题，但他认为，两国之间的分歧“是接触中的分歧，而不是遏制或孤立。无论美国还是中国，都没有奢侈到可以舍弃自己处理两国之间的分歧的责任。”他的这番话是克林顿执政以来美国政府关于中国的一项最正面、最积极的政策宣示。表明美国政府愿意修复受到损害的双边关系。① 1996 年 1 月起，由莱克主持、国务院和国防部等部门参加，克林顿政府进行了一次对华政策检讨，于 4 月中旬基本形成一致。1996 年 5 月 16 日，克林顿总统在对美国亚太裔名人聚会的讲话中发出了明确的信息。他说：“我希望改善与中国的关系。我承认一个中国的政策。我同样承认，这个政策的一个重要组成部分是有关各方作出的这样一个承诺：中国与台湾之间的分歧将以和平的和合法的方式予以解决。”② 1998 年 6 月克林顿总统访华时还提出对台“三不政策”。“我们的台湾政策……是，不支持台湾‘独立’，或‘两个中国’，或‘一中一台’。另外，我们并不认为台湾应该加入以国家为主体的国际组织。”③ 当 1999 年 7 月李登辉抛出“两国论”时，克林顿政府明确地予以反对。克林顿本人甚至一再强调美国对两岸关系的三个重要支柱，即“一个中国”政策、两岸对话及以和平方式解决分歧。对于克林顿亲自强调“不支持台独”，“美国在台协会”创始人、老牌“中国通”丁大卫认为，这是美国台海政策的一个重大转变。④

然而，尽管美国政府一再重申遵守中美三个《联合公报》精神，坚持“一个中国”立场，美国并没有因此而放弃手中的“台湾牌”。相反，美国竭力扶持和宣扬台湾的“民主化”进程，企图以此影响大陆的民主化改革。美国希望通过支持台湾政权“民主化”、“本土化”的方式来阻碍或延缓中

---

① 陶文钊著：《中美关系史（1972—2000）》，上海人民出版社，2004 年版，第 267 页。

② 陶文钊著：《中美关系史（1972—2000）》，上海人民出版社，2004 年版，第 277 页。

③ 正源编：《克林顿访华言行录》，中国社会科学出版社，1998 年版，第 205 页。

④ Ezra F. Vogel, *Living with China: US-China Relations in the Twenty-first Century*, New York: W. W. Norton and Company, 1997, pp. 301 - 305.

国的统一，尤其寄希望于近年来它一手扶持下的台湾“民主运动”对中国大陆的影响，促成其“和平演变”，最终实现“改变中国”这一美国对华长期不变的战略目标，使中国符合美国的价值标准、利益和战略需要。

二、方　针

从1994年9月的“台湾政策审议”到1995年的李登辉访美标志着冷战后美对台政策的第一次重要调整。此次调整以提升美台关系为主导方向，并导致了李登辉访美这一严重事件，无论在政策内容还是在具体行动上都严重违反了美中三个联合公报的精神，并使中美关系跌入了建交以来的最低点。面对美国政府提升对台关系的政策调整，中国政府迅速做出了强烈反应：撤回了驻美大使，推迟两国高级官员的访问，并在台海举行了大规模军事演习。中美关系的恶化和台海局势的紧张，使美国政府意识到对台政策调整带来的巨大负面影响，于是美国政府在对台政策上又悄然开始了第二次调整。经过1997年下半年以来的调整，美国对台湾问题政策的新框架已基本明朗。这是上个世纪70年代以来最重大的调整，已经并将对中美关系产生重大影响。从1997年下半年到1998年上半年，前国防部长威廉·佩里（William Perry）、前助理国防部长约瑟夫·奈（Joseph Nye）、莱克等几位已离任的第一届克林顿政府的重要人士相继访台，并多次在台湾或美国就美国的对台湾政策问题公开发表了大量言论，其密集程度和坦率程度都是过去少见的。这些言论清楚地显示了美国将对台湾问题政策进行的重要调整。此后，主要是从1998年6月、7月克林顿访华期间公开宣布对台湾“三不支持”，即不支持台湾“独立”、不支持搞“两个中国”或“一中一台”、不支持台湾加入只有主权国家才能参加的国际组织，直到1999年7月李登辉抛出“两国论”后美国作出一系列反应，显示出美国当时和今后较长时期对台政策大框架的基本轮廓。从美国对台政策的两次调整中可以发现，美国在台湾问题上的根本立场没有改变，所进行的调整从本质上说都属于策略性的调整。①

台湾因其地理位置的特殊性和重要性，一直被美国视作其亚太战略以至全球战略中的重要地缘战略资产。历届美国政府都始终认为，台湾对于美国

① 郭震远：《美国对台湾问题政策的调整》，《国际问题研究》2000年第1期，第26页。

在东亚乃至世界的利益具有政治、经济、军事上的重要战略价值。在冷战时期，美国把台湾当做其反对共产主义、维护西方安全的前哨阵地，利用台湾遏制中国，防止共产主义扩张，在全球推行美国的霸权主义。冷战结束以后，国际格局与世界形势发生了深刻的变化，苏联因素的消失使美国在战略上视中国为潜在竞争对手，欲在政治上和经济上对其遏制和牵制。因而，在冷战结束后，台湾的战略地位愈发凸现，美国从其战略利益出发，更加注重利用台湾来牵制中国并因此加大了利用台湾牵制中国大陆的力度，进一步提升美台关系，以达到“以台制华”的目的；同时美国为了维护其在亚太地区的霸权地位，日益把台湾作为美国遏制亚太战略对手的重要地缘区域，从而进一步主导亚太地区安全格局，进而谋求世界霸权。于是2000年，美国国家利益委员会出台了关于美国国家利益的报告，其中把“维持台湾海峡的和平”确定为美国未来10年“极端重要的利益”。①

克林顿政府两次调整对台政策，除了从牵制中国的目的出发，还涉及美国不断强调的台湾所拥有的“民主价值”。台湾对中国的未来发展扮演关键性的角色，因为台湾作为第一个中国人社会率先实践了民主政治，将对中国影响深远。这也就是美国“以台变华”的利益所在。冷战时期，作为美国西太平洋防线上的重要环节，台湾在50、60年代成为美国从事朝鲜战争和越南战争的后勤基地，70、80年代又是美国实施“以台制华、联华抗苏”反共策略的前沿阵地。冷战结束以后，美国为了推进海外民主，把台湾标榜成美国在亚太地区推进“美式民主”的“榜样”。例如1994年5月美国—台湾政策协商工作组首次会议报告认为：“美国对台湾的持续经济增长和政治自由化非常关注，台湾被视为美国在东亚的重要盟友和全球其他发展中国家的典范。”② 美国认为台湾目前的政党政治制度最贴近美国的价值观念和意识形态，维持台湾的政治制度符合美国的利益。这样，可以利用台湾的“民主经验”、“民主成就”向大陆展示所谓西方“民主”，以影响中国大陆的变化，并进而影响亚太地区的民主化进程。引发了台湾危机的1996年3

① 戚兴元：《中美在台利益博弈对中美关系的影响》，《山西社会主义学院学报》2007年第4期，第27页。

② 梅孜主编：《美台关系重要资料选编》，时事出版社，1997年版，第269页。

月进行的台湾“总统”选举，使李登辉成为了美国所谓的“中国4000年历史上的第一位直选总统”，使台湾迈进了“民主国家”的行列。这使台湾在美国眼里的地位更加非同一般。“华盛顿应该正视台湾，这些都是因为台湾人所取得的成就而应该得到的。在对待台北时，就像对待北京时一样，美国应该做美国的利益和荣誉要求做的事情；荣誉要求美国不抛弃符合美国利益的盟友，美国已经毫无怨言地做了30年。”而且，台湾的民主化又使美国升起了无限的希望，“如果台湾的榜样能在中国大陆复制，美国的利益将能得到很好的促进。”① 这就是所谓的对美国而言台湾所拥有的“民主价值”。

总之，冷战结束后，随着国际战略格局继续朝多极化趋势发展，美国左右全球事务能力不断下降，而中国政局稳定，经济发展迅速，在国际上的作用和影响不断增大，美国试图通过使用“台湾牌”对中国进行战略牵制的紧迫感与日俱增。美国感到，自己要振兴经济离不开中国的巨大市场，在解决重大地区国际问题时又需要中国的合作，因而不得不改善和发展对华关系，但又担心中国统一和强大后会对美的唯一超级大国地位形成巨大挑战，并成为与美抗衡的强大对手。所以，美当局和国会的部分人中，在挥舞最惠国待遇、人权、核不扩散大棒失灵后，打“台湾牌”的要求和呼声甚嚣尘上。与此同时，美认为台湾“在政治上已迈向民主”，正好迎合美在世界促进“民主和人权”的需要，它可继续推动台“民主化进程”，以保持对中国的影响和压力。② 在这种背景下，美国全面推行“以台变华”的方针，美国寄希望于台湾的“民主化进程”和“自由经济的成就”，以期用支持台湾“民主”来遏制、演变中国。其根本的目标是促进中国大陆的“民主”转变，以使冷战结束后这个“有违于美国利益、有悖于美国价值观的方式行事”③ 的最大的社会主义国家也朝向美国式的“民主”方向发展，成为“美国治下”（Pax Americana）的一员。

---

① ［美］吉姆·赫尔姆斯、詹姆斯·普里斯特主编，张林宏等译：《外交与威慑：美国对华战略》，新华出版社，1998年版，第121页。

② 于晓辉：《战后美国对台政策的调整与演变》，《现代国际关系》1996年第6期，第35页。

③ ［美］理查德·伯恩斯坦、罗斯·芒罗著，隋丽君等译：《即将到来的美中冲突》，新华出版社，1997年版，第17页。

三、结　果

经过美国持续不断的努力，到20世纪90年代初，台湾地区初步建立了民主体制，步入“民主社会”的行列。与第三世界其他国家和地区相比，台湾地区民主化较少流血和暴力，民主化过程中常有戏剧性的或出人意料的变化，因此被有的学者称为台湾“政治改革的奇迹”①。台湾政治体制实现了西方式的“民主化”，这一变化带来了两方面的影响。一方面，扩大了台湾与大陆在政治制度上的差异，一些反对统一的势力开始打“民主统一论”这张牌，以阻挠统一。李登辉就持这种主张，他在1999年发表的《理解台湾：在了解的鸿沟上架起桥梁》这篇文章中宣称：“实际上，共产主义政权的独裁主义性质是使台湾人民同中国大陆疏远的关键因素。”② 这种“民主统一论”的影响是值得重视的。英国《经济学家》周刊文章曾分析道：对很多台湾人来说，“直到中国拥抱民主之前，他们的疑虑是不会消失的，即：民主与专制之间的统一是反常的行为”。③ 另一方面，台湾实现“民主化”促使美国对台政策增加了支持、保卫民主的因素，这是与美国全球战略目标相符合的。克林顿政府将“扩展民主”作为外交政策三大支柱之一，重视发挥台湾“民主制度”对大陆的“示范”作用。在美国的心目中，台湾成熟的多党民主制度，及其充分尊重人权和公民自由权利的做法，是中华人民共和国的“榜样”，为大陆的人们提供了另一种更加民主的政治道路。从独裁专制转向西方式的“民主”制度，实行多党制、进行民主选举、新闻自由渐趋成熟，这不仅是台湾的“民主”之路，也是美国希望大陆所能够发生的转变。由此推论，美国是绝对不能允许中国大陆通过武力来实现对台湾这个“民主榜样”的统治的。④ 换言之，意识形态上的“亲近感”和地缘战略上的需求使得美国觉得有某种责任去防卫台湾，使台湾作为美国在东亚地区的一个意识形态上的“民主伙伴”或是战略上“不沉的航空母

① 许庆复主编：《迈向21世纪的台湾》，（台北）正中书局，1994年版，第31页。

② Lee Teng-hui, "Understanding Taiwan: Bridging the Perception Gap," *Foreign Affairs*, Nov/ Dec 1999, p. 13.

③ *The Economist*, June 29th – July 5th, 2002, p. 14.

④ 刘建飞：《后冷战时代的中美关系与台湾问题》，《战略与管理》2002年第6期，第103页。

舰”。美国的这一意图被美国学者柯庆生（Thomas J. Christensen）精辟地概括为：“无论台湾或美国都不会愿意为了安抚大陆而将民主的台湾置于大陆日益增强的军事威胁之下。”① 也就是说，任何对台湾的威胁都将是对民主的威胁，而对民主的威胁就是对美国当前国家利益的威胁，美国绝不会袖手旁观。比如，在1995—1996年的台海危机中，美国决策者向美国公众突出强调的是，中国在向他们的“朋友”进行武力示威，这等于是挑战美国的民主价值观，因此，美国不能无动于衷，必须有所行动。于是，便有了两艘美国航空母舰同时出现在台湾附近海域游弋的情景。总之，为了适应冷战结束后的国际战略和对华战略，美国一方面积极扶持台湾的“民主化”，企图将其塑造成亚洲“由独裁转为民主政治的样板”；另一方面为了“和平演变”社会主义中国而推行全面推行“以台变华”方针，在对华关系上更加突出台湾的“民主、人权”经验。

第三节　小布什时期美国的对台政策

中美关系在演变过程中，有一个周期性现象，就是每当一个美国新总统上台，在其当政之初，往往对华强硬，向台靠近，中美关系因而出现波折。经过一段时间之后，白宫当局会认识到保持中美关系的稳定对美国利益的重要性，认识到台湾问题的复杂性、敏感性和对中美关系的破坏性，都会将对华政策特别是对台政策做出调整，使中美关系重新回到正确的轨道上。这个周期在小布什时期表现得十分突出。② 随着台海局势的变化，小布什政府对美国的对台政策进行了两次大的调整，虽然这些调整在方向上和程度上都不尽相同，但总的来看在台湾问题上走得更远，使美台关系有了相当的提升。主要表现在：放宽了对台湾官员到美国的限制，提高了访问的层次和级别；大幅度提升对台军售，全面加强了美台的军事关系等。

---

① Thomas J. Christensen, “The Contemporary Security Dilemma: Deterring a Taiwan Conflict,” *The Washington Quarterly*, Autumn 2002, p. 19.

② 参阅吴献斌：《布什政府对台政策的特点及其原因》，《当代亚太》2004年第3期，第20－21页。

一、宗　旨

在台湾问题上，美国政府向来是两句话：一句话是坚持一个中国的政策，恪守中美两国政府达成的三个联合公报，不支持台湾“独立”，不支持“两个中国”和“一中一台”，不支持台湾加入主权国家组成的国际组织，即所谓的“三不政策”；另一句话是严格遵守《与台湾关系法》，反对海峡两岸任何一方单独改变现状。小布什政府上台以后，继续反对中国大陆对台动武，但也明确表示“不支持台湾独立”，奉行两岸“平衡政策”。小布什政府多次强调，台海两岸必须用和平方法解决争端，也多次在重要外交场合表示不支持台湾“独立”。按照美国政府的设想，台湾问题应该保持“不统、不独、不战”的局面，维持区域稳定，只有这样，才会最大限度的实现美国的国家利益。然而，民进党执政以后，台湾当局大搞所谓的“民主台湾”，不少人在美国鼓吹台湾的民主是“中国民主的明灯”。此种论调颇能迷惑一些美国人，他们从台湾的大选中似是而非地感受到“台湾的民主和美国的民主类似”，“台湾在学习美国”等印象。因为他们价值观的偏见，根深蒂固地认为民主是好东西，民主国家之间不会打仗，应该支持民主国家。比照下来，由于他们对中国不大了解，不少美国人还停留在把中国看做是“红色中国”，或者由于大众传媒的不恰当宣传以及少数人的负面渲染，造成不少美国人认定中国大陆是“共产党独裁国家”。综合上述因素，内心对台湾的“同情”、“好感”、“关心”等情感性因素更纵容了政府对台政策的调整，这在美国政治生态中是一个十分重要的变化。① 在一些美国人看来，台湾是在美国的经济援助下实现了经济起飞，在美国的政治指导下实现了由集权社会向民主社会的成功转变，而且没有发生社会动荡，台湾简直就是美国的“宠儿”。台湾在美国的形象由“过去的战时盟友和反共基地变成了一个进步的、民主的国家，但由于多数美国人并不真正了解的原因而在外交上被忽视了”。……“随着台湾的经济繁荣和民主化进程的推进，台湾要在美国赢得人心就越来越容易了。它作为一个社会在美国受到的赞赏以及它

① 赵可金：《布什政府对台政策的新变化》，《学习月刊》2006年第7期（上），第48页。

与美国天然的联系越来越增加而不是减少。”①

综观小布什时期美国政府历次对台政策的调整，呈现出三个基本特点：

首先是加强台湾对大陆的牵制作用。布什政府明确提出台湾问题是中美关系的中心，其主要考虑就是要加强台湾对大陆的牵制作用。美国对华强硬派一直担心中国的发展最终会对美国在亚太地区的利益形成挑战。他们认为，如果台湾像香港一样顺利回归，中国将可在经济等方面首先整合中华经济圈，进而发展成为包括新加坡、越南、马来西亚，甚至朝鲜、韩国等国在内的大中华经济圈。维持台湾现状便可构成对中国发展的最重要障碍，台湾问题一日不解决，中国在亚洲发展大中华经济圈和政治势力范围就只能是夹生饭。

其次，展现台湾的“民主示范”作用。美国近几届政府认为，台湾的现行政治制度对大陆乃至亚洲起着最好的“民主示范”作用。特别是像中国和马来西亚那样，一直强调东方文化和政治特色的国家来说，台湾政治体制的发展无疑是一种示范作用，尤其是台湾和大陆同种、同文、同根，同气相连，人员来往频繁，对大陆有着特殊的影响。因此，维持台湾在亚洲地区的政治灯塔作用，符合美国的长远战略利益。

最后则是提升台湾在构造对华潜伏性包围圈中的衔接作用。巩固台湾在对华潜伏性遏制圈中的中间连接作用，关系到美国战略重点从欧洲向亚太转移的成功与否。美国国防部长拉姆斯菲尔德曾在接受报界采访时声称，美国在亚洲地区的能力，首先需达到威慑的目的，进而在威慑失败、战争爆发后能处于绝对优势的地步。更有对华强硬派不断地鼓吹，美国应该把驻扎在欧洲的美军撤回，而在亚洲筑起以日本、韩国、台湾、东盟以及澳大利亚为主的抗衡中国的防线。台湾在其中不但起到连接作用，甚至可充当桥头堡。②上述特点清晰地表明，美国的对台政策一直是以对华政策或战略为转移的，或者可以说，美国对华政策或战略是自变量，对台政策是因变量。冷战结束后，美国认为台湾作为美国西太平洋潜在的作战基地，是不能丢掉的战略资本。美国利用台湾问题不但可以困扰中国，分散中国现代化建设的注意力，

① 陶文钊主编：《冷战后的美国对华政策》，重庆出版社，2006年版，第72页。

② 李正信、荆雅珍：《布什政府对台政策辨析》，《世界知识》2001年第19期，第24页。

减缓中国崛起的速度，还可使中国的统一问题迟迟不能解决。同时，利用台湾的“民主”进程影响大陆的政治制度，西化分化中国，向中国施压。出于以上目的，美国加大了打“台湾牌”的力度。可见，美国对台政策从属于对华政策，服务于美国的对华战略。

总而言之，美国21世纪亚太安全战略的目标是，通过建立并保持亚太地区的相对稳定，巩固并扩大美国在亚太地区的领导地位。这一目标是美国1997年夏天以来调整对台湾问题的政策的基础和出发点，美国日益明显地在保持台湾海峡局势和亚太地区和平稳定的借口下，把台湾问题作为延缓和防止中国成为美国在亚太地区领导地位主要威胁的重要手段之一。21世纪美国的对华政策是“全面接触加遏制”，具有突出的双重性，即一方面保持中美关系的相对稳定，发展与中国的交往、合作；另一方面认为中国是美国主要的潜在威胁，必须加强对中国的防范、遏制。这一对华政策决定了美国对台湾问题的政策表现出日益明显的两面性，即一方面美国不愿、不会因台湾问题严重损害中美关系；另一方面决不会“放弃”台湾，坚持以台湾问题防范、遏制中国。小布什执政的几年时间里，美国亲台反华势力的活动，以及台湾岛内分裂势力加紧进行分裂祖国的活动引起的海峡两岸统独矛盾激化，对美国调整对台湾问题的政策都有重要影响，促使美国的政策向更多地支持台湾方面倾斜。究其原因，“美国在亚洲的传统目标是中国沿着民主和自由市场路线的现代化。台湾是中国的一部分，它是达到了这个目标的，而且它可以为整个中国达到这个目标做出贡献。台湾的经济对大陆发展市场经济提供了巨大的诱惑。台湾的民主化是一个集权社会转变为一个民主社会的榜样。台湾这个榜样的继续存在对美国在亚洲的目标是重要的。因此台湾的安全利益实际上与美国使中国朝着西方所希望的民主、自由社会演变的目标联系了起来。”① 由是观之，尽管美国将继续根据实际情况就其对台对华政策进行调整，但出于西化、分化中国的战略图谋，则万变不离其宗。

二、方　针

在美国制衡中国的棋盘中，多年以来，台湾被看做是一艘“永不沉没

① 陶文钊主编：《冷战后的美国对华政策》，重庆出版社，2006年版，第73页。

的航空母舰”。他们认为，美国应积极利用台湾问题将中国拖入军备竞赛的陷阱，像对付当年的苏联一样拖垮中国，至少也要利用台湾这一“点火道具”，耗散中国的发展资源，尽可能迟滞中国的现代化进程。由于美国至今未能确认应如何与一个崛起的中国相处也不能回答美国到底希望出现一个怎样的中国，美国战略界便简单地将台湾问题与中美可能的战略冲突相挂钩，在这样的逻辑下，“以台制华”便成为美国对华遏制战略的重要内容，台湾问题也因此成为中美关系中的难解之结。① 小布什当政后，组成了以保守著称的新一届政府，该政府秉持所谓“进攻性的现实主义”的理念，推行单边主义的外交政策，在诸多国际问题上，以强硬姿态出击。在对华政策上，布什政府将中美关系中中国的定位由克林顿时期的“战略合作伙伴”改变为“战略竞争对手”，不断强调所谓的“中国威胁”，在对华遏制与接触的两手中，加强了遏制的一手。正是在这样的背景下，美国加强了以台制华的力度，使美台关系得到了提升，这在小布什执政初期表现得尤其明显。② 美国国防部2001 年10 月发表的《四年防务评估报告》中，虽只字未提中国，但多处暗喻中国为竞争对手。美国发现，在对付中国的各种办法中，唯有“台湾牌”最易操纵、也最有效，于是加紧实行“以台制华”，将台湾作为牵制中国的一张牌。“9·11”事件后美国对华政策中协调、合作的部分有所增加，但美国政府没有改变其对华战略防范和在台湾问题上的强硬政策。随着中国继续走向强大，美国更加担心中国的强大会引起亚太地区力量对比的变化，动摇美国在本地区的主导权。因此，美国继续推行以台制华方针，利用台湾问题来牵制中国的发展和对外影响的扩大。比如，美国会竭力维持两岸的分离状态，推行介入即干涉政策，在对台军售、支持台湾加入某些国际组织（如世界卫生组织）等一些问题上，甚至可能加大力度。

与此同时，“民主”问题继续成为美国对外政策中一张多用途的牌，影响到小布什时期美国政府的对台政策。“美国在中国大陆的政治自由化过程中享有长期的安全与道德利益；台湾作为中国式民主样板的地位可以成为推

① 赵可金：《布什政府对台政策的新变化》，《学习月刊》2006 年第7 期（上），第48 页。
② 吴献斌：《布什政府对台政策的特点及其原因》，《当代亚太》2004 年第3 期，第19 页。

动大陆自由化的强大动力。”① 因此，支持台湾“民主”成为小布什政府对台政策的“一个基柱”，保卫台湾的“民主”成为美国价值观念的一个重要组成部分。“台湾问题已愈来愈成为美国坚持其价值观的问题，其重要性正在接近美中战略利益的重要性。由于受制于国内政治因素，美国外交已由过去重视权力平衡的‘均势’转变为均势和推广民主并重。美国把台湾‘民主化’看成是美国式民主在亚洲的胜利，保卫台湾的‘民主’已成为保卫美国价值观念的一个重要组成部分。美国国内支持台湾的力量明显增强，美国国会支持台湾的势头不断加大，美国政府扩大和提升美台关系的趋向也在增加。”② 在这种背景下，美国将台湾的“民主制度”作为样板，迫使中国大陆接受和融入西方的民主价值理念的力度加大。美国要求中国作为“利益相关者”，不仅仅只是要实现两国共同利益的一致，更重要的是，美国认为共同利益应该建立在相同或相似的价值理念基础上。在美国，民主国家不相互进行战争的“民主和平论”和“民主国家在贸易和外交上可以结成更好的伙伴”是根深蒂固的观点。美国并不认为中国在意识形态领域已经成为美国的“利益相关者”，只有将中国融入一个由西方的“民主”、“自由”、“人权”等理念所主导的价值体系，才能够确保中国成为一个“负责任的”国家。美国向来对台湾的“民主”赞誉有加，认为台湾是华人社会实现“民主制度”的典范。2005 年 11 月 16 日，美国总统布什访华前夕在日本东京发表演讲时，称赞台湾是亚洲“成功实现民主化的例子”，认为台湾是个“实现了自由民主的社会”；布什在演讲中还充分表明对包括中国大陆在内的亚洲扩大“自由与民主”的期待。③ 综上所述，在小布什执政时期，维持台海现状，利用台湾阻挠或延缓中国的崛起，并全面推行“以台变华”的方针、以台湾地区的所谓“民主”发展来影响中国大陆，正是美国的战略企图所在。

---

① Thomas Christensen, “The Contemporary Security Dilemma: Deterring a Taiwan Conflict,” *The Washington Quarterly*, Vol. 25, No. 4, Autumn 2002, pp. 16, 19 – 20.

② 杨洁勉：《台湾政局变迁后美国对台政策的调整及影响》，《外交学院学报》2000 年第 3 期，第 52 页。

③ 参阅李鹏：《从“战略竞争者”到“利益相关者”：美国对华战略定位转移与台湾问题》，《台湾研究集刊》2006 年第 1 期，第 6 – 7 页。

三、结　果

冷战结束以来，“扩展自由与民主”成为美国全球战略的重要组成部分，并一直在其《国家安全战略》报告中占有显著地位。在2006年《美国国家安全战略》报告中，美国将其国内的“自由”与他国的“自由”紧密地联系在一起：“支持自由能够推进我们的利益，这是因为自由在国内的生存正越来越仰赖于自由在海外的成功扩展。”由于美国不仅将台湾的政治制度看作是在美国影响下“民主化”的成果，而且将台湾当做在亚洲移植美国模式的样板，加上在台湾有重要的战略和经济利益，因此今后美国仍会继续使用它手中的“台湾牌”，而且，随着美国综合国力的进一步强大，美国在亚洲甚至全球推进“民主”的欲望也会进一步强烈。这就决定了美国今后会较过去更加同情日益“民主化”的台湾，更加顽固地坚持保障台湾“民主制度”、干涉中国统一大业的做法。① 不仅如此，在过去的十几年中，台湾经过了民主化的洗礼，成为亚洲的一盏“民主明灯”。“台湾施行民主制和市场经济，被美国视为其输出民主最成功的案例之一，是自由、民主在亚太地区的典范。”② 因此，在美国心目中，台湾俨然成为中华文化圈内实行民主的楷模，是中国大陆政治体制改革应当效仿的榜样。所以，美国是不能允许中国大陆通过武力来实现对台湾这个“民主榜样”统治的；但应鼓励两岸交流，在交往中，台湾的“民主经验”和示范作用将在潜移默化中影响、演化中国大陆的政治进程。换言之，美国支持台湾“民主”的一个重要目的，就是将其作为对大陆进行“西化”、“和平演变”的工具。为确保台湾的“民主成就”和经验能持续对大陆发挥“示范效应”，美不仅高度赞赏和吹捧“台湾民主”，还以台湾的“民主体制”向大陆施压，要求大陆与台“民选领导人对话”。③ 与此相对应的是，从20世纪90年代以来，台湾当局一直以“政治民主”、“经济繁荣”自傲，并把它包装成所谓的“台

---

① 王公龙：《理想主义与美国的对台政策》，《当代亚太》2000年第10期，第28页。

② 毕玉蓉、刘亚莉：《观念背后的契合与碰撞——建构主义视角下的中美关系与台湾问题》，《东南亚之窗》2006年第2期，第46页。

③ 刘佳雁、潘飞：《浅析美国对台政策的“民主困境”》，《台湾研究》2007年第5期，第53页。

湾经验”大力在国际社会兜售，且用“民主、自由、均富”为条件要挟大陆，以此为借口抗拒海峡两岸统一。与此相对应的是，从20世纪90年代以来，台湾当局一直以“政治民主”、“经济繁荣”自傲，并把它包装成所谓的“台湾经验”大力在国际社会兜售，且用“民主、自由、均富”为条件要挟大陆，以此为借口抗拒海峡两岸统一。

第四节 小 结

苏联解体、冷战结束后，作为“民主制度的卫士”① 的美国及其代表的资本主义在全球“不战而胜”，这使美国认为世界已进入了一个“我们可以按照我们自己的价值观和理念建立一种新的国际体系”② 的新时代，美国“作为世界上最强大的民主国家，无可逃避的是领导者，是全球民主国家联盟中的联结环节”，在当今千变万化的世界上，美国要继续“担负领导并帮助保卫世界各自由国家的责任”。今后摆在美国面前的任务，就是在全世界“推进和增强民主价值观”，“促进市场力量”，为推进和平演变社会主义国家战略提供一个国际条件。③ 在这一过程中，中国作为唯一的社会主义大国与美国的战略目标格格不入。所以，在意识形态方面改造中国，将中国纳入美国领导的世界秩序中，以使“每一个大国都是民主国家”，成了美国刻不容缓而又艰巨的任务。为了完成这个任务，美国的政策是“与新兴的民主力量合作，帮助它们维持发展自由市场和尊重人权的民主制度”④，并“谋求促进中国出现从共产主义到民主制度的广泛的、和平的演变，办法是鼓励那个伟大的、非常重要的国家内那些实行经济和政治自由化的势力”。⑤ 而

---

① 美国国务卿查尔斯·舒尔茨（Charles M. Schulz）1985年1月13日在参议院的证词，《美国新闻署》1985年1月13日电。

② 《1991年美国国家安全战略报告》，参阅梅孜编译：《美国国家安全战略报告汇编》，时事出版社，1996年版，第188页。

③ 梁云彤、辛仲勤等著：《美国和平演变战略》，吉林人民出版社，1992年版，第179页。

④ 《1994年国家参与和扩展安全战略报告》，参阅梅孜编译：《美国国家安全战略报告汇编》，时事出版社，1996年版，第243-246页。

⑤ 刘连第编著：《中美关系的轨迹——1993—2000年大事纵览》，时事出版社，2001年版，第3页。

台湾就是美国所要关注的“新兴的民主力量”，是促使这种势力出现的最重要的力量。要言之，作为美国的“传统盟友”，台湾在上个世纪80年代后期开启了“民主化”的进程，日益成为美国在亚太的意识形态“样板”、推行“民主、人权”的基地，在后冷战时代美国“扩展民主”战略中具有重要的战略价值。可以预料，“在本世纪（21世纪）初的10－20年内……台湾在美国对外输出‘民主’‘自由’等价值观念和政体模式方面的作用更加突显。”①

从总体上而言，后冷战时代美国对台政策的调整与变化，主要从两个方面服务于其对华战略：

一是牵制中国。冷战结束后，随着国际形势和美国全球战略的变化，美国调整对台政策、提升对台关系的趋势十分明显，其核心是试图突破中美三个联合公报和双方谈判达成的有关协议。美国政府的主要举措有：制定相关法规，为加强美台关系提供法律依据；提升美台实质关系，支持台湾“拓展国际生存空间”的主张；加强东亚地区的军事存在，竭力提高台湾防卫能力，增强对海峡局势的影响力；不断发展对台经贸关系，加深对台湾经济渗透等。美国这些举措，是美国遏制中国政策的延续，其实质是“以台制华”，即维持两岸分离的现状，既不希望中国统一，也不希望台湾“独立”。可以预计，在今后相当一段时期内，这将是美国在台湾问题上的基本政策。②

二则是导引中国大陆“和平演变”为“民主的、友好的国家”。美国虽口头上不敢像称呼朝鲜、伊朗那样称中国为“独裁国家”，但其内心却一直认为中国是一个非民主的专制国家，是一个政治走向不明朗的国家。受“民主和平论”影响颇大的美国认为，只有实行市场经济和西方式民主政治的国家才不会对其构成威胁。所以，它要通过支持一个“民主”氛围不断

---

① “可以预见，在本世纪初的10－20年内，美国对华防范目标和措施将更趋明确，中美政治和意识形态方面的分歧更加突出，台湾在美国对外输出‘民主’‘自由’等价值观念和政体模式方面的作用更加突显。”参阅杨洁勉：《台湾政局变迁后美国对台政策的调整及影响》，《外交学院学报》2000年第3期，第56页。

② 范跃江：《美国“以台制华”政策的制约因素及前景》，《台湾研究》1997年第3期，第36页。

浓厚的台湾，来指引、规范中国大陆政治改革进程，以期使其步入“民主国家”阵营。由于存在上述因素，美国一直不愿对中国大陆与台湾的统一做出任何明确的官方赞许。“目前美国的政策是要求台湾问题由两岸的中国人以和平方式自行加以解决。美国仍未公开表示中国与台湾的统一是台湾未来的唯一选择，而且也拒绝对台湾当局施加压力，使其与北京达成妥协。同时，美国通过《与台湾关系法》间接对台湾未来安全做出防务承诺。而且在冷战（结束）后，这种安全承诺似乎有略微增强的趋势。”①

纵观半个多世纪以来的美国对台政策，可以清楚地看出，美国对台政策中“以台变华”方针经历了三个阶段的演化，上个世纪50和60年代“民主改造台湾”的设想从酝酿到最终确立、70和80年代促进台湾政权“本土化”和促进台湾“民主化”的努力从付诸实施到逐渐明朗化，到90年代后从政治和军事等方面鼓励和维护台湾的“民主制度”并发挥台湾“民主制度”对大陆的样板作用，“以台变华”得以全面推行。虽然决定美国对台政策的因素是多方面的，台湾的地缘战略价值也是美国制定对台政策的基本考虑，但“以台变华”同样是贯穿半个多世纪美国对台政策的一条主线，只不过这条主线需要经历了一个确立、明朗化到全面推行的过程。它与对台政策中的“以台制华”方针并行不悖，彼此交织，相互促进。二者共同服务于美国的对华战略，也就是要改变中国大陆的政治制度和政体，向中国大陆输出美国式民主，最终实现“改造中国”的目标。

① 郝雨凡著：《白宫决策：从杜鲁门到克林顿的对华政策内幕》，东方出版社，2002年版，第708页。

结　语

在民族与民族主义理论的分析基础上，本书比较详细的论述美国民族主义的性质、特征及其表现，并由此重点地探讨美国民族主义与“改造中国”使命的关系及从这一角度解读美国对台政策的演化过程。美国民族主义尤其是它的特性使得美国人在国际关系中为自己定位时，总是把自己放在高人一等和居高临下的位置，认为他们代表了世界上最好的价值观和政治制度，代表了人类社会的进步方向，美国有使命和责任向世界输出美国文化和制度，改造落后文明和落后民族，而且这种使命是上帝赋予的，是不可抗拒的。一战和二战结束后它曾两度按照自己的模式构建世界秩序。冷战结束后，作为“唯一的全面的全球性超级大国”①，美国正在第三次塑造“美国式”的世界政治经济新秩序：凭借政治、经济、军事、文化和科技等方面优势构成的强大的综合国力，力图主导世界的发展方向，谋求建立并尽可能地保持由其领导的单极世界。美国人似乎认为，作为一个强国，他们有责任帮助构建一个全人类都能安全和尊严地生活的世界。“美国是世界天然的、命定的领袖。……对美国有利的东西也有利于世界。”② 美国人知道这是一个理想，一个他们不能独自实现的目标，但这是一个他们认为所必须面对的挑战。③

第一节　如何认识美国民族主义？

从广义上来看，政治是理解美国生活的基本构架。因为，由于缺乏共同

① ［美］兹比格纽·布热津斯基著：《大棋局——美国的首要地位及其地缘战略》，上海人民出版社，1998年版，第33页。

② John Fousek, *To Lead the Free World: American Nationalism and the Cultural Roots of the Cold War*, Chapel Hill and London: The University North Carolina Press, 2000, p. 8.

③ ［美］陶美心、赵梅主编：《中美长期对话（1986—2001）》，中国社会科学出版社，2001年版，第127页。

血统与共同故乡所形成的神秘凝聚力，把整个美国联系在一起的，乃是《独立宣言》所体现的政治信念。美国作为一个国家，和它的政治原则是不可分离的。[①] 美利坚民族长期以来还形成了强烈的民族优越感，坚信自己是“上帝的选民”，具有“历史恩赐的结构”，由此与其他民族不同，具有更高的道德和思想境界，生活在自由之乡和“山巅之城”。例如，“美国人常常自认为是一个独特的民族，受到上帝的青睐，有着其他民族所没有的美德。”[②] 或，“我们中大部分人或出于懵懂或出于自负，总是想当然地认为我们的文明是独特的。”[③] 因此，“使命观无疑是解读美国的基本线索，这一观念如同一道金色的阳光穿过美国历史的进程。美国人比世界上其他人更加认定自己的国家和民族被上帝以某种特殊的方式授命在全世界成就最伟大的事业。对美国领导人来说，这项使命既是伦理也是信仰。”[④] 概言之，在美国的政治文化体系中，美国人自认为受到全能的上帝的特殊恩宠，美国身负着向世界传播美国的自由民主价值观、按照美国模式改造世界的“天定命运”，即注定不仅在西半球而且在世界其他角落扮演一个既行使支配又乐施好善的角色。

上述情况有着明显的宗教原由，“美国在很大程度上就是由于宗教的原因而创建的……宗教一直是而且至今仍然是美国特性和国民身份的主要因素之一，也许还是最主要的因素。”[⑤] 正因如此，法国人托克维尔（Alexis de Tocqueville）很早就认定，“在美国，基督教对人的灵魂影响之大，世界上没有一个国家能比得上。”[⑥] 这种影响产生了“美国例外论”即美国人自我

---

① ［美］弗西格尔著，刘绪贻等译：《多难的旅程——40年代至80年代初美国政治社会史》，商务印书馆，1990年版，第1页。

② ［美］孔华润主编，周桂银等译：《剑桥美国对外关系史》（上），新华出版社，2004年版，第53页。

③ ［美］迈克尔·卡门著，王晶译：《自相矛盾的民族》，江苏人民出版社，2006年版，第4页。

④ Edward M. Burns, *The American Idea of Mission: Concepts of National Purpose and Destiny*, New Jersy: Rutgers University Press, 1957, p. 511.

⑤ ［美］塞缪尔·亨廷顿著，程克雄译：《我们是谁：美国国家特性面临的挑战》，新华出版社，2005年版，第19页。

⑥ ［美］J. 布卢姆等著，杨国标等译：《美国的历程》（上册），商务印书馆，1988年版，第401页。

形象的核心，它认为美国是世界上特殊的"道义之邦"，美国的政治制度在世界上"独一无二"，"完美无缺"，是其他国家效仿的榜样。"在美国的自我形象里，存在一个根深蒂固的信仰：这个民族象征和代表着整个世界的追求和愿望，在管理自己内部事务的时候，美国实际上是在进行一种活生生的试验，这一试验直接关联着其他民族的希望和恐惧。美国社会中大部分人一直接受这样一种常识性观点：美国的历史，特别是其政治民主的成功，物质的繁荣以及在解决社会矛盾方面的成就，为解决世界上的矛盾和冲突提供了榜样。拥有超乎人们想象的经济生产，仍然令人羡慕的生活标准和世界上最古老的民主宪政体制，美国人一直相信他们的制度具有普世的有效性。"① 这一信念导致外交领域中出现如下的常见现象，即美国企业研究所高级研究员克里斯托尔（IVring Kristol）曾经谈到过的："欧洲民主国家无一认为在世界范围内'促进民主'是其外交政策的重要组成部分。这些民主国家无一认为自己是'山巅之城'，而我们习惯上这样认为和这样行动。"②

何以至此？本书认为应该到美国的民族主义去找答案。"美国做什么以及如何对别国行为作出反应，是由美国的政治文化所决定的。其中不同种类（strand）的民族主义构成了至关重要的部分。"③ 与其他国家的民族主义相比，美国民族主义的独特性在于它与自由民主价值观紧密相连，"美国的民族主义的'有机'基础，既不是土地，也不是人民"，相反，"美国的民族主义……是一种平民的民族主义，体现着一系列含义很广的核心价值观念：与集团权利相对立的内在的个人，人人机会平等，反对中央集权、法治以及一种革命的遗产，即可以通过人类深思熟虑的行为来改造人类，尤其在符合这些基本的价值观的情况下。"④ 也就是说，这种民族主义的独特性在于美利坚的民族认同感来自于其成员对于美国的制度和价值观优于世界上其他国

① Roger S. Whitcomb, *The American Approach to Foreign Affairs: An Uncertain Tradition*, New York: Praeger Publishers, 1998, p. 43.

② IVring Kristol, "Defining our National Interest," in Oven Harries, ed., *America's Purpose: New Visions of U. S. Foreign Policy*, San Francisco: ICS Press, 1991, p. 60.

③ Anatol Lieven, *America Right or Wrong: An Anatomy of American Nationalism*, New York: Oxford University Press, 2004, p. 1.

④ ［美］爱德华·勒克著，裘因等译：《美国政治与国际组织》，新华出版社，2001 年版，第 122 页。

家的强烈共识。或者说，宣扬美国价值观高于世界上其他民族的价值观成为维系美利坚民族团结与统一的必要条件。这种价值观伴随着美国历史的发展而发展，并不断得以强化。回顾美国的历史可以看到，从一开始，美国人对此类价值观就矢志不已，而且坚信它们同样适宜于世界上所有其他的民族，因为对美国人来说，“对美国有益的就一定对其他人有益，又有什么其他的模式能胜过这一不言自明的格言呢?”所以，“毫不令人感到奇怪，美国人总是将他们自己裹在本体善良的大旗下。既然美国的旗帜代表着所有善良的事情，那么在美国人的眼中，这面旗帜就应当得到全世界每个角落的敬意。”① 总之，美国民族主义使得美国人认为，美利坚民族作为“上帝的选民”，负有在全球传播和推行自由、民主等价值观和理念的特殊使命。当美国人民和其他民族交往时，这种信仰对美国的外交（政策）产生了深刻而重大的影响：“美国是整个人类未来的政治体现……美国有理由追求自身的国家安全，其基础不仅是保存一个独特的国家，而且还是保护整个人类未来的福祉和权利。”② 从二战结束后杜鲁门时期到小布什时期的外交政策里，这种影响是一以贯之或根深蒂固的，如克林顿所言：“尽管我们随着时代的节奏前行，我们的使命却是无限的（timeless）。”③

一般来说，民族主义通常有助于促使社会成员在支持一种共同信念方面具有强烈的集体感，这种共同信念无论是在战时还是平时都是必不可少的。例如，“美国普世性的民族主义是一种非常强大的力量……美国的价值观和制度反映在美国独特的自我形象、特有的生活方式和美国例外论的信仰之中——这些都是美国帝权（impeirum）发展和持久的重要原因。”④ 但是，伴随着强烈的民族主义情感而来的重要问题之一是爱国主义常常变成了偏狭的

---

① ［英］泽乌丁·戴维斯等著，朱琳等译：《谁在恨美国?》，中国青年出版社，2004 年版，第 208 页。

② ［英］巴里·布赞著，刘永涛译：《美国和诸大国：21 世纪的世界政治》，上海人民出版社，2007 年版，第 179 页。

③ David Ryan, *US Foreign Policy in World History*, London and New York: Routledge, 2000, p. 187.

④ ［美］彼得·卡赞斯坦著，秦亚青等译：《地区构成的世界：美国帝权中的亚洲和欧洲》，北京大学出版社，2007 年版，第 219 页。

和"超级的爱国主义"。[1] 具体而言，由于美国人偏执于相信美国的优越和进步，他们难以理解不同于美国模式的发展道路，甚至把与美国的不同看作是对美国的威胁和挑战。这就导致美国的民族主义不时以趋于极端的形式出现于美国的外交政策之中。究其原因，宗教的缘由使得美国人过分自恋于美国是"山巅之城"这一地位，使得美国在如何对待世界上其他国家和民族的问题上缺乏客观的判断，以至美国民族主义太缺乏自我反省精神，这是美国民族主义存在的最大问题。尽管如美国著名心理学家埃里希·弗罗姆（Erich Fromm）所分析的，"就看待外国而言，缺少客观性是人人皆知的。长期以来，一国总是把自己说得尽善尽美，而把别国说成十足的腐败和残忍。评判敌人的一举一动用一个标准，而评价自己的一言一行则用另一个标准。甚至敌人的善行也被视为穷凶极恶的征兆，意在欺骗我们和全世界，而我们的丑行则是必要的，是为我们的崇高目标服务的，因而也是正当的。的确，如果像研究人与人之间的关系一样来研究国与国之间的关系，就会得出这样的结论：客观性是极为少见的，而不同程度的自我陶醉的歪曲，则是司空见惯的。"[2] 但这种现象在美国的身上表现得尤为明显，这是因为，对美国人民来说最难做到的事就是"承认他们自己并不比其他的民族更优秀"。

综上所述，如果说美国民族主义对美国人的思想和行为的影响是无法抹去的话，那么美国人必须对美国民族主义中的精华和糟粕有所区隔。其中关键的是，美国人民"必须放弃自己对国际事务的过于简单的看法"，放弃"美国的使命就是以美国的形象来改造世界的理论"。[3] 唯有如此，美国人民才能对他们生活于其中的星球做出更多、更大的贡献。

第二节　如何认识美国民族主义与"改造中国"使命的关系？

无论是早期清教徒的"使命观"和"山巅之城"的神话，还是其后来

① ［美］杰里尔·罗赛蒂著，周启朋等译：《美国对外政策的政治学》，世界知识出版社，2005 年版，第 380 页。

② ［美］威廉·富布赖特著，简新芽等译：《帝国的代价》，世界知识出版社，1991 年版，第 9－10 页。

③ 邓鹏、李小兵等著：《剪不断，理还乱：美国外交政策和美中关系》，中国社会科学出版社，2000 年版，第 164 页。

被世俗化的、某种程度上与之一脉相传的“美国例外论”，其本质都是宣扬一种“美国优越”。作为美国最基本的国家意识形态，“美国优越”的神话反复强调：美国是一个被上帝选中的国家，是“山巅之城”，是一个榜样和一个“救世主的国家”，美国人是上帝的“选民”和被上帝“选中的种族”。在“美国优越”的神话中，美国是“新世界”，美国向来就是一个自由和民主的国家，美国在世界上负有特殊的使命，它代表着上帝的旨意。美国从国家产生的那一天起，就献身于自由民主的传播和真正的人权捍卫事业。它还是世界和平缔造者，它理应成为世界宪兵。美国是全人类的代表，是世界的“灯塔”，只有它代表着人类前进的方向，是世界发展的最后归宿和最美好所在，因此，美国的扩张是给这个世界带来恩泽。① 从“合众国之父”乔治·华盛顿起，美国政府就致力于“巩固自由人的权利而令其坚不可摧”；第二任总统约翰·亚当斯则明确主张要维护“美国人民强烈的荣誉感和诚实正直之心，以及他们有关自己的权力和力量的内在情感”。② 因此，从立国之初就形成“美国伟大”的观念，这种观念一直影响着美国的外交政策。随着经济的发展和综合国力的不断提高，美国又出现了所谓的白人“种族优越论”、“天定命运论”、“美国例外论”等价值观和意识形态，并很快融进了美国的外交政策。长期以来，美国人一直有一种“天赋使命”感，作为“上帝的选民”，“应当有按照上帝所规定的信条改变和复兴世界的责任和义务”。③ 建立“山巅之城”的使命如同“上帝的选民”的使命一样，都使美国人承担了一种道德责任，以他们自己作为楷模来示范全世界。因为“既然这种价值观不仅适用于各种不同文化的美国人，而且还吸引着世界各地的人向美国移居，那么从逻辑上说，它必定具有国际感召力。……因此，美国不能将这种价值观的追求仅限于自己的国土范围。”④ 美国不仅有权利有义务推广他们的价值观，而且责无旁贷。这使美国人认为，“应该

---

① 施爱国著：《傲慢与偏见：东方主义与美国的“中国威胁论”研究》，中山大学出版社，2004 年版，第 38 – 39 页。

② 李剑明、章彤编：《美利坚合众国总统就职演说全集》，天津人民出版社，1997 年版，第 6、16 页。

③ 王晓德著：《美国文化与外交》，世界知识出版社，2000 年版，第 18 – 20 页。

④ ［美］埃兹拉·沃格尔（傅高义）主编，田斌译：《与中国共处：21 世纪的美中关系》，新华出版社，1998 年版，第 42 页。

主动地像传教士那样的去发挥他们的救世主作用，而不是被动地、仅仅用榜样示范的力量去影响别人”。这种“普世文明的概念有助于西方对其他社会的文化统治和那些社会模仿西方的实践和体制的需要作辩护。普世主义是西方对付非西方的意识形态。”① 可见，美国的意识形态具有强烈的道义感和对异教文化的征服欲。而在历史上，美国也一直采用了“维护自由同主动推进国家强盛紧密联系在一起的政策”。②

时至今日，美国人依然认为，世界的发展注定要选择美国的道路。用一切手段扩张他们的文化和利益，以美国理想改造世界是这个民族神圣的使命(American mission)。美国人对中国的认识也缘于美国这种唯我独尊的历史传统。“大多数美国人认为，美国人到中国不是为了掠夺，而是为了给予，不是为了占领，而是为了改造。与其他国家同中国的关系不同，中美关系是以双方深厚的友谊为标志的，美国人在中国的善行，美国对中国的‘保护’和中国人对美国的‘感激’和信赖构成中美之间的特殊关系。”事实果真如此吗？历史已经戳穿这种伪善的“神话”，其荒谬之处路人皆知。不幸的是，“尽管所谓美国对中国的无私帮助在相当程度上不过是无稽之谈，其提出者完全忽视了华人在美国所遭受的不人道的待遇、美国在中国享有的种种特权以及屡次口惠而实不至的对华政策对中国民族主义情感的伤害，但美国人却对此深信不疑。”③ 究其原因，这是由美国独特的民族主义意识形态所决定的：本来，民族主义一般是以追求本民族实际利益作为自己的目标，但是美国的民族主义却把“改造”世界和“拯救”人类作为自己的重要目标。也就是说，美国民族主义比其他国家的民族主义更愿意承担所谓的“世界责任”，以让其他国家效仿美国来表现其民族主义。对中国而言，美国人长期以来更是持有一种“传教士心理”，而往往把中国人看作一个不成熟的民族，自认为是中国人的先生，并把中国当做实现美国民族抱负、推广美式价

① ［美］塞缪尔·亨廷顿著，周琪等译：《文明的冲突和世界秩序的重建》，新华出版社，1998年版，第55－56页。

② ［美］迈克尔·亨特著，褚律元译：《意识形态与美国外交政策》，世界知识出版社，1999年版，第33页。

③ 王立新：《意识形态与美国对华政策——以艾奇逊和“承认问题”为中心的再研究》，《中国社会科学》2005年第3期，第182页。

值观的巨大试验场。

上述美国自我形象即所谓的美国例外主义，突出的是美国的民主价值观的巨大优势及其全球普适性。美国公众具有一种传教士情结，希望并相信美国模式能够推行到世界各个地区。一旦某个国家的行为不符合美国公众所认为的美国式价值标准，这个国家就会在美国公众心目中形成负面的印象。这种解释强调的是美国公众中国观的 基础，认为美国公众的中国观很大程度上是“美国文化的产物”，美国人所看到的不是一个真实的中国，而是一个“美国的中国”（America's China）。① 例如，1911 年中国革命和清王朝的垮台经常被描绘成美国革命的翻版。美国人认为“新理想”代表的美国特征的民主、人权、公平和机会均等等精神已在中国扎根。一位编辑评论说中国“正把她的手伸过太平洋抓住我们”，请求美国“教她如何自由、幸福和强大”。② 但是新中国成立后不但拒绝了美国模式，而且和苏联站在了一条线上，这使“美国人觉得被背叛了，十分愤怒，认为他们的价值和制度遭受了贬损，他们的好意被辜负了”，这导致美国公众形成了对中国的两个印象，即中国是“莫斯科的爪牙”和中国是一个“狂热”的国家。③ 再如，自 20 世纪 70 年代末中国实行改革开放，在理论上和实践上都否定了过去许多极左的说法、做法，确实在思想领域内也发生了空前的变化。美国朝野对中国的变化一片欢欣鼓舞，按照美国的理想来影响和改造中国的想法重又升起，有些人还对此表现出很大的热情。这使“自由中国的神话”（the Liberal China Myth）从 80 年代开始在美国盛行，这个神话认为，中国虽然还步履蹒跚，但已经走上了现代化和自由市场化的道路，“1989 年 6 月之前，美国主流媒体对中国较为友好，有关中国的报道绝大多数是正面和积极的。”“中国被美国媒体塑造成一个改革的先锋，一个‘正在偏离共产主义而靠向市场经济并向开放社会发展的典范’。尽管对中国政治体制和经济体制的改

① Aikra Iriye, "North America," *History*: *Review of New Books*, Spring 1997, Vol. 25, Issue 3, p. 107.

② ［美］吉姆·赫尔姆斯、詹姆斯·普里斯特主编，张林宏等译：《外交与威慑：美国对华战略》，新华出版社，1998 年版，第 185 页。

③ Nancy Bernkopf Tucker, "America First," in Carola McGiffert, ed., *China in the American Political Imagination*, Washington, D. C.: The CSIS Press, 2003, p. 19.

革有不同的看法，但对中国发生的事，美国媒体大多数从正面的角度加以解释和理解，认为进步是中国发展的主流，中国走在正确的道路上。"① 总之，"对很多美国人来说，中国的正在开放是整个共产主义世界自由化的预兆：最终，'他们'将会变得与'我们'一样。"② 然而，一旦按自己的想法"改造"中国的希望落空，那些看来应"放之四海而皆准"的价值观念受到了挑战，美国人心理上就不愿接受。如果中国是一个民族主义至上的、意识形态上对立的、经济上日益强大的国家，与美国的现实利益也发生了冲突，美国人觉得中国是一个对手也就出于自然。一个既与自己的价值观念又和自己的现实利益冲突的中国是美国最不愿意看到的。③ 这里就涉及一个美国"是否真正了解中国"的问题，"华盛顿能否准确把握变化中的中国和中国的历史走向，对制定出有效而务实的对华政策十分关键。错误地认识中国，过高地估计中国对美国的威胁，或过低估计中国在现代化过程中的复杂性和捍卫自身利益的决心，都会导致双边关系的恶化甚至危机。"④

纵观百年来的历史，美国最难调整的是它的"救世主"心态，即用自己那套价值观去评价其他国家，进行"道德讨伐"。自命名为"世界法官"，以"亲美"还是"反美"、"民主"还是"专制"划线，"自以为是"仍将是美国外交的主要特色。⑤ 比如，美国人"习惯于听人家讲美国人的特点在于他们对世界秩序所承担的责任，如果转向谨慎、克制的政策，他们便会感到自己降低了身份。他们也许不希望被告知他们应该放弃神气十足的抱负而像其他国家那样过平常的生活"。⑥ 如此一来，过度的自大以及不可避免的

---

① 张燕冬：《大众媒体：载舟？覆舟?》，载郝雨凡、张燕冬主编：《限制性接触：布什政府对华政策走向》，新华出版社，2001 年版，第 276 - 325 页。

② Richard Madsen, *China and the American Dream: a Moral Inquiry*, Berkeley: University of California Press, 1995, p. 28, p. 110.

③ 袁明、范士明：《"冷战"后美国对中国（安全）形象的认识》，《美国研究》1995 年第 4 期，第 24 页。

④ 郝雨凡著：《白宫决策：从杜鲁门到克林顿的对华政策内幕》，东方出版社，2002 年版，第 724 页。

⑤ [美] 陶美心、赵梅主编：《中美长期对话（1986—2001）》，中国社会科学出版社，2001 年版，第 13 页。

⑥ [美] 迈克尔·亨特著，褚律元译：《意识形态与美国外交政策》，世界知识出版社，1999 年版，第 3 页。

由此所孳生的外交思想和决策上的僵化和偏狭也难保不给美国自身的利益带来损害。“清教的十字军东征精神给美国历史带来了许多遗憾和悲剧性的事件。它带给我们不必要的和代价高昂的冒险以及毁于我们自己手中的胜利。”① 而对于“改造中国”这个流传已久的说法，美国著名学者汉斯·摩根索曾经有过一段精彩的评述：“在生活中，每个民族都离不开神话。神话所描述的过去总是适应现实的需要，但往往不顾历史事实。有些神话是有益的，它们加强了民族信念，使人们坚信他们在过去和现在都能够肩负时代的重任，诸如对丰功伟业、大难浩劫和重大成就夸张的回顾均属此类。但另一些神话却是有害的。人们从被歪曲了的事实中了解过去，并以此筹划未来的行动。这样做虽然取悦了人们集体情感，却使人们的判断和行动进入迷途。这类神话是过去对未来施展的魔法，是死人压制活人的咒符。”② 美国人有关其同中国的关系的看法属于后者，是一种有害的神话。因为这样的神话不仅与历史事实相差甚远，“更重要的是，这种建立在幻觉上的迷思（myth）会对中美关系造成极大的危害：其一，它严重遮蔽了美国对中国局势的认识。既然中国人信赖美国，热爱美国的价值观和民主制度，愿意接受美国的指导，从这一信念自然引申出来的就是共产主义并不适合中国，共产主义对中国的统治并不是中国人民自愿接受的，而是外来力量强加的，因此他们相信中国人民迟早会摆脱共产主义的羁绊，重新拥抱美国的民主制度。其二，由中国共产化而导致的中美关系神话的破灭在美国激起强烈的负面情感反应，使美国人完全不能接受这一现实。面对中国抛弃美国的制度与文化，拒绝美国的‘监护’与‘指导’，并选择社会主义，美国在中国一个多世纪的心血付诸东流，美国对自己文化和意识形态的自信心遭受沉重的打击。”③ 历史已经并将进一步证明，“改造中国”的企图不利于中美关系的改善以及两国人民之间的往来。这是因为，美国想不加区分地在全球推行它的理想是行不通的。“中国毕竟不同于美国，无论从历史传统或文化内涵上，它们都

① J. William Fubright, *The Arrogance of Power*, New York: Random House, 1966, p. 245.

② ［美］邹谠著，王宁等译：《美国在中国的失败（1941—1950）》，上海人民出版社，1997 年版，序第 1 页。

③ 王立新：《意识形态与美国对华政策——以艾奇逊和“承认问题”为中心的再研究》，《中国社会科学》2005 年第 3 期，第 183 页。

是并行的，各具特征的，代表了两种不同的文明历程。美国的梦想是不会为中国人民接受的。这不仅出于文化传统的差异，也出于现实政治的需要。”① 正是从上述认识出发，美国学者哈里·哈丁（Harry Harding）说：在美国，“没有人认识到真正的问题在于美国看中国是以美国式的眼光来看，它又立足于一种对我们本身影响中国事务能力的过高估计，而且基于对中国的政治与社会缺乏准确性的概念。”所以，美国人在对华问题上“可能还需要对自己所熟悉的思维方式作一番费力的调整”。②

第三节 如何从美国民族主义与“改造中国”使命的关系视角解读美国的对台政策？

纵观半个多世纪的演化过程，美国对台政策从属于美国对华战略，它是由美国的对华战略决定的，并且是这个战略的重要组成部分。“对于美国来说，对华政策的根本目标在于将整体中国纳入美国的利益和价值体系中，美台关系必须为美中关系服务，为了美国在整体中国的利益，美台间的局部利益是可以被忽视的。”③ 因此，美国对台政策的调整也是根据美国对华战略的需要而进行的。但不论如何调整，美国的对台政策难以超越“以台制华”的冷战思维。冷战时期，美国在政治、经济、军事和安全等方面全力扶植台湾当局，“华盛顿想要把台湾变成抵御对抗人民共和国的强有力的堡垒和前哨阵地。台湾的价值，不仅限于是远东的一个重要战略据点和一艘‘不沉的航空母舰’，更因为国民党当局的反共意识形态。维持一个反共的台湾政权，可以作为新生人民共和国合法性的一个经常性挑战，用以向新中国施加政治压力。而且作为前中国的合法政府，国民党当局在东南亚地区的华人中尚有势力，也可以用来抵消中国对该地区的影响。……总之，出于国家利益的考虑，美国决心阻挠中国统一台湾。”④ 20 世纪 60 年代中期，国际政治

---

① 李庆余主编：《11 个美国人与现代中国》，安徽大学出版社，1998 年版，第 115 页。

② Robert Oxnam, Sino-American Relations in Historical Perspective, p. 37. 参阅张中义：《影响美国对华政策的几种主要力量》，《现代国际关系》1997 年第 1 期，第 16 页。

③ 范希周主编：《台湾政局与两岸关系》，九州出版社，2004 年版，第 249 页。

④ 郝雨凡著：《白宫决策：从杜鲁门到克林顿的对华政策内幕》，东方出版社，2002 年版，第 271 页。

格局发生了重大变化。美国以国家利益为重，在调整其全球战略中，选择了“联华抗苏”，开始着手进行与中国大陆的接触与联系，但其在谋求改善中美关系的同时，对台湾却作出种种承诺与保证，70 年代初还曾在联合国提出了“双重代表”等，企图在国际上推行“两个中国”或“一个中国，两个政府”。中美建交后，美国没有放弃打“台湾牌”，继续依靠对台军售武装台湾，牵制大陆。1979 年 3 月，美国国会通过了《与台湾关系法》，以国内法的形式来规范美国与台湾的关系。《与台湾关系法》实际上是把台湾视为一个“独立的政治实体”，将台湾与主权国家相提并论。1982 年 8 月里根政府向台湾当局作出“六点保证”，强调《与台湾关系法》的义务和保护台湾的安全。这一切充分证明了美国政府干涉台湾问题的顽固立场。但是，这一时期美国需要借助中国的力量抗苏，不愿因台湾问题而影响中美关系大局，因此，《与台湾关系法》基本上被淡化处理。

冷战结束后，中美政治联姻破裂，美台关系不断升温，美国再次调整其对台政策，鼓吹要强化对台湾的“安全保障”，扩大对台军售。1992 年后，台湾高层领导人开始络绎不绝地“过境”美国，1995 年 5 月，美国甚至允许李登辉访问美国康奈尔大学，提升美台实质关系，加大对台支持力度，“以台制华”的企图更加显著。台湾《联合报》曾经指出：现阶段最能体现美国利益的对台政策就是“一个中国，和平解决”，其最高纲领是“一个中国，但不统一”，最低纲领是“和平解决，不谈独立”。对美国而言，其在台湾问题上的政策，是以“中国”为中心，以“台湾”为棋子，中美关系不能亲密到使“棋子”的牵制作用无所发挥，而“棋子”的作用亦不能大到扰乱“中心”。换言之，美国对台政策如果出现调整，其目的也只在着眼于稳定地区局势，或防范可能出现危及其战略利益的风险。鉴于此，美国对台政策的调整注定是有限度的，其“以台制华”的战略核心不会改变。① 总体而言，今后一段时期内，由于美国对台的基本利益和战略目标不会发生根本改变，从“以台制华”的考虑出发，美国发展美台实质关系，尤其是大幅度强化美台军事关系，阻碍中国统一的做法也不会改变。

按很多美国人的想法，美国对 1949 年以来帮助台湾与大陆分开的做法

---

① 雨农：《中美关系发展与美国的对台政策调整》，《黄埔》1998 年第 3 期，第 20 页。

并不感到内疚，相反，他们认为是他们帮助台湾人民实现目前的繁荣、安全和政治发展并为此感到自豪。① 就像美国著名的中国问题专家麦克·奥克森伯格曾经（Michel Oksenberg）一直认为的那样，半个多世纪以来，“台湾在美国的保护、支持和扶持下，逐渐取得了经济上的繁荣和政治上的民主，美国人对此深感骄傲和自豪，作为美台关系密切的结果，美国人对台湾人民有着一种道义上的责任感。”② 正是根据这种“道义上的责任”，美国国会在政府发表建交公报不久即制定通过《与台湾关系法》来保证美国有足够的权力介入台湾问题，使之在与中国建交的同时又不至于“抛弃台湾”，一直与台湾保持密切的非官方关系；为了“维持两岸军力的平衡”，使“台湾人民在同大陆的交往中有必要的信心”，而不惜多次违反《八·一七公报》的规定，持续向台湾出售先进武器；以及后来以多种理由顶着中国的压力，同意台湾领导人“访问母校”、“过境”等。这样做并不完全是为了在台湾的现实利益，而在很大程度上是出于美国价值观方面的考虑，尤其是美国国会和舆论界，经常打着美国价值观的旗号，在台湾问题上不断制造麻烦，给中美关系和中国人民的感情造成了极大的伤害。追根溯源，“自以为无所不能和要以自己的面貌改造世界的强烈欲望。这是贯穿于美国外交思想始终的主线，是意识形态和战略利益的高度结合，外加强大的物质基础和对自己力量的自信，造成了美国‘以天下为己任’，肆无忌惮地干涉别国内政的对外行为特点。当初卷入中国内战，今天在台湾、人权问题上与中国的摩擦都出此根源。”③

美国是最早实行西方式宪政民主体制的国家，以自由、民主为基本价值观的自由主义是其主流意识形态。美国一直将维护民主制度、在世界推进民主看成是重要的国家利益，并将之贯彻到对外政策中去。不过，在冷战结束前，美国只是将推进民主的目标贯穿于其他对外政策中，并未作为一个独立

① ［美］埃兹拉·沃格尔（傅高义）主编，田斌译：《与中国共处：21世纪的美中关系》，新华出版社，1998年版，第41页。

② 郝雨凡、张燕冬著：《无形的手——与美国中国问题专家点评中美关系》，新华出版社，2000年版，第278页。

③ 资中筠：《追根溯源：对美国对华政策（1945—1950）的再思考》，《美国研究》2000年第3期，第9页。

的政策目标。按美国人自己的说法，美国在两次世界大战中站在民主阵营一边不是偶然的。可以说，在第一次世界大战时期，推进民主贯穿于反专制之中，所以美国站在英法民主国家一边，同德奥专制国家作战；第二次世界大战时期，推进民主贯穿于反法西斯之中，所以美国又站在“民主阵营”一边；冷战时期，推进民主贯穿于反共产主义之中，这一次美国成了“民主阵营”的主帅。冷战结束后，美国人认为，自由主义意识形态已经战胜其他各种意识形态，成为人类社会的主流意识形态，按照美国学者福山(Francis Fukuyama)① 的说法，就是意识形态斗争的历史终结了，将来没有哪一种意识形态能够挑战自由主义了。不过，美国并未陶醉于胜利之中，而是要乘胜前进，在世界进一步推进民主，实现全球“一片蓝”。与冷战结束前不同的是，冷战结束之后美国将推进民主直接作为一个独立的战略目标，而不再贯穿于其他战略目标之中。克林顿政府制定的“参与和扩展安全战略”，就将推进民主与维护安全及扩展经济并列为美国国家安全战略的三大目标或三大支柱。② 在国外传播“民主”和“自由”符合美国老百姓认同的文化价值观。这样在国外促进“民主”和捍卫“自由”就具有了实际的含义，不仅植根于美国独特的历史文化传统和国家理想，而且美国人为了实现这一目标愿意做出任何牺牲。“在经济、安全和民主这三大支柱中，输出民主最能激发美国民族传统中的使命意识，扩大民众对美国持久卷入国际事务的认同。”也就是说，输出民主可以把内政和外交联系在一起，最符合美国的国家利益，“以支持民主和自由市场来取代反共”，才能动员并保持国内对于美国在新时代发挥全球领导作用的有力支持。③ 正因如此，在全球范围内促进“民主”和捍卫“自由”常常挂在美国政府决策者的嘴上，使美国外交政策追求的根本目标明显具有了很浓厚的“理想”色彩。世界上很少有国家像美国那样从来都把本国的利益等同于全人类的利益，至少表面上使美国外交政策的目标具有了“普世性”的特性，似乎美国的外交活动不

---

① 福山是日裔美国人，约翰·霍普金斯大学政治经济学教授，知名学者。著有《历史的终结及最后一人》、《信任：社会美德与创造经济繁荣》、《大分裂：人类本性与社会秩序的重建》等具有广泛影响的著作。

② 梅孜编译：《美国国家安全战略报告汇编》，时事出版社，1996 年版，第 244 页。

③ 罗艳华等著：《美国输出民主的历史与现实》，世界知识出版社，2009 年版，第 255 页。

是主要出于本国的私利考虑，而是有着更为“崇高”的目标。①

对美国而言，标榜台湾是“政治改革的橱窗”，在推进西方民主的旗号下提升美台关系，符合美国全球战略“三大支柱”之一的“全球民主化”。在美国持续不断的努力和推动下，台湾的“民主改造”经历了一个缓慢的和渐进的过程之后，终于如美国所愿，完成了所谓“政治变革”。“民主台湾的出现是过去几十年里美国实力与影响力持续作用的结果。”② 台湾的“民主化”进程大致经历了四个发展阶段：第一阶段从 1949 年到 1972 年。这一时期，岛内政治以维持国民党集团的独裁统治主要特征。但是，台湾当局此间也在岛内推行了一定的“有限度的民主”，主要表现为推行“有限的选举”，例如对市、县议员和部分市、县长的选举，以及台湾省“议会”的选举，以及“立法院”、“国民代表大会”的补选等。第二阶段从 1972 年到 1988 年。自台湾当局推行所谓“革新保台”之后，尤其是蒋经国出任“行政院长”之后，“本土化”进程开始启动。在此阶段，通过“本土化”运动和蒋经国晚年推出的解除“戒严”、开放报禁、党禁等一系列措施，台湾社会实际上进入了“半民主”阶段。第三阶段从 1988 年李登辉执政开始及随后推行宪政改革时期，属于台湾“民主”的转型期。在此阶段，台湾执政当局历经五次“宪政改革”，废除了“动员戡乱体制”，全面改选了“中央民意代表机构”，修订了“宪法”，确定了“总统”选举方式并加强了“总统”的职权。第四阶段从 1996 年开始至今，属于台湾“民主”的巩固时期。“民主”得到巩固的最集中体现就是台湾岛内在 1996 年实现了首次“总统”直接选举，并在 2000 年顺利实现了执政党的轮替。③ 对于台湾地区的“民主化”进程，美国大加赞赏，称台湾“已经建立了真正的多党民主体制，其政治体制完全分离于并不同于中华人民共和国的政治体制”，并把台湾看做是“民主的”台湾。2000 年，民进党上台执政，美国领导层立刻

---

① 王晓德：《从文化视角对美国外交政策的深层思考》，《美国研究》2007 年第 4 期，第 124 页。

② John W. Garver, *Face off: China, the United States, and Taiwan's Democratization*, Seattle and London: the University of Washington Press, 1997, p. 164.

③ 关于台湾“民主化”进程几个阶段的划分，参阅：Linda Chao and Ramon H. Myers, “How Elections Promoted Democracy in Taiwan under Martial Law”, *The China Quarterly*, No. 162, June, 2000, pp. 387 -409.

表示这是“民主”的胜利。[1] 台湾在美国的扶持下，作为一个从独裁专制走向“民主”的地区，无疑是美国推广其民主的成功示范。

在台湾“民主化”的发展进程中，美国对台政策中“以台变华”方针也经历了从酝酿到确立、从付诸实施到明朗化直至全面推行三个不同的阶段，其宗旨在于利用台湾作为“民主的样板”，来影响中国大陆的政治发展过程。尤其是在后冷战时代，如何应对中国大陆的崛起，除安全与战略考虑（以台制华）之外，与中国直接接触意图把中国纳入民主国家体系的同时，“以台变华”明显提升。概言之，“为了改变中国，将中国融入全球资本主义体系，美国必须设法改变中国的政治、经济、法律制度，使中国‘资本主义化’、‘民主化’。”[2] 全面推行“以台变华”是其中极为重要的一环。

综上所述，经过近二十年的敌视与对抗之后，从1969年起中美关系开始改善，1972年尼克松总统访华使两国关系达到一个高峰，及至1979年中美关系实现正常化。两国建交之后，在台湾问题上，尽管美国政府口头上表示不介入，不当调停人，不提方案，一再声称它无意侵犯中国的主权和领土完整，无意干涉中国的内政，也无意执行“两个中国”或“一中一台”政策，强调台湾问题“应由海峡两岸中国人自己解决”，并对中共和平“统一方针”表示“理解并欣赏”。但事实上，美国的根本意图是争取时间，加速台湾当局“本土化”，把台湾变成美国控制下的“政治实体”。换句话说，美国不赞成两岸统一的一个重要原因，是因为这不符合美国“推广民主”的对外战略。因此，美国在很长时期内，以台湾已经实现“民主化”为借口，向中国施压，促使中国向“西化”方向发展的政策不会改变。以此观之，由于美国民族主义意识形态的作用，“改造中国”的幽灵一直在美国人的脑海里徘徊，迟迟不肯离去：改变中国政治制度的愿望是美国朝野普遍存在的心态。美国认为台湾是民主力量，大陆是共产党政权，所以美国要支持台湾作为和平演变中国的基地，利用台湾来促进大陆的“民主化”，亦即通过政治、经济、文化等各个领域的接触，渗透自由、民主的价值观和生活方

---

① 吕有生著：《称霸亚太：新世纪美国亚太战略大调整》，大众文艺出版社，2002年版，第291页。

② 郝雨凡著：《白宫决策：从杜鲁门到克林顿的对华政策内幕》，东方出版社，2002年版，第271页。

式，促使大陆发生“内变”。与此同时，美国还需要通过借助“台独”来遏制中国。例如，美国政府对台政策在杜鲁门政府期间几经变化，从“分离台湾”、“托管台湾”、到短暂的“等待尘埃落定”、再到“台湾地位未定论”。但无论如何变化，其核心一直是“阻止福摩萨落入共产党手中”，这一点在中美建交前没变，中美建交后也没变，将来也很难改变。1971 年 4 月，基辛格对尼克松总统说：“中国人不可能从我们手中骗走台湾。他们必须从根本上认识到这一点。”① 即便当初，美国愿意改善同中华人民共和国的关系，其前提仍是“两个中国”或“一中一台”。②

总而言之，美国对台湾政治转型的推动并非真正是为了台湾的民主和自由，而是为了用一个“民主”、“自由”的台湾来影响、演变中国大陆，以及通过“自由化”和“民主化”扶助一个台湾人的“政府”，造成海峡的事实分裂或永久分裂，以牵制和削弱中国的力量。③ 在这种背景下，美国将会持续设法阻挠中国的统一进程，由此造成中国的统一大业依然任重而道远。对此，两岸中国人要有清醒认识。美国对台政策的根本目的仍是维持台海两岸不统不独的现状，使台湾始终成为服从、服务于美国对华战略的一颗重要棋子。因此，中美在台湾问题上的较量将是长期的。

第四节　小　　结

史海钩沉，中华民族要复兴，台湾问题必须解决。从长远来看，祖国和平统一的实现必须立足于大陆自身的发展和全面进步，同时必须坚持依靠台湾人民，还需要有利的国际形势。因此，我们要团结海内外一切可以团结的力量，寄希望于台湾人民，更寄希望于我们自己。一切“操之在我”、“求其在我”，努力发展自己，完善自己，壮大自己。

“青山一道同风雨，明月何曾是两乡。”海峡两岸的中国人都是炎黄子

① ［美］阿奇耐利：《努力在台湾问题上达成妥协：从解冻走向建交》，载宫力、［美］威廉·柯比、罗伯特·罗斯主编：《从解冻走向建交：中美关系正常化再探讨》，中央文献出版社，2004 年版，第 77 页。

② 熊志勇著：《百年中美关系》，世界知识出版社，2006 年版，第 269 页。

③ 姜南扬著：《台湾政治转型之迷》，文津出版社，1993 年版，第 201 页。

孙，两岸同胞长存民族大义于心，在两岸关系和平发展的新时代中应该携手共创“一个伟大国家的尊严与荣耀”。“求统一，图富强，中华民族伟大复兴，定将舒天昭辉，磅礴东方。”①

“蚂蚁缘槐之夸大国，蚍蜉撼树谈何事。”但愿一些朋友丢掉幻想，面对现实，重写新历史，为海峡两岸中国人的大和解、大团结、大发展，为整个中华民族的伟大复兴而共同奋斗！②

“春风终解千层雪，海水犹连两岸心。”祖国统一大业，正如孙中山先生所说的“适乎世界之潮流，合乎人群之需要”，就“断无不成之理”。盼金瓯③早全！

① 北京中华世纪坛序文。

② 李家泉：《民进党台独路线本质内涵是什么》，中评社北京 2009 年 10 月 18 日电。

③ 金瓯，原为盛酒器皿，后喻国土完整。

附录　美国对台政策大事记

1949 年 8 月 5 日　美国国务院发表《中国白皮书》，列举国民党在大陆失败的诸多原因。

1949 年 12 月 7 日　国民党当局失败迁台，美国停止对国民党当局的军援。

1950 年 1 月 5 日　杜鲁门专门就台湾问题发表声明，表示"美国对台湾或中国其他领土从无掠夺的野心。目前美国无意在台湾获得特别权利或建立军事基地。亦不拟使用武装部队干预其现在的局势。美国政府不拟遵循任何足以把美国卷入中国内争中的途径"。

1950 年 6 月 27 日　朝鲜战争爆发后，杜鲁门公开声称"（如果）共产党部队占领台湾，将直接威胁太平洋地区的安全，及在该地区执行合法而必要任务的美国部队。因此，我已命令第七舰队阻止对台湾的任何攻击"。"台湾未来地位的决定必须等待太平洋安全的恢复，对日和约的签订或经由联合国的考虑。"

1951 年 2 月 9 日　美国正式开始向台湾提供经济援助起，到 1965 年经济援助结束止，以各种方式向台湾提供的经济援助达 14.82 亿美元，平均每年近 1 亿美元。

1953 年 2 月 2 日　艾森豪威尔总统宣布解除杜鲁门制订的台湾"中立化"限制，台湾军队可以对大陆采取"自由行动"。

1953 年 11 月 2 日　副总统尼克松"访问"台湾，具体谈及条约问题。

1954 年 12 月 3 日　美台正式签订"共同防御条约"，正式确立起美台间的"军事同盟"关系。

1955 年 1 月 19 日　艾森豪威尔总统表示要研究"两个中国"的可能性。

1957 年 5 月 24 日　台湾爆发"刘自然事件"，群众捣打美国"大使馆”。

1958年8月23日 中国大陆获悉美国欲迫使蒋介石搞台湾“独立”，派国务卿杜勒斯赴台，要国民党撤出金门、马祖后，以猛烈炮火攻击金门，牵制美国，挫败其计划。

1959年11月1日 《康隆报告》建议“取消”“中华民国”，另建“台湾共和国”。

1962年6月26日 中美华沙会谈，美国保证不支持国民党军队反攻大陆。

1969年11月7日 美国第七舰队停止在台湾海峡的巡逻。

1970年4月20日 台湾“行政院”副院长蒋经国访问美国。

1972年2月28日 中美联合发表《上海公报》，美国第一次公开表示接受“一个中国”的原则。

1979年1月16日 美国宣布成立“美国在台协会”，负责处理美台之间非官方的往来事宜。2月15日，台湾当局宣布设立“北美事务协调委员会”，负责处理台美之间的非官方事务。

1979年4月10日 美国总统卡特签署参、众两院分别于3月28日和29日通过的《与台湾关系法》，以立法形式继续向台湾做出安全承诺，其后向台湾出售武器成为美台军事关系的重要内容。

1982年8月17日 中美联合发表《八·一七公报》。美国政府声明，它不寻求执行一项长期向台湾出售武器的政策，它向台湾出售的武器在性能和数量上将不超过中美建交后近几年供应的水平，它准备逐步减少它对台湾的武器出售，并经过一段时间导致最后的解决。

1987年3月15日 美国国务卿舒尔兹访问大陆时，表达美国对中国台湾海峡关系的立场。

1987年8月16日 中国驻美国大使馆新闻处发表声明，澄清合众国际社失实报道，重申中国不承担不使用武力解决台湾问题的义务。

1991年6月和7月 美国众议院和参议院先后通过《台湾前途修正案》，使该案成为1992年度美国援外法案的一部分。

1994年4月29日 美国国会通过《1994和1995年对外关系授权法》，首次公开以法律形式将《与台湾关系法》凌驾于《八·一七公报》之上。

1994 年 9 月 7 日 美国国务院正式公布了包括允许台湾高层领导人过境、支持台湾加入一些国际组织以及对台军售等多项具体内容的对台新政策。

1995 年 6 月 7－11 日 美国政府允许李登辉访美。

1996 年 3 月 中国人民解放军分别在东海、南海、台湾海峡等地区进行了海陆空联合军事演习和导弹演习。美国作出强烈反应，派两个航母编队驶往台湾附近海域。

1997 年 10 月 26 日－11 月 3 日 江泽民主席对美国进行国事访问。两国发表《中美联合声明》，美方重申，美国坚持一个中国的政策，遵守中美三个联合公报的原则。

1998 年 6 月 30 日 克林顿在上海会晤各界人士时表示，美国不支持"两个中国"或"一中一台"、不支持台湾"独立"、不支持台湾加入由主权国家组成的国际组织。

1999 年 7 月 9 日 李登辉在接受"德国之声"记者采访时突然宣称：台湾当局"自 1991 年定宪以来，已将两岸关系定位为'国家与国家'，至少是特殊的'国与国'的关系"。克林顿政府对台湾单方面抛弃美国的既定政策原则和两岸稳定的框架、进行政治挑衅的行为毫不客气地迅速作出了反应。12 日，白宫副发言人福利表示，美国政府长期以来坚持的"一个中国"的政策没有改变。13 日，国务院发言人鲁宾在例行记者会上一再强调美国坚持"一个中国"政策，两次重申克林顿的"三不政策"。

1999 年 7 月 23－25 日 美国在台协会理事主席卜睿哲前往台湾，要求李登辉做出解释，对他事先未与美国商量突然发表"两国论"表示不满和深切关注。卜睿哲重申，20 年来，美国对台政策的四个要素是：一个中国政策；承诺履行《与台湾关系法》；支持两岸对话；以和平方式解决台湾问题。

2000 年 2 月 1 日 美国众议院通过《加强台湾安全法案》，宣称美国有义务保卫台湾，总统有权根据台湾海峡形势的发展情况来决定向台湾出售武器的数量和质量。但因被参议院搁置起来，未能付诸表决而无效。

2001 年 4 月 24 日 在小布什当政百日接受美国广播公司节目主持人采访时，当问到如果台湾遭受攻击，美国是否有责任去保卫台湾时，小布什回答说“尽其所能协防台湾”。

2002年8月3日　陈水扁抛出了大陆与台湾是“一边一国”的论调。这一说法直接挑战了美国的“一个中国”政策。于是美国国家安全委员会发言人麦科马克、国务院副发言人里克一再表示，“美国对中国和台湾的政策众所周知，是长期的，没有发生变化。我们的政策是一个中国政策，我们不支持台湾独立”。

2003年6月1日　小布什总统与胡锦涛主席在法国埃维昂会晤时，强调了美国支持“一个中国”、不支持“台独”政策。

2003年11月27日　“公民投票法”在台湾“立法院”三读通过。12月1日，美国国务院发言人鲍彻在记者会上表示，美国反对任何一方片面改变台海现状的意图；美国也促请台海两岸克制言行，避免升高紧张态势或使对话更难进行，“反对任何改变台湾地位或走向台湾‘独立’的公民投票”。鲍彻并拿出陈水扁“四不一没有”的承诺再念一次：陈“在2000年就职演说中承诺：不宣布台湾独立，不变更台湾政府的名称，不把两国论入宪，以及不推动改变现状的统独公投……我们很严肃地看待它。”这是美国在台湾当局操弄“公投”后，首次公开使用“反对”来表达立场。

2003年12月9日　小布什总统在温家宝总理访美记者招待会上公开表态：“台湾领导人的言行表明，他有可能作出决定单方面改变现状，对此我们是反对的。”

2004年3月2日　美国国务卿鲍威尔在传统基金会的亚洲政策演说中表示：“我们坚守由三项公报和台湾关系法所界定的一个中国政策，我们不支持台湾‘独立’，我们反对任何一方单方面改变现状的举动。”同年10月，鲍威尔在访华期间，更是直指台湾“不是独立的，它并不享有一个国家拥有的主权”，甚至刻意两度将过去美国希望两岸未来走向“和平解决”的制式说法改为“和平统一”。

2005年3月20日　美国国务卿赖斯会见国务院总理温家宝时重申，美国坚持“一个中国”政策，遵守美中三个联合公报，希望台湾问题得到和平解决。

2006年2月27日　陈水扁宣布终止“国统会”及“国统纲领”。美国国务院发言人麦克莱伦针对陈水扁的“废统论”，公开重申“一中”政策、

《与台湾关系法》和中美三个联合公报。他还指出，美国鼓励两岸对话，因为对话有助于和平解决歧见——“以两岸人民都能接受的方式”。此外，美国主管东亚事务的助理国务卿希尔也建议台方，仔细阅读美国的台海政策声明。

2007 年 8 月底至 9 月中旬　针对陈水扁当局不顾美方劝阻执意推动“以台湾名义加入联合国公投”的行为，美国副国务卿内格罗蓬特、国家安全会议亚洲部门资深主任韦德宁等相继通过媒体发表重要谈话，其中不仅警告与反对的语气越来越严厉，而且还暗示美方欲切断与陈水扁当局的沟通管道，公开向台湾民众发出呼吁，要他们认清“入联公投”背后“居心不良”的动机与“潜在危害极大”的可能后果，希望他们能采取抵制措施。同年年底，美国在台协会理事主席薄瑞光专程赴台北会见陈水扁，在逐字逐句读完小布什总统要他传达的讯息后，当着台湾媒体的面又把内容复述一遍，以让台湾民众了解。此后，美国政府还拉高层级，由国务卿赖斯在年终记者会上公开批评台湾“入联公投是挑衅政策”，并持续向岛内各界明确发出上述信息，甚至在 2008 年 3 月投票前也不避讳。

参考文献

一、中　文

（一）著　作

1. 【英】埃里·凯杜里著，张明明译：《民族主义》，北京：中央编译出版社，2002 年版。

2. 【英】厄内斯特·盖尔纳著，韩红译：《民族与民族主义》，北京：中央编译出版社，2002 年版。

3. 【英】埃里克·霍布斯鲍姆著，李金梅译：《民族与民族主义》，上海：上海人民出版社，2000 年版。

4. 【美】本尼迪克特·安德森著，吴睿人译：《想象的共同体》，上海：上海人民出版社，2003 年版。

5. 【法】吉尔·德拉诺瓦著，郑文彬等译：《民族与民族主义》，北京：三联书店，2005 年版。

6. 【英】安东尼·史密斯著，龚维斌等译：《全球化时代的民族与民族主义》，北京：中央编译出版社，2002 年版。

7. 【英】安东尼·史密斯著，叶江译：《民族主义：理论，意识形态，历史》，上海：上海人民出版社，2006 年版。

8. 【美】里亚·格林菲尔德著，张京生等译：《资本主义精神：民族主义与经济增长》，上海：上海人民出版社，2004 年版。

9. 【美】海斯著，帕米尔译：《现代民族主义演进史》，上海：华东师范大学出版社，2005 年版。

10. 【印度】帕尔塔·查特吉著，范慕尤等译：《民族主义思想与殖民地世界：一种衍生的话语?》，南京：译林出版社，2007 年版。

11. 【美】詹姆士·罗伯逊著，贾秀东等译：《美国神话美国现实》，北京：中国社会科学出版社，1990 年版。

12. 【美】卢瑟·S. 路德克主编，王波等译：《构建美国：美国的社会和文化》，南京：江苏人民出版社，2006 年版。

13. 【美】迈克尔·卡门著，王晶译：《自相矛盾的民族：美国文化的起源》，南京：江苏人民出版社，2006 年版。

14. 【美】加里·纳什等 编著，刘德斌主译：《美国人民：创建一个国家和一种社会》（第 6 版），上、下卷，北京：北京大学出版社，2008 年版。

15. 【美】萨克凡·伯克维奇著，钱满素译：《惯于赞同：美国象征建构的转化》，上海：上海译文出版社，2006 年版。

16. 【美】路易斯·哈茨著，张敏谦译：《美国的自由主义传统》，北京：中国社会科学出版社，2003 年版。

17. 【美】塞缪尔·亨廷顿著，周端译：《失衡的承诺》，北京：东方出版社，2005 年版。

18. 【美】塞缪尔·亨廷顿著，程克雄译：《我们是谁：美国国家特性面临的挑战》，北京：新华出版社，2005 年版。

19. 【美】迈克尔·H. 亨特著，褚律元译：《意识形态与美国外交政策》，北京：世界知识出版社，1999 年版。

20. 【美】杰里尔·罗赛蒂著，周启朋等译：《美国对外政策的政治学》，北京：世界知识出版社，2005 年版。

21. 【美】托马斯·帕特森等著，李庆余译：《美国外交政策》（上、下），北京：中国社会科学出版社，1989 年版。

22. 【美】孔华润主编，周桂银等译：《剑桥美国对外关系史》（上），北京：新华出版社，2004 年版。

23. 【美】孔华润主编，张振西等译：《剑桥美国对外关系史》（下），北京：新华出版社，2004 年版。

24. 【美】孔华润著，张静尔译：《美国对中国的反应——中美关系的历史剖析》，上海：复旦大学出版社，1989 年版。

25. 【美】韩德著，项立岭、林勇军译：《中美特殊关系的形成——1914 年前的美国与中国》，上海：复旦大学出版社，1993 年版。

26. 【美】唐耐心著：《不确定的友情：台湾、香港与美国，1945 至

1992)》，新新闻编译小组，台北县：新新闻文化事业股份有限公司，1995年版。

27.【美】唐耐心著，朱立人等译：《艰难的抉择——美国在承认新中国问题上的争论（1949—1950年）》，上海：复旦大学出版社，2000年版。

28.【美】柯乔治著，陈荣成译：《被出卖的台湾》，台北：前卫出版社，2002年版。

29. 王联主编：《世界民族主义论》，北京：北京大学出版社，2002年版。

30. 于歌著：《美国的本质：基督新教支配的国家和外交》，北京：当代中国出版社，2006年版。

31. 张爽著：《美国民族主义——影响国家安全战略的思想根源》，北京：世界知识出版社，2006年版。

32. 王晓德著：《美国文化与外交》，北京：世界知识出版社，2000年版。

33. 周琪主编：《意识形态与美国外交》，上海：上海人民出版社，2006年版。

34. 王立新著：《意识形态与美国外交政策——以20世纪美国对华政策为个案的研究》，北京：北京大学出版社，2007年版。

35. 王玮、戴超武著：《美国外交思想史：1775—2005年》，北京：人民出版社，2007年版。

36. 李庆余著：《美国外交史：从独立战争至2004年》，济南：山东画报出版社，2008年版。

37.【美】龙伯格（容安澜）著，贾宗谊，武文巧译：《悬崖勒马——美国对台政策与中美关系》，北京：新华出版社，2007年。

38. 资中筠、何迪编：《美台关系四十年（1949—1989）》，北京：人民出版社，1991年版。

39. 苏格著：《美国对华政策与台湾问题》，北京：世界知识出版社，1998年版。

40. 唐正瑞著：《中美棋局中的台湾问题：1969.1—1999.12》，上海：上海人民出版社，2000年版。

41. 资中筠著：《追根溯源——战后美国对华政策的缘起与发展(1945—1950)》，上海：上海人民出版社，2000年版。

42. 肖元恺著：《百年之结——美国与中国台湾地区关系的历史透视》，北京：人民出版社，2001年版。

43. 楚树龙著：《冷战后中美关系的走向》，北京：中国社会科学出版社，2001年版。

44. 郝雨凡著：《白宫决策：从杜鲁门到克林顿的对华政策内幕》，北京：东方出版社，2002年版。

45. 吕桂霞著：《遏制与对抗：越南战争期间的中美关系（1961—1973)》，北京：社会科学文献出版社，2007年版。

46. 陶文钊主编：《冷战后的美国对华政策》，重庆：重庆出版社，2006年版。

47. 忻华著：《羁绊与扶持的困境：论肯尼迪与约翰逊时期的美国对台政策（1961—1968)》，上海：上海人民出版社，2008年版。

48. 朱明权主编：《约翰逊时期的美国对华政策：1964—1968》，上海：上海人民出版社，2009年版。

49. 田弘茂著，李晴晖等译：《大转型——“中华民国”的政治和社会变迁》，台北：时报文化出版企业有限公司，1989年版。

50. 姜南扬著：《台湾政治转型之迷》，北京：文津出版社，1993年版。

51. 胡佛编译：《政治变迁与民主化》，台北：三民书局，1998年版。

52. 陈鸿瑜著：《台湾的政治民主化》，台北：翰芦图书出版有限公司，2000年版。

53. 孙代尧著：《台湾威权体制及其转型研究》，北京：中国社会科学出版社，2003年版。

（二）论　文

1. 【英】以赛亚·伯林，秋风译：《论民族主义》，《战略与管理》，2001年第4期。

2. 【美】裴敏欣，门洪华译：《美国民族主义的悖论》，《战略与管理》，2003年第3期。

3. 叶江：《当代西方的两种民族理论》，《中国社会科学》，2002 年第 1 期。

4. 叶江：《西方民族主义研究形状及历史刍议》，《国际观察》，2006 年第 4 期。

5. 叶江、甘锋：《民族主义与近代欧洲的崛起》，《学习与探索》，2006 年第 2 期。

6. 叶江、沈惠平：《西方民族主义兴起的思想背景探析》，《上海交通大学学报》（哲学社会科学版），2006 年第 2 期。

7. 叶江：《略论当前民族主义研究中几个值得注意的问题——兼谈民族主义与建设和谐世界之间的关系》，《世界民族》，2007 年第 4 期。

8. 时殷弘、崔建树：《美国极端民族主义》，《国际经济评论》，2000 年第 1 – 2 月期。

9. 王辑思：《美国霸权的逻辑》，《美国研究》，2003 年第 3 期。

10. 曹瑞臣：《现代化进程中的民族主义——美国民族主义的历史轨迹》，《世界民族》，2004 年第 3 期。

11. 吴嘉蓉：《浅论美国的宗教与民族主义意识形态的政治作用》，《四川行政学院学报》，2006 年第 5 期。

12. 郑飞：《民族主义的陷阱——民族主义与对外政策》，环球时报编：《2005 年环球时报奖学金获奖论文集》。

13. 刘建飞：《民族主义与美国对外政策》，《世界经济与政治》，2002 年第 9 期。

14. 潘小松：《美国对华关系的文化因素》，《国家论坛》，2001 年第 1 期。

15. 林艳芝：《美国的“和平演变”战略与中国》，《广西社会科学》，2001 年第 3 期。

16. 王立新：《意识形态与美国对华政策——以艾奇逊和“承认问题”为中心的再研究》，《中国社会科学》，2005 年第 3 期。

17. 温强：《肯尼迪政府对华和平演变政策及中国的反应》，《中山大学学报》（社会科学版），2007 年第 4 期。

18. 陈毓钧：《美国与台湾的历史关系》，《太平洋学报》，1995 年第

3 期。

19. 范跃江：《美国“以台制华”政策的制约因素及前景》，《台湾研究》，1997 年第 3 期。

20. 范来忠：《冷战后美台关系的演变、原因分析及未来走向》，《世界经济与政治论坛》，1999 年第 1 期。

21. 潘锐：《美国的对台政策：历史与现实》，《国际商务研究》，1999 年第 6 期。

22. 申华：《二十一世纪美国对台湾海峡两岸政策探析》，《解放军外国语学院学报》，2000 年第 1 期。

23. 王公龙：《理想主义与美国的对台政策》，《当代亚太》，2000 年第 10 期。

24. 杨永斌：《冷战后美国在台湾的意识形态战略利益》，《当代亚太》，2001 年第 9 期。

25. 胡礼忠：《一份图谋使台湾和大陆永久分离的美国档案》，《世纪》，2002 年第 2 期。

26. 夏建平：《台湾问题中的中美价值观因素及其影响》，《云南行政学院学报》，2002 年第 4 期。

27. 辛旗：《近四十年台湾社会结构变迁与文化价值体系的调适》，《台湾研究》，1990 年第 4 期。

28. 林震：《试论台湾民主化的动因》，《河海大学学报》（哲学社会科学版），2005 年第 2 期。

29. 刘国深、李炜：《影响台湾地区政治文化变迁的外部因素分析》，《台湾研究集刊》，2007 年第 3 期。

30. 李洪波：《美台矛盾研究（1949—2000）》，解放军外国语学院博士论文，2006 年。

二、英　文

（一）著　作

1. Carlton J. Hayes, *Essays on Nationalism.* N. Y. : The Macmilian Compan-

cy, 1928.

2. Boyd C, Shafer, *Nationalism: Myth and Reality*, N. Y. : Harcourt, Brace and Company, 1955.

3. Umut Ozkirimli, *Theories of Nationalism-A Critical Introduction*, Houndmills, Basingtoke, Hampshire and London: Macmillan Press Ltd. , 2000.

4. Umut Ozkirimli, ed. , *Nationalism and its Future*, N. Y. : Palgrave Macmillan Ltd. , 2003.

5. Anthony D. Smith, *Nationalism in the Twentieth Century*, N. Y. : New York University Press, 1979.

6. Anthony D. Smith, *Theories of Nationalism*, N. Y. : Harper & Row, 1983.

7. Philip Spencer and Howard Wollman, ed. , *Nations and Nationalism: A Reader*, New Brunswick: Edinburgh University Press, 2005.

8. Hans Kohn, *American Nationalism: An Interpretative Essay*, New York: The Macmillan Company, 1957.

9. David Waldstericher, *In the Midst of Perpetual Fetes: The Making of American Nationalism* 1776—1820, Chapel Hill: The University of North Carolina Press, 1997.

10. John Fousek, *To Lead the Free World: American Nationalism and the Cultural Roots of the Cold War*, Chapel Hill and London: The University North Carolina Press, 2000.

11. Anatol Lieven, *America Right or Wrong: An Anatomy of American Nationalism*, N. Y. : Oxford University Press, 2004.

12. Prizel Ilya, *National Identity and Foreign Policy*, N. Y. : Cambridge University Press, 1998.

13. Siobhan McEvoy-Levy, *American Exceptionalism and U. S. Foreign Policy: Public Diplomacy at the End of the Cold War*, New York: Palgrave, 2001.

14. Trevor B. McCrisken, *American Exceptionalism and the Legacy of Vietnam*, N. Y. : Palgrave Macmillan, 2003.

15. Elisabeth Glaser and Hermann Wellenreuther ed. , *Bridging the Atlantic: The Question of American Exceptionalism in Perspective*, Cambridge: Cambridge

University Press, 2002.

16. Arthur M. Schlesinger, Jr., *The Cycles of American History*, Boston: Houghton Mifflin Company, 1986.

17. David Ryan, *US Foreign Policy in World History*, London and New York: Routledge, 2000.

18. Thomas J. McCormick, *America's Half-Century: United States Foreign Policy in the Cold War*, MD: The Johns Hopkins University Press, 1989.

19. Steven W. Hook and John Spanier, *American Foreign Policy since World War* Ⅱ (16th ed.), Washington, D. C.: CQ Press, 2004.

20. Richard A. Melanson, *American Foreign Policy since the Vietnam War: the Search for Consensus from Richard Nixon to George W. Bush* (4th ed.), N. Y.: M. E. Sharpe, Inc., 2005.

21. Charles A. Bread, *The Idea of National Interest*, New York: The Macmillan Company, 1934.

22. David Callahan, *Between Two Worlds: Realism, Idealism and American Foreign Policy after the Cold War*, New York: Harper Collins Publisher, 1994.

23. Patrick Callahan, *Logics of American Foreign Policy: Theories of America's World Role*, N. Y.: Pearson Education, Inc., 2004.

24. George Weigel, *American Interest, American Purpose: Moral Reasoning and U. S. Foreign Policy*, New York: Praeger Publishers, 1989.

25. Cecil V. Crabb, Jr., *The Doctrines of American Foreign Policy*, Baton Rouge: Louisiana State University Press, 1982.

26. Neil H. Jacoby, *U. S. Aid to Taiwan: A Study of Foreign Aid, Self-Help, and Development*, New York, Washington and London: Frederick A. Praeger, Publisher, 1966.

27. Jerome Alan Cohen, Edward Friedman, and Harold C. Hinton, et al, *Taiwan and American Policy*, N. Y.: Praeger Publishers, 1971.

28. Ralph N. Clough, *Island China*, Cambridge, Mass.: Harvard University Press, 1978.

29. Michel Oksenberg and Robert B. Oxnam, eds., *Dragon and Eagle-Unit-*

ed States-China Relations : *Past and Future*, N. Y. : Basic Books, Inc. , Publisher, 1978.

30. Tien Hung-mao, eds. *Mainland China*, *Taiwan*, *and U. S. Policy*, Cambridge, Massachusetts: Oelgeschlager, Gunn & Hain, Publishers, Inc. , 1983.

31. Department of State, *United States Foreign Relations of the United States*, 1955—1957, Vol. II. Washington, D. C. : United States Government Printing Office, 1986.

32. Department of State, *United States Foreign Relations of the United States*, 1955—1957, Vol. III. Washington, D. C. : United States Government Printing Office, 1986.

33. Department of State, *United States Foreign Relations of the United States*, 1961—1963, Vol. XXII, China; Korea; Japan. Washington, D. C. : United States Government Printing Office, (Internet version).

34. Department of State, *United States Foreign Relations of the United States*, 1964—1968, Vol. XXX, China. Washington, D. C. : United States Government Printing Office, 1998.

35. Warren I. Cohen, *America's Response to China*, N. Y. : Columbia University Press, 1990.

36. James Mann, *About Face*: *A History of America's Curious Relationship with China*, *from Nixon to Clinton*, N. Y. : Alfred A. Knopf, Inc. , 1998.

37. Alan D. Rein Romberg, *In at the Brink of the Precipice*: *American Policy toward Taiwan and U. S. -PRC Relations*, Washington, D. C. : The Henry L Stimson Center, 2003.

38. Nancy Bernkopf Tucker, *Strait Talk*: *United States-Taiwan Relations And The Crisis With China*, Cambridge and London: Harvard University Press, 2009.

39. Tien Tung-Mao, *The Great Transition*: *Political And Social Change in the Republic of China*, Stanford California: Hoover Institution Press, 1989.

40. John W. Garver, *Face Off*: *China*, *the United States*, *and Taiwan's Democratization*, Seattle and London: University of Washington Press, 1997.

41. Steven J. Hood, *The Kuomingtang and the Democratization of Taiwan*,

Westview Press: A Division of Harper Collins Publishers, 1997.

42. Linda Chao and Ramon H. Myers, *The First Chinese Democracy: Political Life in the Republic of China on Taiwan*, Baltimore and London: The Johns Hopkins University Press, 1998.

43. Robert G. Sutter and William R. Johnson, eds., *Taiwan in World Affairs*, Boulder and Oxford: Westview Press, Inc., 1994.

44. Xiaobing Li and Zuohong Pan, eds. *Taiwan in the Twenty-First Century*, New York and Oxford: University Press of America, Inc., 2003.

(二) 论 文

1. Isaiah Berlin, "The Bent Twig: A Note on Nationalism," *Foreign Affairs*, 51, 1972, pp. 17 – 24.

2. E. B. Hass, "What is Nationalism and why should We Study it?" *International Organization*, Vo140, No. 3, 1986, pp. 707 – 744.

3. Samuel P Huntington, "Robust Nationalism," *The National Interest*, Winter 1999/2000; 58; pp. 31 – 40.

4. Stanley Hoffmann, "More Perfect Union," *Harvard International Review*, 1998, Winter, Vol. 20, Issue 1, pp. 72 – 75.

5. Minxin Pei, "The Paradoxes of American Nationalism," *Foreign Policy* 136, May/June, 2003, pp. 31 – 37.

6. Paul McCartney, "The Bush Doctrine and American Nationalism," *Annual Meeting of the American Political Science Association*, August 28 – September 1, 2002, pp. 1 – 42.

7. Aryeh Neier, "America's New Nationalism," *Social Research*, Winter 2004; 71, 4, pp. 1015 – 1022.

8. Paul T. McCartney, "American Nationalism and U. S. Foreign Policy from September 11 to the Iraq War," *Political Science Quarterly*, Volume 119, Number3, 2004, pp. 399 – 423.

9. Anatol Lieven, "In the Mirror of Europe: The Perils of American Nationalism," *Current History*, March 2004; 103, 671, pp. 99 – 106.

10. David C. Hendrickson, "IN Our Own Image: the Source of American Conduct in World Affairs," *The National Interest*, Winter 1997/1998; 50, pp. 9 –21.

11. Arthur M. Schlesinger, Jr., "America: Experiment or Destiny?" *The American Historical Review*, 82, June 1977, pp. 505 –530.

12. Ian Tyrrell, "American Exceptionalism in an Age of International History," *The American Historical Review*, 96, October 1991, pp. 1031 –1055.

13. James Chace, "The Dilemmas of the City upon a Hill," *World Policy Journal*, Spring 1997, pp. 105 –107.

14. Burton I. Kaufman, "John F. Kennedy as World Leader: A Perspective on the Literature," *Diplomatic History*, 19 (2), Spring 1994, pp. 447 –469.

15. William F. Buckley, Jr., "Human Rights and Foreign Policy: A Proposal," *Foreign Policy*, 58 (Spring 1980), pp. 775 –796.

16. Robert W. Tucher, "Reagan's Foreign Policy," *Foreign Affairs: America and the World*, 1988/1989, pp. 1 –27.

17. William Kristol and Robert Kagan, "Toward a Neo-Reaganite Foreign Policy," *Foreign Affairs*, Volume 75, No. 4, July/ August, 1996, pp. 18 –32.

18. Michael Mandelbanm, "The Bush Foreign Policy," *Foreign Affairs*, 1990/1991, pp. 5 –22.

19. Douglas Brinkley, " Democratic Enlargement: The Clinton Doctrine," *Foreign Policy*, 106, Spring 1997, pp. 111 –127.

20. L. Diamond, "Promoting Democracy,"? *Foreign Policy*, 87, Summer 1992, pp. 25 –46.

21. Morton H. Halperin, "Guaranteeing Democracy," *Foreign Policy*, 91, Summer 1993, pp. 105 –122.

22. Condoleezza Rice, "Promoting the National Interest," *Foreign Affairs*, Volume 79, No. 1, January/February 2000, pp. 45 –62.

23. Martin L. Lasater, "U. S. Interests in the New Taiwan", *Orbis*, Vol. 37, No. 2, 1993.

24. Ross H. Munro, "Taiwan: What China Really Wants" *National Review*,

October 11, 1999, pp. 45 – 49.

25. Aaron L. Friedberg, "Will We Abandon Taiwan?" *Commentary*, May, 2000, pp. 26 – 31.

26. Linda Chao and Ramon H. Myers, "The First Chinese Democracy: Political Development of the Republic of China on Taiwan, 1986—1994" *Asian Survey*, Vol. XXXIV, No. 3, March 1994.

27. Tien Hung-Mao, "Transformation of an Authoritarian Party State: Taiwan's Development Experience", *Political Change in Taiwan*, ed by Tun-jen Cheng, Colorado: Lynne Rienner Publisher, Inc., 1992.

28. David Shambauch, "The United States and China: Cooperation or Confrontation?" *Current History*, Sep. 1997, Vol. 96, No. 611, pp. 241 – 245.

后　记

按照惯例，一个作者在完成一篇学位论文或一本著作之后，总需要感谢很多人的帮助，因此便有了“后记”。本书亦如此。本书是结合我的博士论文，加上新近在台湾研究领域的习得而完成的。学术研究，备尝艰辛。撇开那些冥思苦想、搜索枯肠不谈，倒是领悟到“书到用时方恨少”的滋味。任何容器都有装满的时候，只有知识这个容器是永远盛不满的。美国民族主义及从美国民族主义与“改造中国”使命的关系视角来研究、解读美国的对台政策，对我而言是一种不知深浅的探索与历练，不敢说本书完成之后我就恍然大悟了，也不敢说找到了开门的钥匙，太多的问题仍需要更深入的研究。不过，眼下正是一个很好的机会，感谢那些帮助、指导过我的人们。

首先，我要衷心感谢叶江教授，作为他的博士研究生，没有他细致的指导，便没有今天呈现在读者面前的这本小书。“迷时靠师度，悟时要自度”，叶老师治学严谨、学识渊博、敏于思考，他的睿智和清醒时常影响着我对问题的看法。从当初博士论文的总体框架到每一个细节，甚至标点符号，叶老师都仔细推敲，耐心匡正，为此付出了极大的辛劳和宝贵的时间。回想起这一切时，总是令人感动不已，我谨在此向叶老师表示我最崇高的敬意和最诚挚的感谢！

其次，非常感谢台湾问题研究资深专家、厦门大学台湾研究院院长刘国深教授的指导与帮助。刘院长业务精湛、平易近人，虽平时教学、公务繁忙，但一有机会就给以我们年轻教师无微不至的关心、指导与帮助，使我们深感厦大台研院这个“大家庭”的温暖。与此同时，我也必须感谢台研院的邓孔昭、邓利娟两位副院长，以及陈孔立、林劲、张文生、李鹏、孙云、张敦财、陈先才、唐桦、王勇、黄俊凌等老师在工作与生活上的关心与指导。

除此之外，我还应该感谢好友杨洪钦博士、林汉敬、林丽光等人多年来的关心和帮助。

最后，我要感谢我的父母、姐姐和哥哥。没有他们多年来的支持，很难想象我能够顺利完成学业。在此把这本小书献给他们，祝他们身体健康、万事如意！我还必须感谢我的爱人董于雯，谢谢她在生活上的照顾与工作上的支持。

综上所述，在上述各位专家的不吝指正下，尽管本人尽了最大的努力，但书中难免还存在判断不周和细节错误之处。我衷心感谢上述各位领导、老师、家人的建议和帮助，但这并不意味着他们赞同书中的所有观点。我个人对本书的定稿负完全的责任。总而言之，谁都不敢说自己的论文或著述一定是完美的，这本小书更是如此，因此敬请各位专家、读者予以批评指正。

沈惠平

2010 年 3 月